Libertad del alma

OTROS LIBROS DE GENE VOSSELER

Viento del Espíritu:
odisea de libertad espiritual

OTROS LIBROS DE NEROLI DUFFY

Queriendo nacer:
El grito del alma

La mística práctica:
Lecciones derivadas de conversaciones con la Sra. Booth

Viaje a través del cáncer:
Guía sobre la integración de las curaciones convencionales, complementarias y espirituales

LIBRO DE NEROLI DUFFY Y MARILYN BARRICK

Queriendo vivir:
cómo vencer la seducción del suicidio

Libertad del alma

Vida de un guerrero espiritual

Gene Vosseler
con Wanda Vosseler
y Neroli Duffy

DARJEELING PRESS
Emigrant (Montana, EE.UU.)

A Mark L. Prophet
y Elizabeth Clare Prophet

LIBERTAD DEL ALMA
Vida de un guerrero espiritual
de Gene Vosseler con Wanda Vosseler y Neroli Duffy

Título original
SOUL FREEDOM
The Life of a Spiritual Warrior

Darjeeling Press
PO Box 154
Emigrant, MT 59027 USA
www.darjeelingpress.com

ISBN: 978-1-937217-04-4 (edición en rústica)
ISBN: 978-1-937217-05-1 (libro digital)

Índice

Introducción 7

1ª PARTE LA HISTORIA DE GENE 11

Hijo de un ministro 13
Los pasos de mi padre 16
Comienza mi aprendizaje 20
Un descontento divino 30
La búsqueda continúa 36
El descubrimiento de los Maestros 42

2ª PARTE LA HISTORIA DE WANDA 47

Dificultades y milagros 49
Un espíritu tan gozoso y libre 55
Mi primer instructor 61
La respuesta a una oración 64

3ª PARTE JUNTOS DE NUEVO 67

«Es él» 69
Con Jesús, de dos en dos 72
Un matrimonio hecho en el cielo 76

4ª PARTE SERVICIO A LOS MAESTROS 79

Summit University 81
Un foco del Buda 84
«Todo estará perdido» 87
Jesucristo y Saint Germain 91
De gira 99
Un hombre cambiado 102
El Comité de los Setenta y los Amigos de la Libertad 106
Una unción para predicar 108
El amor de la Madre 121
Una iniciación del Gurú 125
Una iniciación de Saint Germain 128

Barcos en la noche 137
Puliendo mis destrezas 139
Californianos por unos Estados Unidos fuertes 144
Una extensión a mi vida 147
Coalición para la Proscripción de los Soviéticos 150
La compasión del Gurú 154
Nunca dude del Gurú 162
Confianza y traición 169
Se acabó el café 180
«Apacienta mis ovejas» 181
El sueño imposible 183
Lecciones de humildad 188
Lecciones de liderazgo 192
El exorcismo del mal 197
Un nuevo nivel de servicio 207
De gira otra vez 219
Los desafíos de la dieta 226
La curación del alma 231
La presencia de los Budas 244
El término de la misión 251
De camino a casa 261

5ª PARTE La misión y el futuro 263

El pastor conoce a sus ovejas 265
Llevando la antorcha 269
Una llamada a la acción 276

Apéndice A Escritos 297

Claves para los ministros 298
Testigo del Gurú 304

Apéndice B Como los demás lo ven 310

Carta del Gurú 311
Una vida bien vivida 313

Cronología 320

Notas 323

Introducción

El Rev. E. Gene Vosseler ha sido un guerrero del Espíritu y un devoto en el sendero del Cristo y del Buda durante décadas. Una vez me dijo: «Tengo un fuerte lado místico que a veces va en contra de mi lado guerrero». El libro de Gene, *Viento del Espíritu: odisea de libertad espiritual,* trata de su vida como guerrero y activista en defensa de la libertad. Este, *Libertad del alma: vida de un guerrero espiritual,* trata de Gene como místico, de su búsqueda espiritual, de las lecciones, con frecuencia aprendidas a las duras, que su vida le ha enseñado y de cómo el guerrero y el místico se integraron para hacerse uno.

Gene ha tenido una vida increíble, se mire como se mire. Como ministro luterano de cuarta generación, fue pastor misionero en la Guyana Británica y después, ministro unitario; más tarde se hizo seguidor del Budismo. Mientras, crió a cinco hijos, se divorció y perdió a un hijo. Dio un giro para convertirse en un exitoso organizador de comunidades y un activista. Pero el hambre que había en lo profundo de su alma le llevó a los maestros ascendidos y a los pies de su maestra, Elizabeth Clare Prophet. La conoció en la sexta década de su vida y pasó los siguientes treinta años en su organización, a menudo jugando un papel clave de liderazgo. Este sendero también le dio la posibilidad de conocer a su amada llama gemela, Wanda, y de casarse con ella.

Gene ha viajado por todo el mundo dando conferencias en nombre de los maestros ascendidos y ha sido un constante ejemplo de dedicación a los principios de la Verdad y la Libertad. Si Gene creía que algo era cierto, lo perseguía sin importarle el precio que tuviera que pagar por ello. Su vida muestra la diferencia que puede marcar una persona.

El Rev. Vosseler es muy querido y respetado entre los miembros de su iglesia y comunidad; y con razón. Siempre tiene tiempo de hablar con quien lo necesite. Y de alguna forma, la gente siempre encuentra el camino hasta su puerta. Cuando se confía en Gene y se habla con él, se nota que tiene auténtico interés y, con frecuencia, se puede sentir la presencia del Espíritu Santo. Uno se marcha siempre sintiéndose mejor con uno mismo y teniendo más claro cuál es el siguiente paso del caminar con Dios.

La historia de Gene produce inspiración y, aunque él no querría que lo dijera, él es verdaderamente un hombre excepcional. Se apresura a decirme que no es el estudiante perfecto, ni siquiera el mejor ejemplo de devoto espiritual. Sin embargo, sigue siendo uno de los estudiantes principales y uno de los discípulos más queridos de una mujer aún más excepcional, Elizabeth Clare Prophet.

Conocí a Gene en 1981, donde yo vivía, en Perth, en Australia Occidental, cuando él estaba dando una conferencia sobre el aura humana. En aquel entonces yo era una joven médico en busca de la verdad espiritual. Incluso viéndolo desde la parte de atrás del auditorio, Gene me dejó impresionada. Sincero, perceptivo y un gran orador, era alguien a quien una quería conocer porque parecía tener las respuestas a las preguntas más importantes en la vida. Pero más que eso, parecía ser un buen tipo con quien se podía hablar. Me acerqué al atril y le di la mano.

Años después tuve el privilegio de trabajar con Gene en los Estados Unidos, al formar parte de su equipo de trabajo en The Summit Lighthouse y la Iglesia Universal y Triunfante, la organización espiritual dirigida por Elizabeth Clare Prophet. Más tarde, cuando me hice ministra religiosa, Gene fue un mentor y un buen amigo. Habiendo experimentado de primera mano el beneficio de su consejo y sus experiencias en el sendero de la vida, sé que otras personas pueden aprender de su andadura y su entendimiento. Espero haber capturado eso en este libro, el sendero de Gene hacia la libertad del alma y cómo las lecciones que él cuenta pueden servirle a usted en la liberación de su propia alma.

Gene ha dicho que su vida podría dividirse en tres períodos bien distintos. La primera fase es la de su infancia y su vida como ministro luterano, hasta la edad de treinta y ocho años.

La segunda fase fue su búsqueda espiritual, un «descontento divino», y la honesta búsqueda de una verdad superior, que implicó exploraciones del Budismo, el Taoísmo, el Unitarismo y otros senderos espirituales. Esa fase duró doce años.

La tercera fase comenzó a los cincuenta años de edad, cuando Gene encontró a los maestros ascendidos y a su mensajera. Él ha dicho que ahí empezó su «verdadera» vida. *Libertad del alma* se esfuerza por representar lo que él aprendió a los pies de su maestra y Gurú.

Empezaremos por el principio, como Gene cuenta su historia. La historia de los principios de la vida de Wanda sigue a la de Gene y en la siguiente parte del libro, sus dos historias se entrelazan mientras ellos caminan por el sendero, juntos.

Ésta es la historia de Gene y Wanda, tal como ellos la recuerdan, con sus propias palabras. De vez en cuando, he añadido mis comentarios.

REV. NEROLI DUFFY

1ª PARTE
LA HISTORIA DE GENE

Hijo de un ministro

Nací el 11 de diciembre de 1926, en Rising City, estado de Nebraska, pueblo de 50 habitantes. Se dice que los pueblos pequeños suelen reunir a su gente debido a lazos kármicos. En mi caso, eso era exacto. El karma es la causa detrás del efecto. Es, muchas veces, la razón por la que las personas se encuentran juntas en una familia específica o en una ciudad en particular. Los lazos con frecuencia provienen de vidas anteriores y nos volvemos a encontrar para resolver nuestras diferencias y saldar nuestras deudas con la vida.

Yo era el varón en medio de dos hermanas. Mi hogar era de fuerte tradición luterana alemana y mi padre era un ministro luterano de tercera generación. Era casi como si estuviera destinado a seguir sus pasos.

La vida como hijo de un predicador era difícil. La disciplina era dura en casa. Tenía una relación difícil con mis padres. Daré dos ejemplos de entre muchos.

Años después, mi madre me hizo limpiar la casa. Cuando hube terminado, pasó un guante blanco por donde yo había limpiado y si no hubiera estado bien, habría tenido que volver a limpiar. Mi madre también tenía la costumbre de tirarme del pelo, algo que yo odiaba. Un día, cuando tenía catorce años, lo intentó demasiadas veces. La agarré de las muñecas, y le dije: «No me vuelvas a hacer eso». Y no lo hizo.

La relación con mi padre no era mucho mejor. Mi padre, el ministro luterano, era muy querido en la comunidad, pero en casa era un tirano. A menudo nos pegaba a mí y a mis hermanos. Pronto aprendí que no se puede juzgar un libro por la cubierta.

Una vez, cuando tenía diecisiete años, mi padre empezó a perseguirme por el salón, intentando agarrarme para darme otra paliza. Me salvó la rapidez de pensamiento: le di la vuelta a una silla de la cocina y salté por encima. Mi padre no fue tan rápido y se cayó. Se quedó sin habla del impacto, pero jamás me volvió a golpear.

Al ir creciendo, mi vida me ofreció vías de escape que me ayudaron a seguir adelante. Disfrutaba de los deportes, la música y la política en la escuela y también tenía varios buenos amigos.

Después de las parroquias de Emerson, en Nebraska, y Longview, en Washington, mi padre aceptó la llamada a ser el ministro de una iglesia en el centro de San Diego, en California. Por eso, en los años de la guerra, de 1940 a 1944, estuve en San Diego, donde asistí a Hoover High School para la secundaria.

Mi padre tenía un automóvil, un Chevy de 1938. Yo tenía dieciséis años cuando finalmente le convencí para que, un día, me lo prestara para ir a la playa con un amigo. Nos pusimos en camino y me pregunté lo rápido que podía ir el auto. El límite de velocidad entonces era de 25 millas por hora, por la guerra, pero yo lo llevé hasta 80, y me paró un policía. Eran tiempos en los que la gasolina estaba racionada. Como ministro, mi padre tenía una cartilla C, que permitía la mejor ración porque podías tener gasolina ilimitada.

De repente, mi padre tuvo que presentarse ante la junta de racionamiento para justificar el mantener la cartilla C. No me acuerdo de cuáles eran las sanciones, pero eran considerables. No pude usar el automóvil durante mucho tiempo.

Sólo recuerdo dos ocasiones en las que mi padre se interesó en lo que yo hacía. La primera fue cuando jugaba a un juego llamado *Over-the-Line,* parecido al béisbol e inventado en San Diego. Discutí con uno de mis amigos y nos pusimos cara a cara, diciéndonos todas las groserías que sabíamos. Mi padre, sin que yo lo supiera, había llegado en automóvil a donde estábamos jugando, y se detuvo. Y me oyó. Yo ni siquiera sabía que estaba, pero después habló conmigo. «¿Qué habría dicho tu madre si hubiera oído lo que estabas haciendo y diciendo allí?». Me avergonzó y me hizo llorar.

La segunda vez fue cuando estaba jugando al baloncesto en un partido del campeonato de la escuela. Mi padre fue a ver los últimos cinco minutos de juego y yo metí la canasta ganadora. Me di cuenta de que estaba contento, aunque no me dijo nada. Sabía que le enorgulleció; y a mí me hizo sentir bien, desde luego, aunque hubiera ido a ver sólo los últimos cinco minutos del único partido en el que jamás me vio jugar.

Eso fue todo. Esas fueron las dos veces que recuerdo a mi padre interesarse realmente en mí.

Afortunadamente, tuve un gran ejemplo en la escuela en la persona de mi entrenador de baloncesto, Ricky Wilson. Rick era un disciplinario estricto pero justo. Yo le amaba, y él fue alguien fundamental al enseñarme la importancia de las bases del juego. También me enseñó muchas cosas sobre cómo hacerme un hombre, algo que no había podido atisbar en la relación con mi padre. Rick creía en mí y yo le gustaba. Todos necesitamos que alguien importante en nuestro mundo nos ame. Y tiene que ser alguien importante, no un extraño cualquiera.

Me eligieron presidente de la clase de 1944. Después de terminar la secundaria, me marché de San Diego y regresé a Nebraska. Mi familia no volvió conmigo por lo que, al subirme al tren de camino a la universidad, comenzó mi liberación. La carga del «mesmerismo familiar» pesa mucho. Cuando tanto tu padre como tu madre son luteranos en el sentido tradicional de la palabra, los lazos con el dogma y la presión familiar son muy fuertes, habitualmente reforzados por el cinturón de piel. En mi familia hubo mucho de eso.

¿Me afectó? Ciertamente. Pero el trabajo duro y el servicio, y más tarde mi relación con el Gurú y el amor de mi llama gemela, me ayudaron a superarlo todo.

No le tenía mucho cariño a mi padre. No recuerdo sentir mucha tristeza cuando murió. Pero al final fui capaz de perdonarlo. Fue cuando ya había muerto. Un día se me apareció en un sueño. Me dijo que yo ya no tenía por qué llevar el peso del pasado. Y con eso, se acabó. Me pregunté: «¿Por qué llevo esta carga? Ya no necesito llevarla. Tengo que perdonarlo». Y lo hice; lo perdoné completamente.

Y seguí sus pasos. Me hice ministro luterano de cuarta generación.

Los pasos de mi padre

Fui a la universidad de Midland, la universidad luterana de Fremont, en Nebraska. Había jugado al baloncesto y hecho atletismo en la secundaria, pero nunca había jugado al *football americano*. Cuando entré en la Universidad sí jugué durante cuatro años. En esos tiempos me metí mucho en ese deporte. Muchas veces me hacía mucho daño por jugar con tanta intensidad.

Vivía en un apartamento del segundo piso de una casa de huéspedes y a veces, a la vuelta de un partido, habiendo tenido que poner muchísima energía en el juego, tenía que subir las escaleras a gatas. Eso demuestra lo comprometido que estaba con ese deporte.

Universidad de Midland, 1947

Me describiría en aquella época como un neurótico vengativo sano. El *football americano* era una forma de liberar un montón de ira y sentimientos acumulados desde mi niñez. Pero después de tres años descubrí que ya no funcionaba. Perdí mi fervor por ese deporte en mi último año, después de que me hicieran un *horse-collar tackle**,

* *Horse-collar tackle* es una maniobra del 'football americano' en la que un defensor hace un placaje a otro jugador agarrándole por el interior de la parte trasera de las hombreras. Esta técnica es peligrosa, especialmente por la posición antinatural del jugador placado, que muchas veces cae hacia atrás, con las piernas atrapadas bajo el peso de su cuerpo, lo cual produce lesiones de ligamentos en las rodillas y los tobillos así como fracturas en la tibia y el peroné. Por eso esta técnica se prohibió en el deporte profesional en 2005. [N. del T.]

Gene con sus amigos en la universidad de Midland, septiembre de 1946. Gene es el segundo en pie, desde la izquierda.

por lo que me pasé cinco semanas con muletas. Me quitaron las muletas para jugar los últimos dos partidos, pero yo ya no tenía la motivación por este deporte. «La venganza es mía, yo pagaré, dice el Señor», es una buena frase para un sagitario.

Me gradué en 1948 y luego hice el seminario en Western Theological Seminary, también en Fremont. Aunque mis padres nunca me presionaron realmente para que me hiciera ministro luterano, hice el seminario, en parte, porque era una especie de expectativa omitida. Pero yo tenía por naturaleza un lado espiritual. También tenía por naturaleza un lado rebelde. Siempre había un tira y afloja para ver qué parte ganaba.

Una parte de mí quería mucho ser entrenador. Como deportista de secundaria, Ricky Wilson, mi entrenador de baloncesto, tuvo una gran influencia en mí. Pero durante cierto período se produjo en mí una evolución espiritual. Sentía que tenía que hacer algo significativo en relación con la Iglesia Luterana. En retrospectiva, seguramente existía algo de karma de tiempo atrás.

Francamente, la preparación del seminario me aburría. Las dos materias de más tedio eran teología dogmática e historia de la iglesia. En esta última tenía a los profesores más secos que nadie se pueda imaginar. Nosotros, los seminaristas, jugábamos mucho a las cartas. Seguí jugando al baloncesto, una válvula de escape que me permitía perseverar durante los tres años de preparación. En el seminario no éramos muchos, entre veinticinco y treinta hombres, y con ninguno de ellos haría amistad hoy día. Suena presuntuoso, pero en su mayoría eran más bien secos y pedestres.

Me gradué en 1951. Mi padre se puso muy contento cuando me ordenaron como ministro luterano. Él nunca habló mucho de ello, pero yo sabía que estaba satisfecho. En nuestra relación no hablábamos.

En mi primer año en Midland había conocido a Harriet Luchsinger, que también estaba en su primer año. Más tarde le pedí que se casara conmigo. Harriet decía que yo nunca se lo pedí de verdad, que sólo le pregunté si estaba dispuesta a ir conmigo a servir como misioneros. Nos casamos un mes después de que comenzara el seminario, y Linda Kay nació un año después.

No era fácil mantener a la nueva familia mientras estudiaba. La iglesia de mi padre en San Diego proporcionó ayuda económica y durante algún tiempo trabajé en la planta de empaquetamiento de carne Hormel para disminuir la presión sobre el presupuesto familiar. En mi segundo año de seminario empecé a servir como pastor estudiante a tiempo parcial en St. Paul's Church, una iglesia en Missouri Valley, estado de Iowa.

Harriet era una mujer tranquila. Yo creía que su silencio era señal de profundidad. No era así. Creía que era amor pero al mirar atrás, era karma. En retrospectiva, éramos totalmente incompatibles.

Nuestros diecisiete años de matrimonio supusieron un período muy infeliz para los dos. Sin embargo, fuimos bendecidos con cinco hijos, que han sido un gozo para mí. Me parecía que fue un matrimonio kármico y creo que estuvimos juntos para traer al mundo a nuestros hijos.

Gene con su padre con ocasión de la ordenación de Gene, el 17 de junio 1951. La ordenación tuvo lugar en la iglesia de su padre en San Diego.

Gene, Harriet y el padre de Gene después del servicio en el que fueron comisionados misioneros

Comienza mi aprendizaje

Siempre he tenido fe en Dios y he sentido amor hacia Él, y desde los nueve años había querido ser misionero. Me encantaba la idea de ir a un campo extranjero y salvar almas. Probablemente muchos muchachos tengan ese sueño. La primera vez que se me ocurrió ese pensamiento, tenía la idea de irme a África.

No mucho después de graduarme del seminario tenía veinticuatro años, estaba casado, tenía tres hijos pequeños y ocupaba un púlpito en una pequeña parroquia de Iowa, esperando mi primera llamada. Quería hacer realidad el sueño de ser misionero. De hecho, quería ir a Tanganica. Había leído historias sobre Tanganica y me parecía el sitio a dónde realmente quería ir.

Sin embargo, nuestra junta de misiones me dijo que hacían falta misioneros en la Guyana Británica. Los necesitaban desesperadamente. Así que dije, donde la necesidad sea mayor, allí iré.

Harriet estaba dispuesta a ir conmigo, por lo que nos pusimos rumbo a la Guyana Británica en marzo de 1953. La Guyana Británica era un país en la costa norte de Suramérica, entre Brasil y Venezuela. Fue una colonia británica entre 1814 y 1966 y ahora es la nación independiente de Guyana.

El viaje a la Guyana Británica fue el primero que hice en avión. Llegamos al país en medio de una gran tormenta, que nos tiró de aquí para allá durante el vuelo, con una lluvia torrencial al aterrizar. Lo primero que te sorprendía al llegar a Georgetown, Guyana Británica, eran los olores. De todo, toda clase de olores posibles; no todos agradables, la mayoría muy desagradables.

Las condiciones físicas de por sí representaban un reto. El clima es extremadamente caluroso y húmedo. En un año tuvimos 247 pulgadas de lluvia. Gran parte de la vida en Guyana está en la franja costera. Más de diez millas tierra adentro es sólo selva. La única forma de llegar al interior era por río o por aire.

En mi parroquia tenía tres iglesias. Una estaba en Le Resouvenir, una zona rural en las afueras de Georgetown. Esta congregación estaba compuesta exclusivamente por indios orientales. Otra iglesia, en la zona de Belair, tenía una mitad formada por negros y la otra por indios orientales. Y la tercera, en la zona de Campbellville, estaba formada casi toda por negros.

Comentario:

Durante los tres años en la Guyana Británica, Gene y Harriet enviaron una serie de cartas a casa describiendo el progreso del trabajo como misioneros. El padre de Gene envió unas noventa copias mimeografiadas a sus amigos, a las congregaciones de la iglesia que aportaban contribuciones al trabajo misionero y a los líderes de la Iglesia Luterana en los Estados Unidos.

Harriet escribió una carta en la que describía los desafíos de la vida cotidiana en la Guyana Británica. «El agua corriente» de su casa de alquiler provenía de un depósito de cuarenta y cuatro galones en el techo que se rellenaba de un pozo manualmente. Había que lavarse y bañarse en agua fría y el agua para cocinar y beber tenía que hervir durante treinta minutos.

Las paredes y el suelo de la casa eran de tablas sin terminar, con grandes huecos entre ellas. Se podía ver entre las tablas hasta el suelo debajo de la casa. No se podía poner muebles contra las paredes exteriores debido al agua que goteaba cuando llovía, lo cual ocurría la mayor parte del tiempo durante la estación de lluvias. Los víveres estaban almacenados en una caja fuerte de madera, cuya patas estaban en latas de queroseno como protección contra las hormigas rojas. Harriet, según escribió, esperaba que sus lectores no pensaran que eran mártires:

> No nos quejamos en absoluto. Lo hacíamos al principio, pero ahora estamos acostumbrados a estas cosas y tenemos mucho más que la mayoría de nuestros miembros, por lo que nos sentimos muy afortunados... Tengo que admitir que en los Estados Unidos la felicidad era una cosa más exterior. Una buena casa, dinero, etc., parecían cosas necesarias para ser feliz. Aquí he aprendido que la felicidad es una condición interior, que las otras cosas no son necesarias en absoluto. Hemos sido mucho más felices que en los Estados Unidos y tenemos mucho menos.
>
> Hay veces que tocamos fondo, y aquí eso ocurre con mucha más frecuencia que en los Estados Unidos. Parece que el demonio se esfuerza mucho más con nosotros aquí que en casa. Pero cada vez nos levantamos y conquistamos algo nuevo y nos fortalecemos. Al principio nos sentíamos mal por ser tantas las cosas que nos afectaban y deprimían. Todos los misioneros pasan por estas experiencias. No somos los únicos. Pero ahora damos gracias a Dios porque cada vez salimos de ellas más fuertes y experimentamos más paz.

Gene describió algunos de los desafíos sociales y políticos del país, de los cuales uno tenía que ver con las incursiones del comunismo.

> Los comunistas están ganando fuerza rápidamente con su doctrina materialista. Explotan las condiciones de pobreza, ignorancia y desempleo para beneficiar sus objetivos egoístas. El comunismo es una fe que tiene un gran atractivo para los desposeídos. Han estado apelando a las masas analfabetas sin tierras con la promesa de quitar las tierras a los ricos para dárselas a los pobres. La promesa suena tan bien que los humildes están muy dispuestos a renunciar a su derecho de nacimiento, la libertad, por un plato de lentejas.
>
> El presidente del Partido Comunista es el vecino de la casa de al lado. La esposa del comunista número uno es una estadounidense que recibió su Master en Ciencia Política en la universidad de Columbia. La mayoría de los comunistas más acérrimos

Esta fotografía de Gene, Harriet y sus hijos apareció en un folleto luterano de misioneros con la leyenda, «Una típica familia misionera».

En su álbum de recortes de la Guyana Británica, Gene etiquetó esta imagen como «La cosecha de Campbellville». Gene está de pie a la derecha, bastante más alto que la mayoría de los miembros de su congregación.

> (que son cinco o seis) estudiaron en los Estados Unidos. La parte incongruente es que todos los que pretenden encabezar el esfuerzo en pos del trabajador son personas con tierras y estudios. En este estrecho núcleo de líderes comunistas hay mucha riqueza. Hasta ahora no han ofrecido parte de su riqueza a los desposeídos. Las elecciones generales tendrán lugar dentro de una semana a partir de hoy. Será la primera vez que haya sufragio universal bajo una nueva constitución. En el frente político, la batalla se calienta y se enfurece.

Gene también describió su trabajo para hacer crecer a la iglesia, que implicaba predicar en la calle, hacer reuniones en las cabañas y realizar visitas a los hogares. Gene y dos laicos visitaron cada casa de Belair. Las películas cristianas eran muy populares entre la población india.

Gene trabajó en el establecimiento de fuertes estructuras para la iglesia. Se adoptaron constituciones para las iglesias locales y se formaron consejos para las tres iglesias. Se embarcó en un programa de educación para la administración financiera con el fin de aumentar el nivel de apoyo económico a nivel local para la iglesia y así conseguir la independencia financiera.

Una vez a la semana, Gene y otro pastor viajaban setenta millas por la costa hacia New Amsterdam para enseñar a dar la clase del catecismo. Salían de Georgetown a las cuatro y media de la mañana para realizar el largo viaje por la carretera de tierra, volviendo el mismo día. Gene describió el trabajo como abrumador, algunas veces, pero las cartas que escribía a los Estados Unidos eran esperanzadoras y en ellas daba gloria a Dios por las muchas victorias. Su mayor alegría era ver una vida cambiada por Cristo.

El ministerio juvenil recibió un énfasis especial. El pasado de Gene en los deportes sirvió de mucho cuando patrocinó a equipos de baloncesto y voleibol en los grupos de jóvenes de la iglesia. El propio Gene encabezaba el equipo de baloncesto, que ganó el campeonato local en la ciudad de Georgetown.

La activa congregación de las tres iglesias casi se duplicaron en el primer año y los programas juveniles dieron muchos frutos. Se abrió un nuevo edificio escolar para doscientos estudiantes en 1955 y había dado comienzo la construcción para otro edificio para la iglesia y una casa parroquial.

Una carta de Gene hablaba de un viaje río arriba para visitar una iglesia del interior del país. Gene describía las difíciles condiciones que tenía que afrontar el pastor de allí, cuya parroquia se extendía por 150 millas a lo largo del río, con un único medio de transporte para atravesar la selva, casi impenetrable. No había médico en toda la zona y mucha gente moría por cosas que un médico podía tratar con facilidad.

La madrea era la principal fuente de ingresos para los que vivían a lo largo del río, pero los hombres pasaban hasta seis meses lejos de sus familias cada vez que tenían que trabajar. Sin embargo, había un alto nivel de desempleo y el ron casero producía «efectos desastrosos» para quien lo consumía.

A pesar de estos desafíos, el pastor tenía un programa evangélico activo y mucha gente estaba muy comprometida con su fe. La mitad de las personas que vivían a lo largo del río habían sido bautizadas y había miembros que viajaban hasta quince millas en canoa para asistir a misa.

Gene:

Cuando llegué a la Guyana Británica tenía grandes expectativas de que todo iba a ser precioso y que la vida de misionero iba a ser idílica. No hizo falta mucho tiempo para que me desilusionara. Pronto descubrí cómo era la vida en el trópico.

La Guyana Británica era un lugar peligroso. Dirigí tres escuelas mientras estuve allí y un profesor, uno de mis simpatizantes, fue atacado por matones. Era un hombre brillante, y quisieron darle una paliza. Afortunadamente él sabía kárate y se deshizo de tres de sus atacantes.

Reinaba la inmoralidad. La mayoría de los niños nacían de parejas sin casar y las relaciones eran muy informales. Teníamos una cocinera con seis hijos, de diferentes padres, y no se había casado nunca. Esperaba que la iglesia ofreciera un pequeño oasis de luz, pero luego

«Voss» y algunos miembros de Belair

De vuelta de una visita a una misión en el interior, Gene (derecha) recibió como regalo una piel de jaguar que habían cazado esa mañana.

descubrí que la corrupción en la iglesia era casi igual de grave.

No estaba acostumbrado a la idea de la venganza personal. Teníamos a dos ministros en la iglesia aparte de mí. Eran indios orientales, educados en los Estados Unidos. Uno era muy popular. El otro ministro llegó a ser presidente de la iglesia y tenía muchos celos del primero. El presidente decidió que iba a «meter en un lío» al otro ministro con acusaciones inventadas, alegando que el otro pastor había cometido adulterio con la esposa del catequista. Por lo visto eso ocurrió en cuatro ocasiones y con cuatro grupos de testigos. ¡No dejaron nada al azar! El caso llegó a los juzgados, ya se ocupó el presidente de eso. Curiosamente, la esposa del catequista era familia del presidente.

Para hacer la historia corta, el primer juez desestimó dos de las cuatro acusaciones, aceptando dos acusaciones. Luego el caso fue a parar a la Corte Suprema de las Indias Occidentales, a Sir Peter Bell, un distinguido juez. Él desestimó otra acusación. Pero al pastor aún le amenazaba una acusación.

Poco después de que Sir Peter Bell dictara sentencia, llamaron a mi puerta. Para mi gran sorpresa, ahí estaba la esposa del catequista, la que había sido llamada adúltera, y me dijo: «Tengo que confesarle algo, Rev. Vosseler». Me entregó una confesión por escrito que decía que todas las alegaciones se habían inventado, con el presidente de la iglesia y un abogado, que también era familia del presidente. De hecho, el abogado vivía con la esposa del catequista y éste le había prometido que se iba a casar con ella. Pero cuando Sir Peter Bell desestimó la tercera acusación, el abogado echó a la mujer. Por eso, ahora ella había acudido a mí con su gran confesión.

El caso acabó en lo más alto del sistema judicial británico, el Consejo del Reino Unido, que es como la Corte Suprema de los Estados Unidos. Ahí se desestimó la última acusación. Pero en lo que respecta al ministro, su carrera se terminó. Para entonces ya no trabajaba como ministro y su reputación había sido arruinada. Le contrató una plantación de azúcar que le pagaba el doble de lo que ganaba cuando había sido ministro. Sin embargo, su nombre quedó tan manchado por toda la cobertura de la prensa que jamás pudo volver a ejercer el ministerio.

Para mí eso supuso un enorme aprendizaje. Se me abrieron los ojos. Mientras tanto, le seguía la pista a todo, como un abogado. Hice notas detalladas y envié un informe por escrito a las autoridades de la iglesia en la ciudad de Nueva York. Pero los líderes de la iglesia sencillamente no quisieron lidiar con ello. Lo ignoraron. Pero finalmente, como el asunto se hizo demasiado grande, tuvieron que mandar a un representante oficial de la iglesia, un ministro de la oficina principal de misiones extranjeras de Nueva York. Yo lo tenía todo documentado y expliqué lo sucedido; más tarde pasaron a la acción. Toda la corrupción se desenmascaró y se hizo justicia.

Considero que mi aprendizaje sobre la naturaleza humana lo recibí en la Guyana Británica. Aprendí qué era el mal. Aprendí la naturaleza del no yo (la mente carnal, en términos bíblicos) antes de escuchar el término esotérico «morador del umbral». Aprendí a «no confiar en ningún hombre», como dice la Biblia.*

Uno de los problemas y peligros más grandes de la Guyana Británica era que había muchísima magia negra, brujería y vudú. Lo llaman Obeah y es una energía muy real y oscura con la que hay que enfrentarse.

Yo tenía un feligrés en la zona de Le Resouvenir que fue víctima de la Obeah. Un día encontró un frasco de mercurio bajo los escalones de su casa. Eso era señal de que se estaba practicando vudú contra él. La presencia de mercurio está pensada para que la víctima sepa que «estamos sobre ti». Había gente que le perseguía y él sabía que estaba siendo víctima de la Obeah. Desde ese momento vi cómo, sencillamente, el hombre se marchitó. Perdió muchísimo peso sin motivo. Él sabía que se iba a morir y nada que yo le dije pudo convencerle de lo contrario. Cuando me marché de la Guyana Británica, este hombre pesaba ochenta libras. Sé que no sobrevivió. Eso me enseñó el poder de la magia negra y la influencia de nuestra propia mente.

En otra ocasión pasé en automóvil cerca de un feligrés que estaba a punto de ser atacado por unos hombres con machetes. Lo recogí y nos fuimos de allí a toda prisa, logrando escapar. Me enseñó la espalda, que

* «Así dice el SEÑOR: Maldito el varón que confía en el hombre, y pone carne por su brazo, y su corazón se aparta del SEÑOR.» (Jeremías 17:5).

estaba cubierta de cicatrices de otros ataques anteriores con machete.

Mi tarea en la Guyana Británica era de tres años y cuando se terminó, quería por descontado volver a los Estados Unidos. Me alegraba poder marcharme con la piel intacta. Jamás regresé y nunca he tenido el deseo de hacerlo. Me fui en 1955. Mi esposa tuvo que marcharse seis meses antes porque había empezado a sufrir de artritis reumatoide. Ella y los niños volvieron a San Diego para quedarse con mi familia.

La Guyana Británica obtuvo su independencia de Gran Bretaña y se convirtió en una nación soberana el 26 de mayo de 1966. El primer acto oficial de su líder, que se casó con una comunista estadounidense de la zona de Chicago, fue convocar una huelga general contra el gobierno británico y hacer saltar por los aires una estatua de la reina Victoria. La situación estaba a punto de llegar a la guerra civil.

Mi época como ministro luterano en la Guyana Británica fue mi gran aprendizaje. Me considero con suerte por haber salido de allí vivo.

Un descontento divino

Cuando se me acabó el período de ministro misionero en la Guyana Británica había una vacante en Hawái para un misionero y pastor. Esa clase de trabajo implicaba empezar una iglesia nueva. Me atraía porque era algo nuevo. Las islas de Hawái también me atraían.

Pues ahí estaba, en una parroquia de Hawái en circunstancias de vida muy deseables. Tenía una casa de cuatro dormitorios que compartía con mis hijos y mi esposa. Vivíamos al lado del mar. Me iba a dormir con el sonido de las olas. Lo único que interrumpía la vida idílica de vez en cuando eran los maremotos. Afortunadamente, nunca llegaron a nuestro lado de la isla. Un maremoto devastó Hilo en 1960.

Compré un terreno y construí una iglesia. Me involucré en la actividad de la comunidad, lo cual me satisfacía mucho. Era consejero voluntario en el reformatorio para niños de Ko'olau y en el de niñas de Kawailoa, ubicados en Oahu de barlovento. Era el presidente de la YMCA (Asociación Cristiana de Jóvenes) y creé una YMCA de 500.000 dólares con una piscina olímpica. Un año fui nombrado padre del año en el campo de la religión por la Cámara de Comercio de Honolulu.

También era capellán y capitán de la Guardia Nacional de Hawái. Un verano me encontraba en un campamento militar en Hickam Field. Regresé y les conté a mis feligreses luteranos las condiciones tan duras que tenían allá: nada de agua caliente, había que poner agua fría en el casco para lavarse por las mañanas. Tenía una feligresa que trabajaba con las participantes en la competición de Miss Hawái. Les enseñaba a maquillarse, a caminar bien y todas las cosas que tenían que aprender para competir en el desfile. La convencí para que trajera a diez

Clase de confirmación de 1956

En sus diez años en Hawái, Gene lideró la iglesia de St. John, llevándola de una congregación de un puñado de familias a una próspera comunidad con un nuevo edificio en una ubicación óptima, en la "hilera de las iglesias", en Kailua Road.

Gene, Harriet y sus cuatro hijos más jóvenes

de las participantes del concurso de belleza al campamento para subir la moral de la gente. Desgraciadamente, me sacaron una foto con cinco muchachas en un brazo y cinco en el otro, lo cual apareció en la primera página del periódico *Honolulu Star-Bulletin.* Cuando volví a mi parroquia a predicar ese domingo, me gastaron bromas: «Cuéntanos otra vez las dificultades que hay en el campamento de verano».

Después de unos cuantos años en Hawái, me nombraron Decano de la Conferencia Luterana para el estado de Hawái, que era un puesto de honor y respeto. Pero en mi alma, tenía hambre y me sentía vacío. La vida en la Iglesia Luterana me parecía un ritual muerto y me vi a mí mismo haciendo las cosas porque sí. Dirigía clases semanales en las que enseñaba a personas nuevas interesadas, pero ya no me producía verdadera alegría ni emoción el hacerlo.

Para mí, la doctrina y el dogma luteranos estaban anquilosados y muertos. No podía aceptar el concepto de que todo el sufrimiento viene de Dios. La enseñanza sobre la expiación indirecta no cuadraba. Todo lo que hay que hacer es creer que Jesús murió por nuestros pecados e iremos al cielo, agarrados de la túnica de Jesús. A eso lo llamaba «gracia barata», en la que el alma no tenía ninguna responsabilidad por sus elecciones y decisiones, sino que podía conseguir un viaje gratis hacia el reino del cielo, gracias a Jesús. También me parecía que la reencarnación tenía más sentido que el vivir una sola vida.

El factor conflictivo estaba en que ya no podía con la doctrina del pecado original. Cada domingo por la mañana decíamos en el Credo Apostólico: «Por naturaleza soy pecador e impuro»[1]. Pensé: «Vaya carga para todo el mundo. ¿Será cierto? ¿Realmente creo que el hombre, por naturaleza, es pecador e impuro?».

Y entonces pensé: «Si somos creados a imagen de Dios, ¿cómo puede ser verdad? Si soy por naturaleza pecador e impuro, ¿en qué convierte eso a Dios?».

Me enfrentaba a un absurdo de la lógica. Y se convirtió en una forma de pensar muy peligrosa, por tratarse de algo que se había aceptado como verdad. Mi fe era de tradición familiar y eso era lo que se esperaba de mí, pero ya no era satisfactorio ni atractivo para mi alma.

Un domingo prediqué un sermón titulado: «¿Merece la pena salvar el protestantismo?». Mi conclusión era que ya estaba muerto. Esto era sólo una espera al funeral. Ya no se relacionaba con gente real que tenía problemas reales y que vivía en un mundo real. El protestantismo se había abstraído de la vida corriente. Ese día, había un reportero que grabó mi sermón y lo publicó entero en el *Honolulu Star-Bulletin,* el periódico matutino más importante en Honolulu.[2]

La vida en comunidad en Hawái era muy satisfactoria y yo recibía reconocimiento, que era muy bueno para el ego, pero en realidad nada pasaba con mi desarrollo espiritual en mi papel de ministro. En mi alma sabía que era hora de cambiar. Aunque no sabía lo que buscaba, sabía que tenían que existir las verdaderas respuestas para lo más profundo de mi alma. Podría llamarlo un «descontento divino».

Estaba más que listo para salir de la rutina en la que me encontraba y empezar a explorar seriamente la religión por primera vez. Comencé a leer vorazmente una mezcla muy ecléctica de escritores: Emerson, Whitman, los poetas románticos, Tennyson, Nikolai Berdyaev y otros filósofos. Leí a Søren Kierkegaard, que había tratado de despertar a los protestantes en Dinamarca. Era muy crítico con el luteranismo organizado de su tiempo. Era un escritor estimulante y respondía a mi creciente descontento con la Iglesia Luterana.

Además, era desesperadamente infeliz en mi matrimonio. En un intento para mantenerlo con vida, me sometí a terapia psicológica durante dos años. Comencé a explorar los niveles más profundos de mi psique con una psicóloga magnífica llamada Dr. Jeanne Wolff, que me introdujo al mundo de los sentimientos. Yo tenía unas defensas muy fuertes en aquellos tiempos. Al fin y al cabo, era un ministro luterano. No habría reconocido un sentimiento aunque me hubiera golpeado en la cabeza.

La música también me dio consuelo en aquellos días. Me volqué con la música de Beethoven, que sirvió para encender en mí una llama de libertad: el concierto Emperador, la «Oda a la alegría» de su Novena Sinfonía. Un verano estaba en Nueva York preparándome para Capellán de la Guardia Nacional. Teníamos entradas gratis para un espectáculo y fui a ver «Detén el mundo, quiero bajarme». Anthony Newley no podía cantar, pero sí cantó una canción llamada «¿Qué clase de tonto soy?». En ese punto de mi vida me podía identificar completamente con esa canción. Reflejaba lo que estaba ocurriendo en mi vida: tristeza, soledad y desesperación. No sé si habría sobrevivido sin la música. Era el consuelo más grande para mi alma.

Mis diez años en la parroquia de Hawái fue otro aprendizaje para mí. Experimenté una gran curación al explorarme psicológicamente. Al final de ese período sabía que dejaría la Iglesia Luterana, pero sabía que tardaría un año en hacerlo. También sabía que me iba a divorciar y que también eso tardaría un año en concretarse. Me puse a trabajar como ministro del campus universitario de Fresno State, aún bajo el manto luterano. Era una forma de desvincularme gradualmente.

Hacia esa época me salió de las profundidades del subconsciente la poesía, aunque no había escrito poesía en mi vida. No había nada en mi religión que indicara su existencia. Me dejó sorprendido. «Pues estoy escribiendo toda esta poesía», pensé, «pero en realidad no sé nada de poesía. ¿Por qué no tomo un curso?» El curso que elegí era con Philip Levine, que más tarde ganó el premio Pulitzer a la poesía.

Enseguida este hombre no me gusto. Era mezquino y arrogante, totalmente seguro de sí mismo y «de su gran sabiduría». Por supuesto, mis poemas espirituales le sacaban de quicio. No podía soportar mi poesía. Cada tarea que hice para él me fue devuelta marcada en rojo. Tras seis semanas, me dije: «Ya está. No me puede enseñar nada». Dejé la clase.

¿De dónde venía esta poesía? De verdad, no lo sé. ¿Había sido poeta en otra vida? Quién sabe. Si fui poeta en otra vida, probablemente no fue un poeta bueno. De todos los poetas, el que más me gustaba era Tennyson. Su obra tenía una dimensión espiritual.

Fue en 1966 cuando, finalmente, corté mis lazos con la Iglesia Luterana. Escribí una carta de renuncia a su líder en los Estados Unidos, un teólogo brillante llamado Franklin Clarke Fry. Fue uno de los principales fundadores del Consejo Mundial de Iglesias. Era un parlamentario muy inteligente, pero nunca pude percibir su corazón. Tenía una actitud muy sarcástica. La revista Time escribió una vez una descripción de él, alabándole por su inteligencia y diciendo que su tendencia era más a dar patadas al trasero de las ovejas que a alimentarlas. Le escribí una carta directa, explicando por qué renunciaba.

Cuando me marché de la Iglesia Luterana, sabía que nunca más volvería. No sabía si volvería a ser ministro alguna vez, pero aparté el tema por el momento.

La búsqueda continúa

En 1966 me encontraba en una búsqueda real de respuestas. Mi infeliz matrimonio había terminado y estaba divorciado. La liberación de la Iglesia Luterana fue algo tremendo, al ser un ministro luterano de cuarta generación. Mis padres se lo tomaron bastante bien. De hecho, habrían aceptado mi marcha de la Iglesia Luterana. Pero cuando empecé a explorar el unitarismo, eso les resultó difícil de tragar.

El unitarismo es ciertamente muy liberal. Me atraía mucho en aquel tiempo. Me complacía por el punto en el que me encontraba espiritual y teológicamente hablando. Era como el balanceo del péndulo, hacia el sentido opuesto de la estrecha ortodoxia del luteranismo. Uno podía ser teísta, deísta, agnóstico o incluso ateo y seguir siendo un miembro aceptado de la Iglesia Unitaria. En los círculos unitarios bromeábamos con la forma en que encabezaríamos una carta a Dios: «A quien corresponda». No era una relación personal con Dios.

Lo acepté y asistí a un par de cursos en la escuela ministerial Starr King, la escuela unitaria de teología en Berkeley. Eché a un lado completamente los restos de ortodoxia en mi vida y me convertí en un ministro unitario muy liberal, con una parroquia en Sunnyvale, en California.

También me volví muy liberal en mi perspectiva política por esa época, lo cual comenzó cuando era ministro del campus en Fresno. Empecé a escribir cartas al editor, oponiéndome a la Guerra de Vietnam. También me interesé en la desobediencia civil como una forma de influir en el proceso político. Hacia finales de 1967, anuncié a mi congregación que posiblemente no estaría con ellos en Navidad, que con toda probabilidad estaría en la cárcel. Iba a cometer un acto de desobediencia civil porque me oponía completamente a las políticas del gobierno en Vietnam.

La mayoría de miembros de la iglesia trabajaban en las industrias de aeroespacio y defensa, en Sunnyvale. Cada uno de los ocho miembros de mi junta trabajaba para contratistas de defensa y protestaban contra la guerra de Vietnam. Tengo que reconocer el mérito de los unitaristas: la junta votó unánimemente a favor del apoyo a mis esfuerzos en la desobediencia civil.

Y así, una semana antes de Navidad, estaba sentado a la puerta del Centro de Introducción de las Fuerzas Armadas en Oakland (California), bloqueando la entrada y cantando villancicos. Ahí estaba Joan Baez. No sabía que iba a ir pero de repente se presentó, y ahí estábamos, cantando juntos. Nos arrestaron a todos.

Antes de que nos acusaran, estábamos en una pequeña sala del registro, las mujeres en una habitación y los hombres en otra. Éramos unos diez hombres en una sala y luego estaba Joan Baez con el mismo número de mujeres en una habitación adyacente. Joan estaba tumbada en el suelo y cantaba una canción por debajo de la puerta. No me acuerdo de la canción, pero no había nadie que no tuviera lágrimas en los ojos, porque aquella mujer cantaba desde su alma. Se comunicaba desde el nivel del alma.

Pasé veinte días en el Centro de Rehabilitación de Santa Rita. Me metieron en la cárcel y me ficharon. Pero en aquel tiempo yo era el que era. Aquello fue una honesta expresión de lo que sentía.

Me gustaba la gente de la Iglesia Unitaria. Muchas de aquellas personas se encontraban en una búsqueda espiritual y eran de lo más honorable. Pero el unitarismo para mí fue una reacción contra la estricta ortodoxia del luteranismo y, después de dos años, me di cuenta de toda su esterilidad, desde un punto espiritual. Me di cuenta de que me encontraba en otro hoyo seco. Aunque había obtenido la libertad religiosa que buscaba, eso no alimentaba a mi alma. La fase como ministro unitarista duró unos dos años.

Incluso cuando fui ministro unitarista, había una parte de mí que seguía la búsqueda. Intuitivamente, podía percibir que ese no sería el final del camino de mi búsqueda. Comencé a explorar el Budismo y lo encontré muy atractivo. Descubrí que tenía una fuerte inclinación hacia la meditación.

Nippo Syaku

Visité Tassajara, un centro Zen en California Central, para una experiencia de meditación de una semana. Entonces conocí a un maestro budista japonés llamado Nippo Syaku, de la secta budista Nichiren. Era un hombre pequeño y rollizo, una hermosa alma que me enseñó el camino del Buda. Nos hicimos muy buenos amigos.

Nippo Syaku fue como un gurú para mí y me enseñó mucho. Comenzó a orientar mi mente hacia el pensamiento orgánico y la comprensión de la unidad de la vida. En el mundo occidental pensamos de forma dual. Pensamos en los opuestos –blanco o negro, bien o mal– y no vemos la unidad de las cosas. En el dualismo siempre existe la tensión de los opuestos. El Rinpoché empezó a desenmascarar la falacia del pensamiento dualista.

Mi poesía era no dualista. Trataba del lenguaje de la vida y la unidad de la vida. Esos poemas, como «Viento del Espíritu», mostraban que en mi profunda orientación, yo no era dualista. Estaba mucho más inclinado hacia el Budismo, el Hinduismo y el Taoísmo, manteniendo mis raíces cristianas. De hecho, no me costaba trabajo conciliar al Cristo y al Buda. En el profundo nivel del alma, me parecían totalmente compatibles.

En mi vida profesional me iba bien. Aunque busqué solaz en el trabajo y tenía éxito en lo exterior, interiormente me sentía como si estuviera perdiendo mi alma. Al mismo tiempo había tenido un montón de novias, una serie de relaciones fracasadas. Buscaba respuestas en mis relaciones con los demás en vez de encontrarlas en mi interior. El Budismo me ayudó a concentrarme en mi interior, pero nunca pude hallar lo que buscaba en realidad. La meditación estaba bien, pero yo quería más. Mi alma tenía hambre de un sendero más activo y una sensación más grande de libertad.

En 1969 me metieron en un consorcio dirigido por una pareja de profesores de la Universidad de Stanford, uno de los cuales era mexicano, quien quería empezar un sistema de escuelas privadas para estadounidenses de origen mexicano que ofreciera una preparación básica y principalmente vocacional. Al final, los profesores abandonaron la idea y me dejaron como dueño del cincuenta por ciento del Instituto San Hidalgo, que levantamos desde cero hasta tres millones de dólares en fondos de operaciones en los primeros tres años. Nos apoyamos principalmente en contratos con el gobierno a través del Departamento de Trabajo en California.

Estaba negociando otros tres millones de dólares en contratos para unas seis escuelas más en el sur de California. El quince por ciento de eso iba a ser ganancia, por lo que la cosa se estaba volviendo bastante lucrativa. Llegados a ese punto, mi socio estadounidense de origen mexicano dijo que quería el control de la organización por mayoría. Él tenía los contactos en la comunidad mexicana en los Estados Unidos y los fondos clave venían de ahí. Lo vi clarísimo. No era él, sino fuerzas invisibles detrás de él las que querían descarrilar el proyecto. Él no tenía la capacidad ni la luz de realizar las cosas, ni de continuar con el trabajo. Pero pensó que sí podía y creyó que sus amigos le ayudarían. Yo le dije: «Richard, si quieres esta empresa, es tuya. Dame lo que me corresponde por mis acciones y te la doy».

Después de llevársela, en un año entraron en bancarrota. Él no tenía ni la luz, ni la energía ni la creatividad con que yo contribuía al proyecto, que era lo que hacía que remontase el vuelo. No era por mí, sino porque soy un portador de luz. Y esa persona y sus amigos no tenían mucha luz.

Abandoné un puesto de director ejecutivo de una empresa multimillonaria que estaba a punto de ofrecer su valor a nivel nacional para ir al desempleo. Estaba en bancarrota. No tenía ni un dólar. Gracias a Dios tenía una novia británica con quien vivía entonces, así que tenía un techo bajo el cual vivir.

Durante los siguientes seis meses no pude encontrar trabajo, aunque estaba altamente cualificado. Entregaba mi solicitud, me metía entre los tres finalistas, pero siempre me ganaban. Fue un aprendizaje significativo. Al cabo de seis meses de ser rechazado, había perdido mucho orgullo y ego.

Después de esos seis meses, conseguí un buen trabajo. Evidentemente había aprendido la lección. Pero hasta que el proceso kármico no se terminara, no había nada que pudiera hacer para romper el ciclo. Veo aquella experiencia como la acción que me desnudó para prepararme a encontrar las enseñanzas de los maestros ascendidos. Tenía que aprender algunas cosas básicas. Tenía que aprender que no importa cuánta creatividad y cuánto talento tenga uno desde el punto de vista humano, en última instancia uno depende de Dios y de su propia Realidad Divina.

Buscaba intensamente a Dios todo el tiempo. Tenía que pasar por alguna transformación. Encontré y exploré por un tiempo a Eckankar, pero me desilusioné cuando descubrí que la mayoría de su enseñanza provenía originalmente de un misionero estadounidense en la India, y que los escritos supuestamente de su maestro eran en realidad una compilación de su obra. Aunque era un sendero falso, aprendí el concepto de maestros y seres de luz. Era un paso. Algunas veces uno tiene que descubrir lo falso para encontrar lo verdadero.

Un par de años antes había perdido a mi hija de diecisiete años, lo cual me afectó muy profundamente. Cheryl Lynn era mi tercera hija. Tenía un gran corazón. De todos mis hijos, ella era la que estaba peor preparada para afrontar la vida. Se mezcló con un muchacho; estaba muy enamorada y se quedó embarazada. Mi ex esposa se enfadó mucho por el embarazo y animó a Cheryl a que abortara. Cheryl estaba embarazada de seis meses y no quería abortar, pero obedeció a su madre y se sometió al procedimiento.

Me enteré de eso cuando en el hospital contrajo una infección post aborto por Staphylococcus y enfermó de muerte. La infección se extendió por todo el cuerpo y le llegó al corazón. Fui a verla a la Unidad de Cuidados Intensivos y la encontré conectada a un montón de tubos y artilugios. Me encontraba con ella cuando falleció.

Puede que Cheryl no supiera mucho sobre cómo vivir la vida, pero supo cómo afrontar la muerte. Tenía una fe enorme. Jamás se quejó. Sencillamente, aceptó lo que había ocurrido y sabía que se tenía que marchar.

La muerte de mi hija fue la experiencia que más me había conmovido nunca. Hasta entonces no me había dado cuenta de cuánto quería a mis hijos. Como unitarista, me daba lo mismo el aborto, pero este episodio me hizo cambiar totalmente de opinión.

Cuando Cheryl murió, su madre quiso una gran ceremonia funeral tradicional luterana, a pesar de las circunstancias. Hicieron la ceremonia, pero yo estaba totalmente indignado con todo el asunto y no quería participar. Esperé afuera y en cuando el servicio luterano hubo terminado, entré y dirigí mi servicio familiar privado. Hablé del significado de lo que había ocurrido y leí mi panegírico a Cheryl. Dije que ella era como un águila que remontaba el vuelo hacia los reinos superiores. No recuerdo todas las cosas que dije, pero fueron un consuelo para los presentes.

Todas estas experiencias, incluyendo mi dolorosa época en la Guyana Británica y un matrimonio fracasado, fueron una preparación para mis siguientes pasos en el sendero espiritual. Estaba aprendiendo algo sobre mis vulnerabilidades kármicas. Sabía que tenía un hambre insatisfecha en el alma. Esa hambre no podía saciarse con relaciones ni con cualquier cosa material. Lo único que podía satisfacerlo era la vianda espiritual.

Para entonces, mi búsqueda se acercaba a su fin, aunque no lo sabía externamente. Recuerdo una mañana en la que me desperté de un profundo sueño. ¿Ha tenido usted alguna vez uno de esos sueños que parecen tan reales que sabe que son muy significativos en su vida? Este era uno de esos sueños. Curiosamente, solo me acordé de una cosa. Dos palabras: «octavo rayo». Estaba desconcertado. ¿Octavo rayo? ¿Qué era un octavo rayo? Nadie en los círculos en los que me movía entonces sabía nada del octavo rayo. Así que lo guardé en un rincón de mi mente y seguí con mi vida.

El descubrimiento de los Maestros

En este punto de mi búsqueda espiritual, había dejado de ejercer como ministro desde hacía tiempo. Pero aún buscaba la luz.

Tuve varios puestos relacionados con el desarrollo de comunidades con gobiernos locales de California del Norte. Fui Director Ejecutivo del Consejo de Acción Comunitaria del Condado de Placer. Era el director del programa para todo el condado, con un presupuesto anual de 2,5 millones de dólares y una plantilla de 150 personas, a tiempo completo, trabajando con una junta compuesta de funcionarios municipales y del condado así como líderes de la comunidad. Nuestra oficina dirigía Head Start, cinco clínicas, programas para personas de la tercera edad y otros programas.

En 1976 ocupé un puesto como Director Ejecutivo del Consejo Comunitario de los condados de Stockton y San Joaquin. Contraté a una mujer como mi subdirectora y entablamos amistad. Ella tenía un lado intuitivo que era casi psíquico. Un día me dijo: «Gene, tengo un libro para ti. No es para mí, creo que es para ti». Era abril de 1977 y el libro era *La Gran Hermandad Blanca en la historia, cultura y religión de los Estados Unidos,* de Elizabeth Clare Prophet. Me lo llevé a casa y me lo leí de una sentada.

Tres meses antes había encontrado la actividad YO SOY. Había leído *Misterios Develados, La Mágica Presencia* y todos los libros del YO SOY; y revisé los Nueve Fundamentos en el Santuario YO SOY, en Sacramento. Pero pensé que su movimiento estaba osificado, cristalizado. Me dijeron que tenían más de mil grabaciones de sus mensajeros, Godfre y Lotus, pero no me atraía en ese momento. Eran buena gente y me daba cuenta de que tenían mucha luz, pero no tenían la llama de la libertad que yo buscaba.

Cuando leí *La Gran Hermandad Blanca,* supe con el corazón que había encontrado lo que buscaba. Había hallado mi sendero espiritual, al fin. Estaba emocionado y lleno de alegría.

Al día siguiente llamé por teléfono a The Summit Lighthouse, que tenía su sede en aquel tiempo en Pasadena, en California, para ver si tenían algún evento próximamente al que pudiera asistir. Me dijeron que iban a celebrar una conferencia en dos días. Les dije: «¡Allí estaré!».

Al asistir a aquella conferencia de Pascua, «Convocación de un nuevo nacimiento», hubo unos acontecimientos sorprendentes reservados para mí. Al entrar en el gran auditorio por primera vez, me saludó un rostro familiar. Ben 'Buzz' Knudsen era un viejo amigo que casualmente estaba de acomodador ese día. La última vez que había visto a Ben fue cuando él era piloto de las Fuerzas Aéreas en Hawái. Le conocía bien y le había servido y bautizado, a él, a su esposa y a toda su familia, en la Iglesia Luterana cuando era ministro en la parroquia de St. John. Qué reunión tan maravillosa. Sabía que Dios estaba trabajando conmigo, que quería que yo estuviese ahí y que había desplegado el comité de bienvenida.

Esa noche, la mensajera Elizabeth Clare Prophet anunció que a la mañana siguiente daría un dictado, a las 9:30. Quería asistir de veras. Iba a ser mi primer dictado de un maestro ascendido y me frustré porque tenía que estar en el aeropuerto a esa misma hora para recoger a una amiga que iba a acompañarme durante la conferencia. A la mañana siguiente, salí diligentemente hacia el aeropuerto a la hora señalada y regresé al auditorio alrededor de las 10:45, creyendo que el dictado ya había tenido lugar. Pero me invitaron a un asiento y en cuanto me senté, la música de meditación anterior al dictado comenzó a sonar.

Para mi sorpresa, no sólo no me había perdido el dictado, sino que mi primer dictado fue del Arcángel Uziel, que habló del octavo rayo, el tema de mi sueño de un año antes. En ese mismo momento tuve una confirmación externa de una experiencia espiritual interna. ¡Me derretí en un charco de lágrimas por la alegría que sentí al encontrar mi sendero al fin! Sabía que estaba en casa.

Mientras asistía a la conferencia, escribí una carta y reuní algunos de mis escritos, y un poco de poesía, esperando conocer a la mensajera. Salí durante un descanso y me senté en una roca, en la parte trasera del auditorio, cuando ella salió por un lateral con uno de sus ayudantes. Miró hacia donde yo estaba y me vio sentado ahí, en el muro; y dobló a la izquierda, dirigiéndose directamente hacia mí. Extendió la mano y me dijo: «¡Bienvenido! ¡Me alegro de que haya podido venir!».

Yo le dije: «Doy gracias por poder estar aquí. He preparado un currículum para usted y un poquito de poesía. Si le puedo prestar algún servicio, dígamelo». Le di todo eso en un sobre de fichero. Ella lo tomó y se marchó.

Fue algo fugaz, pero fue mi primer encuentro con mi Gurú. Fue un punto de inflexión en mi vida.

En aquel momento no tenía una idea real del significado de lo que había sucedido. No tenía intención de formar parte del personal de la mensajera. De hecho, no sabía nada del personal ni tenía la menor idea de cómo era la vida en ese grupo. Sólo sabía en mi alma que tenía que ofrecerle mis servicios a ella.

Pero Dios tenía aún más cosas preparadas para mí. No solo había conocido a mi amada Gurú, Elizabeth Clare Prophet, en mi primera conferencia, sino que también iba a conocer a mi llama gemela y futura esposa, Wanda Davidson.

Comentario:

El Arcángel Uziel es el arcángel de octavo rayo. Este arcángel ha dado solo tres dictados y parece significativo que el primero de Gene fuera uno de ellos. De hecho, la mensajera nos ha dicho que el primer dictado al que se asiste contiene las claves para el alma y para el plan divino de esa persona.

El nombre Uziel significa «fortaleza de Dios». Es el ángel que vuela en medio del cielo, con el Evangelio Eterno. Hay siete Arcángeles que se corresponden con los siete rayos y hay cinco Arcángeles que se corresponden con los cinco rayos secretos. El Arcángel Uziel es el decimotercero. Su labor, junto con su llama gemela, es la de multiplicar la acción de los otros doce arcángeles y sus llamas gemelas. Él nos enseña la integración de los siete rayos de la Cristeidad y de las siete iglesias y religiones del mundo. Como Arcángel del Octavo Rayo, Uziel también nos ayuda a hacer la transición desde los siete rayos hacia la maestría de los cinco rayos secretos. Trae la luz del chakra del octavo rayo, la cámara secreta del corazón de ocho pétalos.

El Arcángel Uziel dijo aquel día:

> Antes de pasar de los siete a los cinco, debéis pasar por el cetro de la disciplina de los maestros del octavo rayo, incluyendo al maestro Gautama Buda y la Madre. Porque este es el rayo de los Budas y las Madres que vienen en nombre de la Virgen Cósmica...
>
> Puesto que el octavo rayo contiene una intensidad tan grande de los fuegos de la ascensión, para poder sostener el octavo rayo y permanecer encarnados ¡debéis expandir el chakra del corazón! ¡Debéis abrir el chakra del corazón de América! Debéis entrar en contacto con el pueblo americano con las enseñanzas que le capacitará para proteger el corazón...
>
> Aunque las huestes de luz puedan realizar milagros, si la humanidad no puede sostener el milagro, ello no es económicamente bueno para la energía cósmica. De ahí, la clave de la era; de ahí, la clave del octavo rayo, la enseñanza, la propia enseñanza, el dhamma* del Buda, el Sermón de la Montaña del Cristo, la reflexión del corazón de María, la Madre, la enseñanza hilo a hilo, perla a perla, ley a ley. Tal es el refuerzo de la luz de vuestro corazón.
>
> Convertíos, pues, en devotos de la sabiduría para que podáis expandir la enseñanza, llegar a ser la enseñanza y transferirla de corazón a corazón.[3]

Gene había seguido el sendero de Cristo en las iglesias luterana y

* *Dhamma* (vocablo pali para el sánscrito *dharma*): ley cósmica; la enseñanza del Buda.

unitaria. Después había estudiado el camino del Buda y del Tao. En este dictado, Uziel enseñó que los dos eran una misma cosa. Ofreció a Gene el siguiente paso, el camino a seguir, el sendero que había de construirse sobre todo lo que había aprendido hasta entonces. También dio la tarea de convertirse en la enseñanza, expandirla y transferirla de corazón a corazón. Eso ciertamente presagia la vida que Gene tuvo después.

También es significativo, en este episodio, el primer encuentro de Gene con su instructora. Antes de eso, el mundo y su karma habían sido sus instructores, algunas veces instructores duros. También había aprendido de instructores que Dios le envió, desde su entrenador de baloncesto hasta un maestro budista. Pero cada uno de ellos supuso sólo una parada en el camino, señalando el siguiente paso del sendero hacia la meta final.

A la edad de cincuenta años, Gene finalmente se encuentra con su Gurú. Quizá el Gurú no apareció con la guisa que él hubiera esperado. Se trataba de una mujer que, además, era más joven que él. Pero eso no fue un obstáculo en el camino.

Esta escena es una de las viñetas de la vida. El Gurú vio al chela esperando pacientemente y le dio la bienvenida. Como respuesta, Gene ofreció humildemente su currículum y algunas de sus poesías.

Parece una ofrenda sencilla, pero quizá lo podamos ver de forma simbólica. Su currículum era un resumen de quién y qué era él, en un sentido mundano, y de las destrezas y logros que podía ofrecer al Gurú. Su poesía representaba su vida interior, su alma y las profundidades de su ser. Esencialmente, su ofrenda representaba la suma de su logro interior y exterior.

Fue un encuentro muy breve y se intercambiaron pocas palabras. Sin embargo, Gene lo ve como un punto de inflexión. Era el fin de la segunda fase de su vida, su búsqueda espiritual, y el comienzo de su vida «real». Eso era su compromiso con el Gurú. De hecho, le estaba ofreciendo su vida como servicio.

2ª PARTE
LA HISTORIA DE WANDA

Dificultades y milagros

Procedo de un mundo escocés, ingles e irlandés. Mi padre, Luther Rose, tuvo una vida difícil de muchas formas. Cuando estaba en cuarto curso, con nueve o diez años de edad, su padre murió. Tuvo que abandonar la escuela, ir y buscar trabajo para mantener a su familia en un pueblecito de Rule, en Texas. La planta de limpieza en seco del pueblo le contrató. Allí también se hacían trajes, por lo que mi padre aprendió a planchar, limpiar en seco y hacer trajes a medida. Era un hombre hecho a sí mismo y de una voluntad muy fuerte.

Mi padre conoció a mi madre de una forma curiosa. Un domingo llevaba con un amigo un carro tirado por caballos. Mi madre, Delia, caminaba, enfrente, vestida para los domingos. Él no la conocía pero al pasar a su lado, le dijo a su amigo: «¡Verás lo que voy a hacer!» Fustigó a los caballos y, al ir galopando hacia ella, dijo: «¡Será mejor que corras, diablilla!».

Ella empezó a correr para cruzar la calle, pero se paró en medio para darse la vuelta y encararle. Él tuvo que tirar fuerte de los caballos para que se detuvieran antes de atropellarla. Al encabritarse los caballos, ella le dijo: «¡No me vuelvas a llamar diablilla!». Y continuó su camino hacia el otro lado de la calle. Él miró a su amigo, y le dijo: «¡Esa es la mujer con la que me quiero casar!». Y, por supuesto, lo hizo.

Mi padre se mudó de Rule y estableció su negocio de limpieza en seco en Stamford, un pueblo pequeño con menos de cinco mil habitantes. Yo nací el 20 de agosto de 1930 y me pusieron el nombre de Wanda Faye Rose. Era la mediana entre un hermano y una hermana mayores y un hermano y una hermana menores.

Durante la Depresión y todos esos años, no teníamos automóvil. De niña, tenía que caminar a todas partes, lo cual me hizo más fuerte físicamente. A menudo no teníamos suficiente para comer. Algunas veces, todo lo que teníamos era pan de maíz y leche; nada más. Si no había suficiente con eso, no había más. Aprendimos lo que significaba tener comida sobre la mesa.

Recuerdo a los vagabundos que saltaban sobre los trenes de mercancías para encontrar trabajo al otro lado del país. Venían a casa, llamaban a la puerta de atrás y, muy educadamente, decían sombrero en mano: «¿Puedo hacer algo por usted para ganarme una comida?». Mi madre nunca los despedía y siempre compartía lo que tuviera. Así que crecí aprendiendo a ayudar a otras personas. Mi madre, además de amarme a mí, sabía ayudar a la gente.

Cuando tenía cinco o seis años, mi padre tuvo un accidente de automóvil. Con él viajaban otras cinco personas. Alguien se chocó con ellos de lado y el automóvil dio cuatro vueltas de campana. Mi padre acabó en el asiento de atrás con el asiento y todos sus amigos encima de él. Mi madre recibió una llamada de la policía y me llevó con ella en el auto hacia donde se encontraba él. A pesar de la multitud de huesos rotos, mi padre salió del accidente andando.

Cuando mi madre llegó, él le dijo: «Delia, vámonos.» Quería irse a casa. Pero ella dijo: «Luther, voy a llamar a una ambulancia.» «¡No, no lo hagas!». Ella dijo: «¡Oh, sí que lo haré!».

Él era el que mandaba entonces y nunca le había visto echarse atrás de esa forma, pero esta vez lo hizo. Cuando llegaron al hospital, el médico le dijo: «Sra. Rose, menos mal que llamó usted a la ambulancia. Venir en automóvil probablemente le habría matado por los baches. Tantos huesos rotos le podrían haber dañado el corazón o los pulmones».

En el hospital le pusieron una escayola desde debajo de los brazos hasta los dedos de los pies. Tenía las piernas algo torcidas y le habían puesto una vara entre las rodillas para separarlas. Llegó a casa y tuvo que guardar cama durante cuatro meses y medio. Era verano y hacía mucho calor en Stamford (Texas). No teníamos aire acondicionado y mi padre me pedía que le abanicara. Esa escayola le producía muchos picores y, claro, no podía rascarse. A veces usaba una percha debajo de la escayola para poder rascarle la espalda. Era una constante agonía.

Cuando hubo que quitarle la escayola, el personal médico no me permitió la entrada en la habitación, pero me escondí en la habitación de al lado para mirar desde detrás de la puerta. Había un médico y cuatro enfermeras, dos a cada lado de la cama. Tenían unos grandes algodones empapados en éter etílico. El médico le dijo a mi padre: «Ha tenido usted la escayola tanto tiempo que no queremos que agarre una pulmonía. Así que, prepárese para que le apliquemos el éter. No sabrá si le quema o le hiela».

Mi padre miró con recelo, como diciendo: «¡No será nada!». Las enfermeras estaban listas para aplicar el éter sobre el cuerpo cuando la escayola saliese. El médico serró la parte delantera y las dos enfermeras le pusieron el éter. Mi padre respiró profundamente y dio un grito ahogado. Luego le dieron la vuelta y le quitaron la parte trasera de la escayola; le hicieron lo mismo con el éter. Entonces le pusieron en una silla de ruedas, porque no podía caminar.

Todo ese tiempo, mi madre tuvo que trabajar para mantener la tienda abierta. Solía trabajar todo el día. Mi padre nos hacía poner tres sillas afuera, espaciadas a lo largo de la cuerda de tender la ropa. Le llevábamos en su silla de ruedas afuera y él se agarraba de la cuerda, se levantaba y caminaba entre las sillas agarrado a la cuerda. Lo hacía durante una hora, algunas veces dos, todos los días, caminado y sentándose. Nos hizo jurar que guardaríamos el secreto. Nosotros nunca desobedecíamos a papá y jamás dijimos nada.

Finalmente llegó el día en que pudo caminar sin ayuda; podía caminar por sí solo. Mi madre llegó a casa. Mi padre estaba en la silla de ruedas, y dijo: «¡Delia, me voy a levantar para caminar!». Mi madre echó los brazos al aire, y dijo: «¡Oh, no, Luther!» Pero mi padre se levantó y caminó hasta ella sin cojear. Qué emocionante fue. Para mí fue un verdadero milagro.

Nuestra familia era baptista del sur. Mis padres eran personas religiosas, mi madre más que mi padre. Ella era una señora muy fuerte, pero un alma muy buena, una persona buena y amable. También era una buena cristiana. Le hacía preguntas sobre religión y cuando no sabía la respuesta, solía decirme: «Eso no lo puedes saber. Ten fe». Pero yo pensaba: «¡Yo también lo puedo saber!».

Mi hermano formó parte de la Cuarta División de los Marines durante la Segunda Guerra Mundial. Estuvo en algunas de las peores batallas: Iwo Jima, Saipan y otras. Recuerdo a mi madre caminar todas las noches mientras rezaba por mi hermano. Yo me despertaba y ella seguía caminando y rezando. Al escucharla aprendí, desde muy pequeña, a rezar.

Cuando mi hermano volvió de la guerra (¡gracias a Dios!) contaba historias a mi madre. Le oí decir que una noche estaba en un hoyo con un compañero y, de repente, escuchó una orden en su interior: «¡Sal del hoyo inmediatamente!». «¡Hay que saltar ahora!», le dijo al compañero. «No quería saltar conmigo, pero yo sí salté», contó mi hermano. «Y al hacerlo, nos dieron de lleno y mi compañero murió». Supe en ese momento que alguien salvó la vida de mi hermano y que eso fue como respuesta a las oraciones de mi madre. Cuando eso ocurrió yo estaba en la escuela primaria, y me dejó una gran impresión.

Yo amaba a mi hermano. Me había mandado una de sus gorras de marine durante la guerra que solía ponerme. Llevaba un palo al hombro y marchaba, haciendo como que estaba con mi hermano en el servicio militar. Los muchachos del vecindario se ponían en fila detrás de mí y solía tener a toda una tropa de chicos siguiéndome.

Otra curación milagrosa ocurrió cuando ya no vivía en casa. Mi padre tuvo otro accidente. Se golpeó la cabeza y se quedó paralítico de todo el cuerpo. Le ingresaron en el hospital de Dallas, que era un hospital donde también se enseñaba. Para entonces yo estaba casada, pero volví para ayudar a mis padres. De nuevo, mi madre siguió con el negocio mientras yo me sentaba con mi padre. Le funcionaban los brazos, pero el resto del cuerpo estaba paralizado.

Un día, mi hermana y yo estábamos sentadas a su lado cuando entró el médico, y dijo: «Sr. Rose, qué dolor decirle esto, pero no puedo hacer nada por usted. Seguirá paralizado el resto de su vida». Mi padre le miró y le dijo: «Voy a salir de este hospital caminando». El médico se fue sacudiendo la cabeza, como diciendo: «¡Este hombre está loco!». Miré a mi hermana, y le dije: «No conoce a nuestro padre, ¿verdad?».

Me sentaba al lado de la cama de mi padre día tras día, durante varias semanas. Él ponía toda su atención en el dedo gordo del pie izquierdo; y el sudor le corría por la frente cuando se concentraba tanto. Yo sabía lo que estaba haciendo así que me quedaba sentada mientras se concentraba en el dedo del pie. Un día movió el dedo. «¡Sabía que lo conseguiría!», exclamó. Entonces, la parte izquierda de su cuerpo empezó a recobrarse. Pronto pudo mover todo el cuerpo. Le llevaron a que lo vieran otros médicos del hospital diciendo que no había explicación, ya que se suponía que no iba a caminar más. Y salió del hospital caminando, tal como él lo dijo.

Mi padre nunca pasó del cuarto curso en la escuela pero tenía una voluntad de hierro y se concentraba en lo que quería realizar. Aprendió solo a tocar muy bien el piano y le gustaba mucho la jardinería, desde que nosotros éramos pequeños. Recuerdo que al lado de la casa plantó tres pequeños árboles mezquites. Echó arena al lado de los árboles y, a medida que crecían, pasaba el rastrillo por la arena, creando cierto diseño, justo como lo hacen en Japón. Se subía a los árboles y les trenzaba las ramas para que parecieran sauces llorones, perfectamente alineados, muy bonitos.

Algunas veces las personas que pasaban se acercaban a la puerta para preguntarnos qué árboles eran. Cuando les decía que eran mezquites, se creían que les mentía. Yo les decía que si no me creían, podían poner las manos sobre las ramas y comprobarlo por sí mismos. Creo que mi padre debió haber sido un jardinero japonés en otra vida.

Muchos años más tarde, fui a casa después de que mi padre muriera y ayudé a mi madre con el funeral y todo lo demás que tenía que hacer. En el funeral canté «How Great Thou Art». Durante esa época en que volvía a estar en casa de mis padres, miraba hacia el jardín y veía la banqueta en la que mi padre se solía sentar, cuando ya no podía estar de pie, para trenzar las ramas de los mezquites.

Había un pequeño mezquite de unos dos pies de alto. La mitad lo había trenzado muy bien y la mitad estaba salvaje. Crucé el jardín para ver los árboles. No tenían hojas y se podía ver la complejidad de lo que había trenzado. Era algo asombroso, y ahí me quedé, observando su obra; y dije en voz alta: «Papá, tú sabes que yo siento no haberte dicho cuánto te quiero. Ni que eras todo un artista al hacer todas esas cosas».

Para mi sorpresa, oí una voz, tan claramente como una campana, como si él estuviera enfrente de mí: «Está bien, Wanda Faye. Lo sé». Me conmocionó realmente oír la voz de mi padre otra vez. Él era el único que me llamaba por mi segundo nombre.

Un espíritu tan gozoso y libre

Me gradué de la secundaria en 1948. Tres años después, a la edad de veintiún años, me marché de la casa de mis padres para casarme. Norman era un buen hombre, pero nunca estuve realmente enamorada de él. Sin embargo, creo que por razones kármicas, teníamos que casarnos y traer dos niños al mundo.

Mi hijo, Sam, nació en 1951; y mi hija, Dana, en 1956. Sam siempre fue el protector de Dana, apoyándola y defendiéndola. Se portaba maravillosamente con ella.

Tuvimos que mudarnos muchas veces en aquellos años. Cada vez que lo hacíamos, teníamos que poner a Sam en una escuela diferente y cada vez, los matones de la escuela se metían con él. Ahora me doy cuenta de que tenía tanta luz a su alrededor, que eso molestaba a los demás y a las fuerzas de la oscuridad, que trabajaban a través de ellos para atacarle.

Cuando Sam tenía unos diez años, nos acabábamos de mudar otra vez y Sam llegó de la escuela, donde le habían dado una paliza. «Sam, ¿qué ha pasado?», le dije. «Hay un matón que tiene una banda», contestó. «Todos los días me esperan al salir de clase y me atacan y me golpean». «Voy a hablar con el director», dije yo.

«Por favor», dijo Sam, «no lo hagas. Si lo llamas, las cosas empeorarán».

«Sam», le dije, «tenemos que hacer algo. ¿Qué quieres hacer?».

Sam tenía que tener alguna forma de protegerse. Entonces me acordé de que su padre le había enseñado boxeo, y eso me dio una idea. «¿Por qué no te enfrentas a ese matón en un asalto de boxeo? Dile que

Wanda y Sam

el acuerdo es que no te vuelva a atacar después del combate. Independientemente de quién gane y quién pierda, se acabó. Creo que eso sería lo mejor pero, por supuesto, tú decides. Depende de ti, hijo».

Sam estuvo de acuerdo y lo arregló. La madre del otro niño estuvo de acuerdo con el combate y yo iba a ser el juez. El otro muchacho se presentó con toda su banda. Casi me caí cuando le vi, era el doble de grande que Sam. «¿En qué le has metido?», pensé. Pero Sam estaba decidido a terminar con eso. Se pusieron los guantes, con la banda alrededor de ellos, en círculo.

La pelea empezó y el matón era tan grande que mi hijo no podía ni acercarse. El matón le derribaba y luego gritaba: «¡Ríndete, Sam!». Y

Sam le decía: «¡No!», y se levantaba de un salto para continuar. Los muchachos gritaban. A la cuarta vez que hubo derribado a Sam, todos se quedaron callados. Me moví para detener la pelea, pero mi hijo se dio la vuelta hacia mí y me dijo con la más fuerte determinación: «¡Mamá, no!». Eso me sacudió y me eché atrás.

La pelea continuó unos minutos más. Finalmente, el matón le sujetó los brazos a mi hijo, y dijo: «¡Sam! ¡Tú ganas! ¡Me rindo! ¡Tú ganas!».

Sam se echó atrás, se quitó los guantes y subió el brazo. El matón le dio la mano. Y nunca más atacó a Sam. Y que sepamos, nadie más de la escuela lo hizo.

Tras ese episodio tuvimos que mudarnos de nuevo. En la escuela nueva había otro matón que perseguía a Sam, pero él corría más y normalmente se escapaba. Pero un día, al llegar a casa, era obvio que se había peleado. «Sam», le dije, «¿qué ha pasado?».

Sam contestó: «Ya te hablé del matón de la escuela, del que normalmente me puedo escapar. No le permito que ataque a mi hermanita». Evidentemente el matón quiso ir a por ella, o dijo algo de Dana, y Sam le plantó cara. «¿Cómo está él?», le pregunté. «Digamos que tiene peor aspecto que yo».

Sam era un alma de lo más inusual y muy amorosa. No era un matón y no quería hacerle daño a nadie. Me enseñó el poder del amor. Buscaba la belleza en todas partes. Un día trajo un lagarto a la casa, y dijo: «¿No es hermoso?». El lagarto no tenía rabo y para mí no era nada hermoso. Pero había aprendido a no contradecirle, ya que muchas veces había algo más que yo no sabía. Así que le dije: «Bueno, enséñamelo».

Dio la vuelta al lagarto, que tenía la panza de todos los colores del arco iris. «Sí», le dije, «es hermoso».

Cuando Sam cumplía doce años, le llevé al río con algunos de sus amigos. Estaba en sintonía con todas la criaturas de allí; te podía decir lo que eran, qué comían, si eran venenosas o no.

Sam vio una víbora en el agua, la tomó y se la enseñó a sus amigos. Les dijo qué clase de víbora era: «No hace nada porque no es venenosa». Entonces la devolvió al río suavemente. Luego nos fuimos a pasear los dos y cuando mirábamos alrededor, oímos gritar a los muchachos. Nos dimos la vuelta, y estaban matando a la víbora a golpes. Sam corrió hacia ellos gritando: «¡Parad, parad! ¡No hace nada!». Pero era demasiado tarde, ya la habían matado. Estaban de pie, en círculo. Y ahí estaba Sam, mirando a cada uno de ellos, y diciendo: «No podía haceros daño». Se dio la vuelta y se fue.

Al día siguiente, Sam fue a Huntsville, en Texas, a visitar a sus abuelos paternos. Le metí en el avión, y dos días después recibí una llamada para decirme que mi hijo había tenido un accidente y había muerto.

Su abuela me dijo que la noche anterior al accidente habían estado todos en la cabaña, al lado del lago. Les llegó una tormenta brutal, con relámpagos, truenos y fuertes vientos. No pudo encontrar a Sam en la cabaña y fue a ver si estaba afuera. Miró hacia un alto pino, y ahí estaba. Sam era un atleta y un excelente escalador. La abuela me dijo que cuando el relámpago le iluminó la cara, «vi que tenía la mirada más sublime. Era como si hubiera encontrado algo maravilloso».

Al día siguiente se subió a un pequeño sauce que había ayudado a plantar a su abuelo sobre un embarcadero de madera, en el lago. La rama sobre la que estaba se rompió y se cayó hacia atrás, golpeándose la cabeza con el embarcadero. Perdió el conocimiento y nunca más lo recobró; y así fue cómo se marchó de esta vida.

Yo estaba conmocionada más allá de cualquier límite, al haber perdido a mi querido hijo. Volé a Huntsville para el funeral. Noté, al ver el cuerpo, que tenía una mirada plácida. Tenía la apariencia de haber encontrado algo maravilloso.

Después del funeral, mi hermano vino a decirme: «Sabes, Wanda, a Sam le pasó algo raro cuando estaba aquí. Le llevaba yo de San Antonio a Huntsville y él, sentado en el automóvil, miraba por la ventanilla, sin decir nada. Después de un par de horas sentado en silencio, mirando por la ventanilla, me miró y dijo: "Querría ver a mi madre una vez más". Es como si hubiera sabido que se iba a marchar».

Ya en casa, un día me senté a la mesa de la cocina y sentí la presencia de Sam allí. Sentí como si hubiera estado justo ahí, conmigo. Había un cuaderno y una pluma en la mesa. Tomé la pluma y este poema fluyó con facilidad de mi corazón hacia el papel.

Su pelo tenía el color del sol,
sus ojos capturaban el brillo del mar,
su sonrisa era tan brillante como las estrellas de la noche,
¡su espíritu tan gozoso y libre!

¡Mira arriba! ¡Mira arriba, al cielo de la noche!
¿Qué estrella es esa que veo?
¿Es la que te llevó al vuelo?
¿La que parpadea para mí?

¿O es la que tiene luz radiante?
Oh, sí; sí, hijo mío, ahora veo.
Tu sonrisa aún es luminosa como las estrellas de la noche,
¡tu espíritu, aún gozoso y libre!

Sam tenía una actividad favorita que hacía conmigo, que era estudiar las estrellas. Cuando la noche era clara, íbamos afuera y me contaba cosas de las estrellas. Le encantaba hacerlo. Creo que este poema era la forma que tuvo de decirme, «Mamá, estoy bien».

Este poema ha significado mucho para mí todos estos años. Simplemente, fluyó de mí. Yo no podría haber escrito poesía tan deprisa, especialmente cuando tenía el estado de ánimo que tenía después de haber perdido a mi hijo.

Me resultó difícil creer que se había ido. ¿Cómo podía ser? ¿Sólo doce años y ya está? En aquella época no había llegado a comprender la reencarnación y no tenía sentido para mí. Pero aprendí mucho en ese breve período de tiempo que pasé con él.

Un día, estando a solas con la mensajera, le hablé de Sam y le conté lo que ocurrió. Ella se detuvo a pensar un momento, y dijo: «Wanda, doce años fueron todo lo que él necesitó en esta encarnación».

Sam era un alma antigua en un cuerpo joven. Musicalmente hablando, tenía un oído perfecto. Si sonaba una orquesta, era capaz de discernir si había un instrumento que desafinaba. En sus cortos doce años me demostró muchos principios espirituales. Me enseñó a defender la verdad y defender a los demás.

La mensajera no dijo nada más sobre Sam. De algún modo, querría que me hubiera dicho más, pero eso bastaba. No pensé que fuera procedente preguntar más. Para mí, el recuerdo de sentir la presencia de Sam en la cocina en aquella ocasión me dio consuelo, y sé que lo que aprendí de él me ayudó a navegar por el sendero que tenía delante. Fue un paso, o un puente, para ayudarme a pasar de ser una baptista del sur a las enseñanzas de los maestros ascendidos.

A Gene le encanta la historia de mi hijo. Se ríe cada vez que oye la historia de Sam cuando ganó al matón. Y llora cada vez que oye que Sam murió. Lo peor que nos puede ocurrir es perder a un hijo. Es lo más difícil de superar. Y mi amado esposo, Gene, pasó por la misma experiencia. Perdió a su hija cuando ésta tenía diecisiete años. Nos encontramos el uno al otro y, más tarde, nos dimos cuenta de que los dos habíamos perdido a un hijo.

Mi primer instructor

Cuando era muy joven, solía decir a mi madre: «Quiero ser cantante de ópera». Pero en mi pueblecito, ¿quién oyó jamás hablar de ópera? Desde luego, nadie en mi círculo de amistades y parientes sabía nada de eso. Yo sólo sabía que me encantaba cantar. Creo que en otra vida fui cantante de ópera.

Finalmente conseguí estudiar ópera cuando tomé lecciones, a la edad de treinta y siete años. Mi profesora se llamaba Annabelle Jones Rose y yo, Wanda Faye Rose. Teníamos el mismo apellido, pero no éramos parientes. La llamábamos «Rosas».

Yo tenía un amigo que era un excelente pianista, quien tocaba en el bar de un restaurante. Una noche llevé a Rosas conmigo al bar para oírle tocar. Una vez allí, le pedí que cantara. Ella era más baja que yo (mido 1,58 cm) pero tenía una voz poderosa. Cuando cantó en aquel sitio tan ruidoso, caminando por el escenario, todo el mundo puso su atención en ella. Se hizo el silencio y se podía oír la caída de un alfiler. Su voz les absorbió y cuando terminó, se pusieron en pie aplaudiendo y gritando: «¡Más! ¡Más!».

Aprendí muchísimo de Rosas. «Wanda», me decía, «cuando se canta, se canta para el balcón más lejano y para la última persona en el balcón. Se canta para ellos. Se saca la música de la madre Tierra y, a través del corazón, se manda al balcón».

Rosas fue mi primer gurú, mi primer instructor. De ella aprendí qué significa en realidad experimentar el amor de un instructor. No el sinsentido humano, sino el amor Crístico. Ella representaba eso todos los días de su vida. Me enseñó determinación y equilibrio.

Su presencia tenía un efecto curativo y era capaz de ponerte en armonía. Si entrabas a su habitación con desarmonía o sin sentirte al cien por cien, después de estar ante su presencia, y sin que tuviera que decir nada, salías con armonía y un equilibrio total. Ahora veo que era un alma elevada. Esto sucedió antes de que yo creyera en la reencarnación o en cualquier cosa de naturaleza espiritual.

En aquel tiempo aún sufría por la tragedia que supuso la pérdida de Sam. Pensé que ayudar a otras personas me ayudaría a afrontar el dolor. Vivía entonces en Sacramento y los sábados iba al hospital para ayudar a las enfermeras en el área mental. La primera vez que fui, conocí a una señora que también había perdido a un hijo meses antes. Estaba en una silla de ruedas y no podía hablar a nadie. Se había retirado completamente del mundo. A pesar de todo lo que hicieron por sacarla de su depresión, nada parecía funcionar. No podía o no quería reaccionar ante nada ni nadie.

En Noche Buena me llevé algunas grabaciones de música navideña al hospital, para los pacientes. La mayoría de la gente no les prestaba atención, era solo música de fondo durante sus actividades y conversaciones. Había grabado algunas de mis lecciones de voz para hacer la cassette de Navidad y al final de la grabación comenzaba a sonar «O mio babbino caro», una de mis arias favoritas. Fui a parar la música pero al apagarla, la mujer que había perdido a su hijo, que nunca había hablado, dijo suavemente: «No; ponla».

Me sobresaltó oír que hablaba, pero volví a poner la música. Cuando terminó el aria, otra persona dijo: «Ponla otra vez». Eso hice. Después de eso, la mujer salió de su depresión. Poco a poco se recuperó y tengo entendido que abandonó el hospital y siguió con su vida.

Fue una gran experiencia, ver el efecto que tuvo esa canción sobre esa alma en particular. No entendí completamente lo que ocurrió hasta años después, cuando escuché a la mensajera dar una enseñanza sobre el efecto de la música. «O mio babbino caro» («Oh, mi querido papaíto») es una canción que transmite el amor del alma hacia Dios en la persona del Padre. La música puede levantarnos el ánimo y la música es lo que levantó a esa mujer aquel día. A mí cantar me ayudaba a levantar el ánimo. Me ayudaba a superar la tristeza y el dolor por la pérdida de mi hijo.

La música y el arte nos afectan. Hay que prestar atención a la música que ponemos y al arte que tenemos en casa. Me entristece mucho pensar en la música con la que muchos jóvenes han crecido. Están tan acostumbrados a ella, que no se dan cuenta de que les lleva hacia abajo.

La respuesta a una oración

Mi esposo Norman y yo llevábamos casados veinte años cuando nos divorciamos en 1970. Cuando yo tenía cuarenta años, un día me llevé a mi hija Dana a pasear en automóvil. Ella tenía unos doce años entonces. «Dana», le dije, «tu padre es un buen hombre y es mi amigo. Pero nuestro matrimonio no va bien y tenemos pensado divorciarnos. Los dos te amamos mucho. Amo a tu padre como a un amigo, pero nunca fui feliz en el matrimonio».

Dana se detuvo, y dijo: «Nadie debe ser infeliz toda la vida». La frase me emocionó. Pensé que ella lo entendía.

Norman, a la hora de divorciarnos, dijo: «No volveré a confiar en ninguna mujer». Pero yo le dije: «Norman, tú te volverás a casar antes que yo». «¡Jamás!», dijo él. «¡Lo harás!», le dije otra vez.

Nunca estuve en desacuerdo con Norman, ni discutí con él, excepto para decirle que me sentía infeliz y que teníamos que divorciarnos. Nos separamos de buenas maneras y Dana veía a su padre con bastante frecuencia. A los dos años se había casado otra vez y se mudó a su pueblo de Huntsville.

Yo nunca quise volver a equivocarme con el matrimonio y prometí tener cuidado en el futuro. Norman era metodista y, para estar con él, yo me había cambiado de baptista del sur a metodista, pero ninguna de esas religiones encajaba realmente conmigo. Creo que el divorcio me impulsó hacia el sendero espiritual.

En junio de 1975, trabajaba en la biblioteca de la universidad del estado de Sacramento, en California. Durante dos años, había rezado todos los días esta oración: «Señor, ¿quién soy? ¿Por qué estoy aquí?

¿Qué tengo que aprender? Quiero algo de entendimiento cósmico y quiero el camino más directo hacia ti. Estoy lista. Por favor, enséñame».

Un día iba caminando por el campus y sentí como alguien me tocaba el hombro. Miré alrededor pero no había nadie. Sólo estaba yo en el camino. Sentí como tiraban de mí hacia atrás, suavemente, y me decían que mirara hacia arriba. Normalmente nunca prestaba atención a los posters mientras caminaba por el campus, pero ese día había uno que anunciaba la conferencia de julio de 1975, en el monte Shasta. Decía algo sobre la libertad cósmica, el entendimiento y la conciencia cósmica. «Eso es lo que he estado pidiendo», pensé, «entendimiento cósmico». Me puse toda contenta, lo escribí todo y lo puse en mi bolso. Entonces, en cuanto lo cerré, se me olvidó todo lo que había visto en el anuncio.

Al día siguiente realicé el habitual llamado y entonces me acordé del póster. Sentí como Dios me decía: «¡Saca la información del bolso y ve a esa conferencia!». Así que me metí en el automóvil y me dirigí al monte Shasta, a tres o cuatro horas de camino.

Recibí todas las respuestas que quería en la primera conferencia. Pero eso no ocurrió sin ninguna oposición. La conferencia tenía lugar en una gran tienda, en un claro. Llevé el automóvil hasta el aparcamiento y fui caminando hasta la tienda, donde había unas dos mil personas decretando, que es una forma de oración hablada que hacemos en nuestra organización. Cuando lo oí, me pregunté: «¿Qué es esto?». Y la escéptica que llevo dentro empezó a dominar, diciendo: «¡No te hace falta esto! ¡Métete en el automóvil y vete!».

Estaba a punto de hacer justamente eso cuando se me acercaron dos señoras negras muy amables desde los dos lados del aparcamiento. Se pusieron a mi lado y empezaron a caminar conmigo. Eran como una zona de amortiguación. Comenzaron a explicarme los decretos y por qué se hacían. Me acompañaron a la tienda. Creo que ese cuidado y preocupación evitaron que me marchara. Ellas se despidieron y yo me senté y me quedé.

Pero seguía oyendo a mi mente carnal decir: «No necesitas esto. ¿Por qué no te marchas?». Al mismo tiempo oía a mi mente Crística decir: «Estoy aquí por algún motivo. Sé que debo quedarme». Finalmente, después de un día entero oyendo las dos voces, me cansé de oír a la escéptica y me dije a mí misma en voz alta: «¿Te quieres callar? ¡Estoy aquí por algún motivo y me voy a quedar!». La voz cesó. Aún no sabía qué era la mente carnal ni cómo hacer fíats, pero de alguna forma sabía lo suficiente para hacer ese llamado.

El día después de la conferencia había una gran boda múltiple, a medio camino de la falda de la montaña. Fui subiendo el camino y al llegar cerca de la cima, iba con la cabeza baja, tratando de recuperar el aliento, cuando sentí que alguien me daba la mano. Miré y vi los ojos de la mensajera. Ella simplemente me miró, y dijo: «Me alegro de que hayas llegado».

La había conocido en un encuentro breve en la fila de la recepción de la conferencia. Pensé que quería decir, «has conseguido subir la montaña».

Años más tarde, después de casarme con Gene, nos mudamos de California a Montana, en 1987, cuando la organización restableció su sede central allá. Una persona de su plantilla me dijo que cuando le dije por primera vez que iba al Retiro Interno, colgó el teléfono después de hablar conmigo y dijo con excitación: «¡Va a venir! ¡Va a venir!».

El día en que llegamos, fuimos a una capillita en la que se realizaban servicios. La mensajera nos saludó ahí, me dio la mano, y dijo: «Me alegro de que hayas llegado». Entonces recordé sus palabras de hacía años, en nuestro primer encuentro y supe que lo que quiso decir era que se alegraba de que hubiera conseguido llegar a estas enseñanzas. En ambas ocasiones me decía que se alegraba de que hubiera superado las pruebas hasta ese punto y que estaba donde tenía que estar.

3ª PARTE
JUNTOS DE NUEVO

«Es él»

Wanda:

Al principio, cuando empecé a estudiar las enseñanzas, comenzó para mí un período de profundo trabajo espiritual interior mediante el uso de la ciencia de la Palabra hablada. Cada día hacía todos los llamados a Víctory que hay en la sección amarilla del libro de decretos. Esos llamados son intensas invocaciones y fíats que afirman la victoria de la luz que el gran ser de luz llamado Poderoso Víctory nos ha dado. Rezaba el rosario a la Virgen María durante una hora por las mañanas y luego, otra vez por las noches. También hacía los decretos al Arcángel Miguel para la protección, los decretos vespertinos a Astrea y, por supuesto, mi llama violeta. Cuando no podía decretar en voz alta, lo hacía mentalmente. Era como hacer los decretos veinticuatro horas al día. Me sentí empujada a hacer eso durante dos años.

Una semana antes de la conferencia de Pascua, en Pasadena, en 1977, estaba en la cocina haciendo mis llamados a Víctory. En aquel entonces compartía casa con otras chelas. Mis compañeras habían salido y me encontraba a solas. De repente, sentí como si el Maestro Ascendido Lanello* hubiera entrado en la cocina, se hubiera sentado enfrente de mí y hubiera empezado a hacer los llamados de Víctory conmigo.

No soy de las personas que ven cosas, así que pensé: «¡Wanda, te estás volviendo loca!». Pero casi podía oír su voz. Y pareció que mi voz se tornó en su voz. Yo continué. Al final de muchas páginas de llamados de Víctory, sentí como si Lanello se hubiera levantado y se hubiera

---

* Lanello es el nombre ascendido del Mensajero Mark L. Prophet.

marchado. Otra vez me pregunté si estaba perdiendo contacto con la realidad.

Algún tiempo después, cuando Gene y yo estábamos casados, me encontraba en la oficina de Madre*. La ocasión era poco habitual y maravillosa. Casi sin querer, le conté el incidente con Lanello en la cocina. «Sí, era Lanello», dijo. «Fue con el fin de dar el último impulso para liberar a Gene, para que pudiera llegar a esta organización.» Por eso me sentí empujada a hacer los decretos día y noche, todos los días, durante esos dos años. Estaba liberando a mi llama gemela.

A nivel personal, había tenido dos citas en esos dos años. Finalmente alcancé un punto en el que le dije a Dios: «Si tienes a alguien para mí y estamos destinados a estar juntos, tráemelo, porque tú eliges mejor que yo. Y si he de estar sólo contigo, eso también está bien. Me entrego a tu voluntad».

Asistí a la conferencia de Pascua en 1977 y durante un receso vi a Gene, que estaba al otro lado de la sala. Él me miraba y yo le miraba a él. Entonces oí la voz dentro de mí, que decía: «Es él. Ve hacia él». Me acerqué y nos conocimos. Nos reconocimos enseguida al nivel del alma.

La señora que acompañaba a Gene era una pelirroja inteligente y alegre. Jane era su novia, pero el apellido que tenía en la tarjeta de identificación era igual que el de Gene: Vosseler. Y yo pensé: «Si es él, ¿cómo es que está casado?». Creí que estaba casado porque así lo indicaba la tarjeta.

Jane pareció estar molesta desde el momento en que me vio. Cuando Gene me hablaba, ella intentaba atraer su atención, tirándole de la ropa. «Necesito dinero para comprar esas cuentas Rudraksha[4]», dijo. Sin perder un instante, se metió la mano en el bolsillo y le dio a Jane su cartera y continuó hablando conmigo. Al final, ella consiguió que él se marchara. Ese fue nuestro primer encuentro.

Una semana después, un sábado por la noche, me encontraba en un centro de enseñanza en Sacramento y Gene apareció en la puerta. Por casualidad, él también vivía en Sacramento en esos momentos. Se me

* Los chelas de Elizabeth Clare Prophet la conocen como Madre, término de respeto por el cargo que ocupa en su papel de Gurú.

acercó sonriendo y yo, pensando que estaba casado, fui muy recatada. Se sentó a mi lado con una gran sonrisa.

Cuando nos marchamos, la señora encargada del centro de enseñanza me dijo: «¡Es él!». «¿Qué quieres decir?», le pregunté. Ella simplemente me dijo: «Es él; te vas a casar con él». Durante dos años me había dicho: «Wanda, algún día, el hombre con quien te vas a casar entrará por esa puerta». Yo siempre le contestaba: «Bueno, no estoy buscando a nadie». Esta vez le dije: «¡Pues no puede ser él porque está casado!». Pero ella dijo: «Me da igual. ¡Es él! Y lleva un Buda colgado del cuello».

Yo sabía que Gene no llevaba nada colgado del cuello, excepto una cadena sencilla de oro, y se lo dije, a lo que ella contestó: «Me da igual. Lo tiene». Esta mujer tenía algo de psíquica y quizá pudo ver el colgante con un Buda que le iba a regalar yo a Gene después de casarnos.

Comentario:

Sobre esta historia de Wanda, Gene dijo: «Gracias a Dios que Wanda perseveró por mí porque de otra forma, probablemente hoy no estaría aquí». Aunque estas llamas gemelas vivían en la misma ciudad, es muy posible que sin los llamados y la intercesión de los maestros, jamás se hubieran cruzado sus caminos.

Todos somos comprados a algún precio. Alguien que ha pasado por el sendero antes que nosotros, alguien por encima de nosotros en la cadena jerárquica, ha hecho el llamado, ha entregado algo de su luz y energía para que nosotros podamos tener la oportunidad de entrar en contacto con la enseñanza y de recorrer el sendero espiritual.

Una vez que encontramos nuestro sendero, a todos nos cae la misma responsabilidad. Somos llamados a esparcir las enseñanzas, a hacer los llamados para liberar a los que han de seguirnos, pero que sólo tendrán esa oportunidad si nosotros, a nuestra vez, pagamos el precio por ellos.

Con Jesús, de dos en dos

Wanda:

En aquel tiempo, nuestra iglesia se encontraba en medio de un importante programa de expansión, en el que íbamos de dos en dos por los vecindarios de una ciudad, llamando a las puertas, llamado a la gente y explicándole las enseñanzas de los maestros ascendidos. Por algún motivo, para esas visitas, siempre nos ponían juntos a Gene y a mí. No sé cómo sucedía, pero así era.

Un domingo, queríamos encontrar una dirección concreta pero no podíamos localizarla. Yo estaba decidida, y le dije a Gene: «Es nuestra obligación y tenemos que encontrarla». Con perseverancia, finalmente encontramos el sitio. Llamamos al timbre, la señora vino a la puerta y cuando nos presentamos se alegró sobremanera. «¡Gracias a Dios que me habéis encontrado! He estado buscándoos durante muchísimo tiempo y ya no sabía qué hacer. Y ahora, aquí estáis».

Era un gozo hacer esos contactos, de corazón a corazón. Durante dos meses, Gene y yo realizamos tales visitas de dos en dos los domingos y en todo ese tiempo, yo aún pensaba que estaba casado. Un día, estábamos sentados en un restaurante, después de las visitas del día, y Gene utilizó una expresión cariñosa hacia mí. Me quedé sorprendidísima, y le dije: «No te permito que digas eso. Es totalmente improcedente».

«¿Por qué?», preguntó Gene.

Y yo le contesté: «¡Porque estás casado!».

Entonces él me dijo: «Pero si no estoy casado».

«¿Entonces qué hacía Jane con tu apellido escrito en la tarjeta de identificación?».

Gene me explicó que Jane no era su esposa y que ni siquiera se había dado cuenta de que ella llevaba su apellido escrito en la tarjeta de identificación, durante la conferencia.

Gene:

Jane era un poco psíquica. Cuando encontré las enseñanzas, cambió de nombre, de Jane a Elizabeth, que era el nombre de Madre. Además, cuando la conocí me dijo que yo iba a conocer a alguien y que terminaría dejándola. Eso explica por qué quería apartarme de Wanda con tanta ansiedad en nuestro primer encuentro, durante aquella conferencia de Pascua.

Rompí con Jane casi inmediatamente después de la conferencia. Estaba claro que se trataba de una relación kármica. Fue una lección que me costó cara en varios sentidos. Al marcharse, me hizo pagar: compró un televisor grande nuevo y algunas joyas caras, pagando con mi tarjeta de crédito.

Aunque Wanda no lo sabía, comencé a hacer arreglos con el capitán del equipo de trabajo para que me asignaran al lado de ella en las visitas de dos en dos. Siempre me aseguré de que ella fuera conmigo. Ella siempre se sorprendía de que ocurriera así.

Después de nuestra conversación en el restaurante, cuando Wanda se dio cuenta de que no estaba casado y que estaba libre, cambió toda la situación, especialmente desde su perspectiva.

Empecé a hacerle la corte a Wanda en serio. Comenzamos a salir juntos y al cabo de dos meses, los dos teníamos claro que estábamos destinados a estar juntos. Eso no tardó mucho tiempo en ocurrir.

Comentario:

Parece que la relación de Gene y Wanda estaba basada, desde el principio, en la realización de una misión. Las primeras experiencias de su relación fueron el ir de dos en dos, compartiendo las enseñanzas y realizando el trabajo de los maestros.

En el Evangelio de Lucas leemos acerca del encargo a los «otros setenta» de ir de dos en dos, esparciendo su enseñanza:

> Después de estas cosas, designó el Señor también a otros setenta, los cuales envió de dos en dos delante de su faz, a toda ciudad y lugar a donde Él había de venir.
>
> Y les decía: La mies a la verdad es mucha, mas los obreros pocos; por tanto, rogad al Señor de la mies que envíe obreros a su mies.
>
> Id, he aquí yo os envío como corderos en medio de lobos. No llevéis bolsa, ni alforja, ni calzado; y a nadie saludéis por el camino. En cualquier casa donde entréis, primeramente decid: Paz sea a esta casa. Y si hubiere allí algún hijo de paz, vuestra paz reposará sobre él; y si no, se volverá a vosotros. Y posad en aquella misma casa, comiendo y bebiendo lo que os dieren; porque el obrero digno es de su salario. No os paséis de casa en casa.
>
> Y en cualquiera ciudad donde entrareis y os recibieren, comed lo que os pusieren delante; Y sanad a los enfermos que en ella hubiere, y decidles: El reino de Dios se ha acercado a vosotros.
>
> Mas en cualquier ciudad donde entrareis, y no os recibieren, saliendo por sus calles, decid: Aun el polvo que se nos ha pegado de vuestra ciudad, sacudimos contra vosotros: Pero esto sabed, que el reino de Dios se ha acercado a vosotros. Y os digo que será más tolerable el castigo para Sodoma en aquel día, que para aquella ciudad.[5]

El Maestro Ascendido El Morya ha hablado sobre los otros setenta discípulos de Jesús y de cómo fueron a predicar el evangelio.

> Es de interés notar la gran victoria de esos setenta así como que siempre iban de dos en dos, una acción y una polaridad de Alfa y Omega, demostrando así (al hacer su oración con la ciencia de la Palabra hablada, como Jesús les había enseñado) el impulso de la totalidad. Y la totalidad es invulnerable e inaccesible

para la oscuridad. Por tanto, cuando los dos se unen y el Alfa/ Omega gira, existiendo armonía entre estos representantes de la Divinidad, se entiende cómo la luz puede descender.[6]

Lo mismo ocurrió con Gene y Wanda, al ir a realizar esta y otras misiones a lo largo de los años, a veces «sin sostén», como en la tarea inicial de Jesús, yendo a hacer la obra del Señor apoyándose en él para todas sus necesidades.

Ir en nombre de la Hermandad es una experiencia maravillosa. Es algo incomparable que todos deberíamos experimentar al menos una vez en nuestra vida.

Las visitas de dos en dos para los maestros las puede hacer todo el mundo. Es una gran forma de saldar karma. Rece e invoque al Espíritu Santo antes de marchar. Pídale al Señor que le preceda para allanar el camino. Compórtese con educación y cortesía y dé su corazón. Recuerde que al saludar, lo hace al Cristo en aquel a quien conoce en la puerta. Y si ocurre que no tenga un compañero chela que vaya con usted, hágase a la idea de que los maestros le acompañarán si usted se lo pide. El Morya nos ha dicho:

> También tenéis que daros cuenta de que «de dos en dos» se puede referir a vosotros y a Dios, o a los maestros ascendidos a vuestro lado, como Jesús y Saint Germain han prometido: tú con tu Cristo o con tu Poderosa Presencia YO SOY. Porque nunca estáis solos y nosotros no queremos limitar vuestro servicio, sino otorgaros el poder para que, con él, os deis cuenta de que del cuerpo causal desciende la esfera de la plenitud.[7]

Un matrimonio hecho en el cielo

Wanda:

Así pues, Gene y yo nos enamoramos y nos queríamos casar. Las señoras que conocía de la iglesia me habían dicho que el matrimonio en la iglesia era exclusivamente un arreglo de negocios y que debía tener la aprobación de Madre. Pensé que ellas sabían. Habían formado parte de la actividad más tiempo que yo y habían asistido a Summit University, el retiro de tres meses dedicado a un profundo estudio de las enseñanzas. Todas dijeron que Madre jamás decía que te tenías que casar enseguida.

Asistimos a la siguiente conferencia, en julio de 1977. Ésta se llamaba, «Sólo amor». Nos pusimos en contacto con su secretaria e intentamos entrar a ver a Madre, pero sin éxito.

El día después de la conferencia, se casaron veinticuatro parejas en el Ashram de la Madre del Mundo, nuestro hermoso centro en el centro de Los Angeles. Volvimos a intentar ver a Madre. El ministro que la había ayudado durante las bodas y la secretaria de ella estaban afuera, al lado de su oficina. Me acerqué a ellos y los dos me dijeron que Madre nunca decía que te casaras en seguida. Además, según ellos, la reunión con Madre no iba a tener lugar, porque estaba muy ocupada.

Entonces, al doblar la esquina, vi que Madre estaba ahí, firmando su nuevo libro sobre la Virgen María, *Mi alma magnifica al Señor.* Mi hija estaba en la fila. Ella sabía que había intentado ver a Madre y debió decir algo cuando Madre le firmó el libro. Mi hija se me acercó, y me dijo: «Madre quiere verte».

Me acerqué a verla, y me dijo: «Tengo entendido que quería hablar conmigo». «Sí», le dije, «pero creo que Gene también debería estar presente». «¿Quién es Gene?», dijo Madre.

Mientras, mi hija trajo a Gene, que estaba afuera. Así que le presenté, y ella le dijo: «Ah, sí, le vi cuando estaba sentado en la primera fila, durante mi conferencia, y me apoyó mucho. Gracias».

Cuando le dijimos que queríamos casarnos, yo aún tenía la impresión de que el matrimonio en la iglesia era sólo un asunto de negocios, por lo que, tratando de aparentar seriedad, dije: «Madre, creo que Gene y yo tenemos trabajo que hacer juntos». Yo lo creía de verdad, pero Madre sonrió, empujó la silla hacia atrás, y dijo: «Una sólo se casa si está locamente enamorada».

Gene sonrió sin decir nada, pero le hizo una señal a Madre con la mano queriendo decir, «¡OK! ¡Estoy de acuerdo!».

Gene:

Nos encontramos con Madre en el Ashram de la Madre del Mundo. Estábamos enamorados y queríamos casarnos. En aquellos días, la costumbre era pedir permiso al Gurú para casarse y para que bendijera el matrimonio. Nos habían dicho que nadie había recibido permiso jamás para casarse de inmediato, por lo que nos resignamos a una larga espera.

Cuando al fin nos encontramos con ella, Madre preguntó: «¿Por qué no se han casado hoy?». Ni siquiera sabíamos que teníamos esa opción. «Madre», le dije, «queríamos estar seguros de tener su bendición antes de dar ese paso».

A lo que ella replicó: «No veo ningún motivo para que tengan que esperar. ¿Por qué no se casan aquí, en el Ashram, frente a la estatua de la Virgen María?».

Entonces, para nuestro asombro, añadió: «¿Querrían pasar la luna de miel en el Monte de Maitreya, en Big Sur?». Nuestro amigo, el Dr. Ralph Yaney, tenía un terreno llamado el Retiro del Monte de Maitreya, en Big Sur, en California del Norte. Impactado, le dije a Madre: «Madre, Wanda y yo habíamos hablado de hacer eso mismo. Estábamos pensando en pasar la luna de miel en Big Sur. ¿Cómo lo sabía?».

«Gene», me dijo, «después de todo, soy su Gurú».

Así, en septiembre de 1977, tras recibir la bendición de Madre, me casé con mi amada Wanda ante la estatua de la Virgen María, en el Ashram de la Madre del Mundo, en Los Angeles.

Más tarde me convertiría en ministro de la Iglesia Universal y Triunfante, por lo que casaría a mucha gente. Claro que, como ministro luterano, había unido a muchas parejas en santo matrimonio. Madre me preguntó una vez: «Gene, ¿cuántas bodas has realizado?». «Oh, Madre», repliqué, «deben haber sido más de mil». Madre, riéndose, me dijo: «Las podría poner en fila, como salchichas, hasta el Gran Sol Central».

Una vez, cuando estaba reunido con Madre, dije: «Madre, creo que Wanda y yo somos llamas gemelas». No me contestó directamente pero sonrió, y dijo: «Han tardado mucho en volverse a reunir».

Lo interpretamos como confirmación de nuestra unidad eterna. Sabemos que de ninguna forma estaríamos juntos ahora sin la intercesión del Gurú en nuestras vidas.

La reunión de Gene con Madre, en julio de 1977, fue sólo la segunda que tuvieron. Ella bendijo su matrimonio, pero aún más importante fue la declaración de que era su Gurú. Los comentarios de Gene sobre su siguiente punto de inflexión en la vida:

Como se dice comúnmente, el trato estaba cerrado. Ella reconoció que era mi Gurú y yo me convertí en un chela de los dos mensajeros, que juegan el papel de los Dos Testigos de los que se habla en el libro bíblico del Apocalipsis[8]. Y durante treinta y tres años, he tenido el gozoso privilegio de caminar por este desafiante sendero con mis amados Gurús, que son diariamente una inspiración y un consuelo en mi vida.

4ª PARTE
SERVICIO A LOS MAESTROS

Summit University

Wanda:

Con frecuencia llevo un broche del Arcángel Gabriel en la solapa. Lo recibí la mañana del día de Navidad de 1976. Mi compañera con quien vivía me tendió una cajita, y dijo: «Esto no es de parte mía». Lo abrí y vi que tenía un broche de oro en su interior. Antes de poder leer a quién representaba, sentí la energía que llevaba. Era tan intensa que me quedé ahí sentada, sollozando. Finalmente me serené y fui capaz de leer que el broche de oro representaba al Arcángel Gabriel anunciando el nacimiento del Cristo a la Virgen María.

Wanda con su broche de oro que representa al Arcángel Gabriel

Después de casarnos, se anunció que el Arcángel Gabriel iba a venir para patrocinar el siguiente trimestre de Summit University, en otoño de 1977. Antes de eso no había pensado en asistir Summit University para nada. Pero debido a la experiencia con el broche, pensé que debía asistir a ese trimestre. Recibimos confirmación de eso cuando un día íbamos en automóvil.

Gene:

Encendí la radio y sonó la melodía del Intermezzo de *Cavalleria Rusticana.* Esta pieza musical siempre me saca las lágrimas. «Wanda», dije, «no sé cuántas veces he encendido la radio esta semana y, tanto si estoy en casa como en el automóvil, siempre suena esta melodía. No lo entiendo».

Wanda dijo: «Gene, creo que Gabriel quiere atraer tu atención. Esa música es su nota clave.* Creo que debemos asistir al trimestre de Gabriel». Así fue como acabamos asistiendo a ese trimestre de Summit University. En aquellos días, las sesiones de Summit University eran de doce semanas y tenían lugar tres veces al año.

Aprendí mucho sobre mí mismo en aquel trimestre. Parecía que todo lo que pudiera surgir, en lo que se refiere a impulsos acumulados negativos, surgían para ser transmutados. Tenía la sensación de estar nadando a veces en la porquería: experiencias del pasado y estados no alineados, viejas relaciones insanas, confusión religiosa, una sensación personal de indignidad o alguna otra vieja programación luterana, vestigios de pecado original grabados profundamente en mi alma.

Entonces, al final de las doce semanas, la noche de la recepción presidencial, en el Ashram de la Madre del Mundo, nos encontrábamos a tres pasos de Madre, que estaba de pie, en frente de la estatua de oro de la Virgen María dando un dictado del Arcángel Gabriel. La irradiación era muy intensa. Era sencillamente una irradiación de luz increíble. A un cierto punto, Gabriel nos dijo que todos éramos miembros de sus grupos angélicos y que por eso teníamos que asistir a su trimestre de Summit University.

Wanda y yo sabemos que nos encontramos en el cuarto rayo, que es el rayo blanco de la pureza y la ascensión. Su chakra es el de la base de la columna. Y ahí es donde nos llegan las pruebas más grandes. Las pruebas del chela tienen que ver a menudo con el chakra de la base de la columna. Esto tiene que ver con el manejo adecuado de las energías sexuales, de acuerdo con la voluntad de Dios.

* La pieza musical que se sintoniza con la específica vibración de ese ser.

Estas energías con frecuencia confunden, pudiéndose cometer equivocaciones con facilidad que pueden costar caro, con repercusiones a largo plazo. Es importante hacer el trabajo espiritual, hacer las novenas a la voluntad de Dios y rezar profundamente al Gurú y los maestros ascendidos para que nos dirijan desde lo alto. Y eso es lo que hicimos.

Un foco del Buda

Gene:

Poco después de casarnos, Wanda quiso darme un bonito regalo de cumpleaños. Sabía que amaba al Buda y sus enseñanzas desde hacía muchos años.

Había un orfebre en Sacramento que había hecho nuestras alianzas. Wanda se dirigió a él para enseñarle una imagen del Buda sentado. Le preguntó si podía reproducir esa imagen como un colgante. «Señora», dijo él, «usted me da una imagen y yo le doy la garantía de que la reproducción será igual que la imagen que me dé». La imagen era de una estatua de madera pintada en dorado de Gautama Buda, que llegó hasta nuestra mensajera hacía algunos años.

A medida que se acercaba mi cumpleaños, nada se sabía del colgante del Buda. Wanda llamó por teléfono al orfebre y le preguntó si estaba terminado. Él se quedó en silencio por un momento, y luego dijo: «No se parece a la imagen».

Wanda se sorprendió, pues él había prometido poder reproducir cualquier imagen. Así que le preguntó: «¿Tiene la apariencia de un Buda?».

«Creo que sí», dijo él.

«Entonces será mejor que me lo envíe. Su cumpleaños está cerca».

El paquete llegó y cuando Wanda lo abrió, no supo que pensar del colgante. «Bueno», dijo, «no sé quién es». La hija de Wanda estaba con ella, y dijo: «Tampoco yo sé quién es, pero me están dando escalofríos por todo el cuerpo». Wanda cruzó la sala para pedir papel de envolver. Sostuvo el colgante para enseñárselo a la pareja que allí había, que eran

El colgante del Buda

Gene con la cruz pectoral de Mark Prophet colgada

dos personas del personal, y dijo: «No sabemos quién es». El joven dijo: «Yo no veo a nadie más que a Lanello. He visto una foto de Mark Prophet sentado en la postura búdica. Es exactamente igual que esa».

Poco después de haber recibido el colgante de Wanda, estábamos en una fila de gente que quería saludar a Madre. Yo llevaba el colgante al cuello y lo sostenía en mi mano para que ella lo pudiera ver. Cuando ella lo tomó en su mano, yo dije: «Madre, creemos que es Lanello». Y ella dijo: «Sí, es Lanello».

Entonces, en frente de mí, nos habló, sosteniendo todo el tiempo el colgante del Buda en su mano. Al final de nuestra conversación, le pregunté: «Madre, ¿lo puede bendecir para mí?». Madre me miró, sonrió, y dijo: «¿Qué cree que he estado haciendo durante los últimos cinco minutos?».

Más tarde, Wanda regresó al orfebre con la curiosidad de saber qué había ocurrido. «Jamás», dijo él, «en todos mis años, me ha pasado algo así. Fundí el Buda cinco veces y las cinco veces salió igual que lo ven hoy. No pude cambiarle la apariencia». El colgante tiene un detalle interesante: tiene la mandíbula fuerte de Lanello.

Antes solía ponerme el colgante cuando daba conferencias. Después de un tiempo, empecé a recibir muchos comentarios de la gente, personas que se me acercaban y me decían: «Veo la llama violeta salir disparada del Buda». Ahí fue cuando Madre me dijo que llevara el Buda por dentro de la camisa. Lo importante es el mensaje de los maestros ascendidos, no los fenómenos. Sigo llevándolo todos los días debajo de la camisa.

De vez en cuando, en ocasiones especiales, también me pongo una cruz pectoral grande que pertenecía a Mark Prophet. Me la dieron cuando Madre se retiró, y la guardo como un tesoro, como un foco de Lanello.

«Todo estará perdido»

Gene:

Wanda y yo vivimos un Summit University maravilloso e iluminador con el Arcángel Gabriel. Al final del trimestre, Madre invitó a los estudiantes a que formaran parte de su personal. Wanda y yo decidimos volvernos a Sacramento para vivir allá.

Después de terminar Summit University, habíamos hecho las maletas y estábamos listos para salir por la puerta. De repente sonó el teléfono. La secretaria de Madre había llamado y, según nos dijo, Madre tenía un mensaje para nosotros de parte de El Morya. «Wanda», dijo, «tu sacrificio es trabajar en el mundo».

Para mí, el mensaje de El Morya fue: «Si te vas, todo estará perdido». Un mensaje zen de Morya, como el que más.

Wanda me dijo: «Gene, ¿qué crees que significa?».

«No sé lo que significa», dije yo. «Pero una cosa es segura, no nos marchamos.»

Así que deshicimos las maletas y nos quedamos. Estaba claro que teníamos que formar parte del personal de la mensajera. Esto fue una de las primeras iniciaciones directas que recibí estando en el sendero espiritual con los mensajeros.

Wanda se fue a trabajar a Los Angeles y comenzó a afrontar sus iniciaciones en el mundo. Curiosamente, Wanda había dicho semanas antes que el último lugar en el que quería vivir y trabajar era Los Angeles. Por eso hubo algo de consternación en su mensaje.

Madre la hizo miembro permanente del personal* desde el principio. Es la única persona que conozco que fue aceptada como miembro permanente del personal e inmediatamente enviada a trabajar en el mundo.

Comentario:

El Morya es un maestro Zen. Con frecuencia habla con frases cortas y crípticas, como los koanes zen. Morya fue directo con Gene. Madre simplemente entregaba el mensaje, como se requiere de un mensajero. No hacía comentarios al respecto, no lo editorializaba ni trataba de influir en la decisión de Gene. La cosa quedaba entre él y el maestro.

¿Cómo podemos interpretar de la afirmación, «Si te marchas, todo estará perdido»? Gene y Wanda no sabían exactamente lo que quiso decir el maestro entonces. Con el paso de los años, han reflexionado sobre este koan y han descubierto que hay distintos significados en capas. Pero la observación importante es que obedecieron. Y Gene pasó esa iniciación justo después de graduarse de Summit University.

Ello nos recuerda a la iniciación que Jesús puso a Andrés y a Pedro. Jesús pasó a su lado mientras cuidaban de sus redes y les dijo que abandonaran sus redes y le siguieran. «Os haré pescadores de hombres». Gene también dejó atrás las redes de su karma, su trabajo y una carrera profesional muy buena. Y como los apóstoles, no tenía la menor idea adónde le podía llevar la llamada del maestro. Tuvo que marchar basado en la fe.

Tanto si Gene lo sabía como si no, se encontraba en un cruce de caminos. Pero Morya lo sabía y claramente delineó las opciones y los dos caminos que había ante él. Gene no vaciló. Se decidió por seguir al maestro y también se convirtió en un «pescador de hombres».

Morya es conocido por su gran sentido del momento, y el momento de esta iniciación es muy interesante. Gene y Wanda estaban haciendo

* Miembros permanentes del personal eran las personas que se comprometían de por vida a servir en la comunidad y que eran aceptadas en una relación formal de Gurú-chela con la mensajera. La palabra *chela* también se usa con frecuencia en un sentido más general para describir a alguien que se ha comprometido a ser estudiante de los maestros ascendidos.

las maletas y cargando el automóvil. Se dice que en Summit University, al entrar en el áshram del maestro, dejamos nuestro bagaje kármico a la entrada. Durante doce semanas los estudiantes se sumergían en el estudio de las enseñanzas de los maestros y en un intenso trabajo espiritual y servicio al mundo. Y al final del trimestre, salían por las puertas y volvían a tomar el bulto kármico que habían dejado a la entrada. Ahí estaba Gene, literalmente haciendo su equipaje físico y kármico, y preparándose para salir por la puerta. Pero el maestro, con su impecable sentido del momento, dijo: «No te vayas. ¡Te necesito aquí!». Y Gene obedeció.

En retrospectiva, Gene considera que una de las razones por las que se quedó fue que necesitaba ser parte del personal para saldar su karma y cumplir su plan divino. Más tarde se dio cuenta de que podía saldar más karma al servir en la escuela de misterios antes que trabajando en el mundo.

Esta percepción era algo común entre los miembros del personal de la mensajera. Una vez había un hombre que trabajaba en el departamento de publicaciones, ayudando a imprimir los libros de los maestros. Decidió que quería abandonar el personal para hacerse quiropráctico. La mensajera le dijo que podía saldar más karma estando en el personal y sacando al mundo las enseñanzas de los maestros ascendidos con sus libros y publicaciones que tratando a los pacientes que pasaran por una oficina quiropráctica. Necesitaba quedarse en el personal para saldar tanto karma como fuera posible y así poder realizar la ascensión en esta vida.

Esto nos da un sentido de la medida, que es la clave de El Morya. ¿Cómo nos medimos con la vara de medir del maestro? El maestro conoce nuestro plan en la vida, nuestra ecuación kármica y lo que hay reservado para nosotros. Nuestro corazón también lo sabe, si escuchamos.

Para obedecer al Gurú hace falta tener confianza en el Gurú. Gene demostró esa confianza admirablemente. Tenía sus planes humanos, pero los puso a un lado y emprendió los planes del Gurú. Cuando la conoció por primera vez, Gene dio a la mensajera su currículum y le ofreció sus servicios. Ahora Morya aceptaba su oferta. Así, el curso de su vida cambió para siempre.

También hay otra forma de entender la afirmación de Morya hacia Gene. La propia mensajera recibió un mensaje parecido de Morya al principio de su preparación. Morya le dijo que el destino del sistema solar dependía de unos cuantos devotos y de sus decisiones en ese momento. Madre preguntó cómo podía ser.

El maestro explicó que si ella no aceptaba la llamada a ser mensajera, no había nadie más que pudiera recibir la preparación por los pocos años que le quedaban a Mark en la tierra. Si no aceptaba la llamada, no habría mensajero durante algunas décadas y las enseñanzas no saldrían. Sin las enseñanzas, el mundo no podría elevarse en luz, sino que se hundiría en la destrucción. Si la Tierra no conseguía salir adelante, sería un planeta más del sistema solar que no lo hacía y eso podía cambiar el equilibrio de todo el sistema solar. El fracaso de este sistema solar podría, algún día, cambiar el equilibrio de la galaxia.

Cuando Madre contó esta historia, explicó que ella no era nadie especial, que ella no era la única con este llamado. Cada uno de nosotros debe tener la sensación de que el destino de la misión depende de nuestra decisión. Todos tenemos que entender la importancia de nuestras decisiones. Bien se podría perder todo si nosotros, individualmente, no hacemos caso de la palabra del maestro y realizamos nuestro más alto llamado en esta vida. Podemos ver en su sendero que Gene eligió el impacto de una vida de realización de la misión de los maestros ascendidos.

Jesucristo y Saint Germain

Gene:

Entré a formar parte formalmente de la Iglesia Universal y Triunfante el 2 de enero de 1978, cuando hice mis votos de comulgante. Durante la ceremonia, Madre mencionó a dos maestros, Jesús y Saint Germain. Y tengo que decir que en mi vida, las dos influencias principales desde el reino etérico han sido estos dos maestros. Amo a Jesús por su gran amor a la verdad, la vida y la humanidad; y a Saint Germain por su enorme amor a la libertad, que es algo muy importante para mi alma.

Ellos son los dos puntos de anclaje que dan sentido a mi vida: el amor a la libertad y el amor a la verdad. Saint Germain es mi Señor para la Era de Acuario y Jesús es mi Señor para la Era de Piscis, y me siento igual de cerca de los dos.

Jesús y Saint Germain, por Charles Sindelar

Quiero que la misión de Jesús se cumpla aquí en la Tierra. Hasta cierto punto, esta misión fue abortada por los teólogos y los padres primitivos de la iglesia quienes no guardaron la santidad de su enseñanza y su obra. Las enseñanzas se pervirtieron. Los padres de la iglesia, con su «gran sabiduría», inventaron la doctrina del pecado original y la humanidad, como un todo, entró en un período evolutivo de esclavitud y tiranía bajo la iglesia. La esclavitud se basaba en convencer a todos los hombres que eran pecadores e impuros por naturaleza y que no eran los verdaderos hijos e hijas de Dios ni los niños de la luz.

Al mismo tiempo, hubo una estafa porque los sacerdotes y los obispos se atribuyeron el poder de perdonar los pecados. Llegó un tiempo en la historia de la iglesia en que Roma necesitaba más dinero en la tesorería, por lo que decidieron vender el perdón de los pecados. Estos podían ser perdonados a un precio (la compra de «indulgencias»), algunas veces hasta antes de que los pecados se cometieran.

El predicador dominico llamado Johann Tetzel era un vendedor muy bueno. Pero atrajo la ira de algunos de los príncipes a quienes no gustaba que el dinero abandonase sus provincias. Todo eso alborotó la ira de un hombre llamado Martín Lutero, quien clavó sus Noventa y Cinco Tesis en la puerta de la iglesia del Palacio de Wittenberg. Este acto provocó la Reforma.

Por desgracia, Lutero no era totalmente objetivo en su punto de vista y produjo un par de herejías propias. Por ejemplo, el concepto de que la humanidad está justificada ante Dios *sola fide,* sólo por fe, sin que las obras tengan nada que ver con la salvación, lo cual se convirtió en la doctrina de la Reforma. Como la mayoría de herejías, era una verdad a medias.

Si quiere leer un diálogo interesante, lea la respuesta de Tomás Moro a Lutero.[9] Moro era un abogado inglés, erudito, escritor y hombre de estado así como un ávido oponente a la Reforma de Martín Lutero. Tomás Moro fue una encarnación de nuestro maestro El Morya. Cada cual tenía su punto de vista, y tuvieron un gran debate continuo.

Como usted ya sabe, nací en una familia luterana, de un padre que era ministro luterano, como su abuelo y como también lo era mi bisabuelo por parte materna. Yo hice lo mismo y me hice ministro luterano. Quizá tenía la necesidad de pasar por ese sendero para llegar al de los maestros ascendidos, porque probablemente yo fui una de las puntas de lanza de la Reforma luterana de aquellos días. Tuve que

Retrato de Tomás Moro,
de Hans Holbein el Joven

aprender a las duras que aunque Lutero tenía razón hasta cierto punto, al protestar la venta del perdón de los pecados, produjo sus propias herejías que tenían que ver con su ego y su orgullo. Además, el protestantismo incurrió en karma al obviar la intercesión de la Virgen María y los santos.

Mis padres eran luteranos ortodoxos acérrimos. Los dos fallecieron antes de que yo encontrara las enseñanzas de los maestros ascendidos. No creo que ninguno de ellos hubiera aceptado nunca que yo entrara en este sendero. Ya les di un buen susto cuando me marché de la iglesia luterana para hacerme ministro unitarista.

Mis dos hermanas me aceptan tal como soy. Mi hermana mayor dejó la iglesia luterana hace mucho tiempo. Ella llamó al sheriff del condado Park en la década de los ochenta porque estaba «preocupada por mi seguridad». En aquella época la prensa tenía una actitud muy negativa con nuestra Iglesia. Wanda y yo nos esforzamos en explicar nuestras creencias y responder a sus preguntas y preocupaciones. «No lo entiendo», dijo ella, «pero lo acepto». Eso demuestra el amor que sentía por mí mi hermana, ¡quien se preocupó tanto que llamó al sheriff!

Mi hermana pequeña es de fe cristiana, pero no luterana tradicional. Ninguna de las dos se molestan con mi sendero y entienden que tengo la libertad de seguir mi conciencia y mi corazón. También me conocían bien como para saber que mi familia no me iba a detener. Pero hay que reconocer que ellas nunca lo intentaron con fuerza.

Cuando aceptamos con gozo el sendero espiritual, ello puede ser algo difícil de aceptar para nuestra familia. Algunas familias permiten que uno siga su destino espiritual y otras tienen miedo de lo que ello pueda significar. Uno cambia de vibración, literalmente, ante sus ojos y eso, a su vez, amenaza el estatus quo que existe en la familia. Les preocupa que uno vaya a cambiar aún más y que las cosas vayan a ser distintas. Muchas veces, nuestras familias viven a costa de nuestra luz y cuando eso cambia, sienten resentimiento porque no pueden obtener la luz por sí mismos.

También se puede observar que a medida que uno recorre el sendero, ello también provoca la curación de las relaciones y situaciones difíciles en la familia. Aproximadamente cuando Wanda y yo nos casamos, mi hermana mayor tuvo otra hija. Eso sucedió un par de años después de la muerte de Cheryl Lynn, mi otra hija. Una mañana me encontraba entre el sueño y el despertar y tuve la visualización de que Cheryl Lynn había vuelto y que era esta niña que acababa de nacer en nuestra familia.

Su nombre de pila en esta encarnación es Charlynn. El padre se llama Charles y la madre, Linda. Así que mi hija y su esposo usaron las primeras letras de cada nombre. Cheryl Lynn había vuelto como Charlynn, una niña muy hermosa con un corazón amable y amoroso.

Wanda ha sido como una segunda madre para mis hijos y nietos. De hecho, jugó un papel esencial para reunir a toda la familia, no tanto a mí y mis hijos sino a mí y a mi ex esposa. Harriet y yo teníamos una especie de batalla en esos momentos. Pero ella aceptaba a Wanda y gracias a eso, también me aceptaba a mí. Harriet sabía que todos mis hijos amaban a Wanda.

Wanda:

Le había dicho a Gene que él y Harriet no podían seguir separados de esa manera porque tenían hijos comunes. Gene tenía que darle cierta cantidad al mes, pero en aquellos días no teníamos mucho dinero. Siempre mandábamos el dinero para el sustento de los hijos, pero algunos meses no podíamos pagar la pensión compensatoria. Harriet nos solía llamar para pedirnos el dinero y la cosa se estaba convirtiendo en un punto de disputa.

Yo me ocupaba de la contabilidad de nuestras finanzas, y le dije a Gene: «Déjame que yo lo resuelva».

Decidí, después de hacer cálculos, lo que nos podíamos permitir enviar cada mes. Llamé a Harriet, y le dije: «¿Te ayudaría que te diéramos cincuenta dólares al mes?».

Ella contestó: «Que sean sesenta».

Y yo le dije: «De acuerdo».

Durante los siguientes treinta años, hasta que Harriet falleció, le envié sesenta dólares al mes y eso pareció poder reunir a la familia. Creo que fue algo fundamental para que me aceptara en la familia.

Una vez, el hijo de Gene, David, estaba sacando fotos en una reunión de familia. Yo me eché atrás para no entrar en las fotos. «Bueno», dije con suavidad, «no soy miembro de la familia».

Estando yo ahí, de pie, alguien se acercó y me rodeó con el brazo. Miré y era Harriet. «¡Sí», dijo, «eres miembro de esta familia!»; y me invitó a aparecer en las fotografías. Sentí como algunos de los resentimientos se derretían. En una ocasión, cuando estábamos en casa de la hija de Gene por su cumpleaños, Harriet hasta le hizo una torta.

Gene:

Aconsejo a quien entre en el sendero espiritual que no descuide a su familia ni la ignore, a menos, claro está, que haya problemas de abusos o de seguridad por los que no sea bueno estar con ella. Cuéntele lo que usted crea adecuado. Dele tanta información como pueda soportar, pero no la sobrecargue con información. Mantenga su postura, porque se trata de su sendero y es un caminar individual. Al final, todo el mundo se responsabiliza de sus propias decisiones en la vida. Y si abandona el sendero espiritual por presión de la familia o por lo que llamamos mesmerismo familiar, siempre se arrepentirá.

Si este sendero espiritual le gusta, sígalo con todo el amor y el vigor de su corazón. Encontrará toda la confirmación de la verdad y la realidad de los maestros ascendidos y nuestros amados Gurús que necesite. Los maestros no necesitan fe ciega. Ellos creen en darnos el conocimiento intuitivo y la sabiduría que necesitamos para discernir con propiedad. Si rechazamos el sendero, es decisión nuestra. Si no estamos listos para él, entonces es mejor que no lo sigamos porque es probable que incurramos en más karma si lo emprendemos, y luego nos volveremos contra él.

Para ir con esta enseñanza tiene que hacer un gran compromiso, de otra forma saldrá de él disparado. No es un sendero fácil, pero espiritualmente hablando es un sedero que recompensa mucho. También es un sendero difícil porque hay que afrontar el no-yo (el morador del umbral, la irrealidad propia), que hemos cultivado, protegido y defendido durante muchos años y muchas vidas.

Wanda:

Mi madre, que era baptista del sur, era un alma muy buena. En una ocasión, vino a visitarme a Cámelot.* Estaba preocupada por mí debido a todas las cosas negativas que los periódicos decían de nosotros. Después del tour, cuando se terminó la visita, la llevé de vuelta al aeropuerto, y le dije: «Bueno, mamá, ¿crees que me han lavado el cerebro?».

Ella me dijo: «Querida, no entiendo lo que crees. Pero una cosa es cierta. Sé que estás en paz con Dios y eso es todo lo que me importa». Regresó a casa y le dijo a mi familia: «No os preocupéis, Wanda está bien». Tranquilizó a la familia.

Mi madre tenía noventa y dos años cuando falleció, a principios de los años ochenta. En aquella época, algunas veces la mensajera daba

* De 1978 a 1986, la sede central de The Summit Lighthouse estaba ubicada en Cámelot, una hermosa propiedad de 218 acres en las montañas de Santa Monica, al oeste de Los Angeles.

informes sobre dónde estaban los miembros de la Iglesia cuando fallecían. Podíamos saber que alguien había ascendido o que se encontraba en cierto nivel del mundo celestial.

A mí no me preocupaba realmente si mi madre había llegado al mundo celestial, pero tenía en la cabeza preguntar a Madre si podía decirme dónde estaba ella para tener la mente en paz. Le envié una nota sobre el fallecimiento de mi madre: «Madre, sé que por lo general no haces llamados ni das informes de los que no son miembros, pero me he estado preguntando si mi madre ha llegado a los niveles superiores del mundo celestial».

Madre respondió por escrito: «Llevada al cuarto nivel del plano etérico», seguido de las palabras «una alma noble» entre comillas. Me pregunté qué maestro había dicho las palabras «un alma noble».

Más tarde, me encontré con Madre en una recepción. Le agradecí su mensaje y le pregunté: «Madre, ¿quién dijo que mi madre era un alma noble?». Me golpeó ligeramente en el hombro, y dijo: «¡Yo!».

Gene con Elizabeth Clare Prophet en el Ashram de la Madre del Mundo, en el centro de Los Angeles

De gira

Gene:

Entrar a formar parte del personal de la mensajera fue una alegría y un honor, y lo hicimos en un período emocionante de nuestra historia como organización. Eran tiempos de un gran impulso expansivo. Nuestra Madre de la Llama iba frecuentemente a dar sus conferencias y presentaciones de las enseñanzas de los maestros ascendidos que tanto inspiraban. Decía que iba «de gira» para la «Revolución Venidera en Conciencia Superior», yendo de ciudad en ciudad, haciendo campaña para los maestros ascendidos y su mensaje.

Y así, Madre iba de gira y su menaje fundamental que removía el alma llegó a llamarse el «mensaje de gira». Mi primera tarea como miembro del personal fue salir como un relaciones públicas para prepararle el camino a ella. Al año siguiente fui mucho de gira, haciendo entrevistas con periódicos y apariciones en programas de radio y televisión antes de sus conferencias.

Hacia finales de 1978, Madre también me pidió que ayudara a enseñar el programa de preparación en el Ashram que se desarrolló para dar preparación espiritual básica sobre cómo diseminar las enseñanzas y cómo dirigir un grupo de estudio. Para estar en este programa había que vivir en el Ashram de la Madre del Mundo, en el centro de Los Angeles. Los miembros del personal que habían sido asignados a centros de enseñanza iban primero al Ashram durante un período de preparación. En la casa, Wanda era la encargada de los estudiantes que vivían en el Ashram.

Les enseñamos todo lo que tenían que saber sobre las enseñanzas de los maestros ascendidos, cómo dirigir un evento de expansión, cómo dirigir un centro de enseñanza o un grupo de estudio y cómo afrontar espiritualmente la oposición al mensaje de los maestros ascendidos.

Siempre he creído en la planificación de la expansión. Era lo que había hecho toda mi vida como ministro luterano. Hay que planificar el trabajo y hay que trabajar el plan. Desarrollé un plan detallado de tres años para la expansión en Los Angeles y California, que incluía la expansión en las universidades. El seguimiento a los eventos de expansión era un elemento clave, por lo que planificamos una serie de ocho semanas de clases para nuevos estudiantes en los que pudieran hacer preguntas. También teníamos un programa activo «De dos en dos». Nuestro objetivo era establecer ciento cuarenta y cuatro grupos de estudio por toda la zona de California del Sur.

Los estudiantes salían casi todas las tardes para plantar nuevos grupos y apoyar a los grupos que ya había establecidos. Miembros del personal de Cámelot también venían a dar conferencias y patrocinar el nuevo hogar de los grupos de estudio. Se trataba de un programa guiado en el que enseñábamos los conceptos básicos de las enseñanzas, y las personas salían durante la semana hacia las distintas localidades para acumular experiencia práctica.

Era un programa práctico y de participación activa, y tuvo mucho éxito en su día. Los estudiantes salían del Programa de Preparación del Ashram sabiendo cómo dar una serie de conferencias, cómo formar un nuevo grupo de estudios, cómo vender y distribuir las publicaciones, cómo escribir un comunicado de prensa, cómo realizar el ministerio en las prisiones, cómo tener un impacto en su comunidad local.

Había planes para misiones de tres y siete días, también de tres y seis meses, un año e incluso misiones de dos años. La gente era enviada a una ciudad, donde se quedaba hasta que se hubiera establecido un foco de luz fuerte.

Eso nos recordaba a los tiempos de los apóstoles de Jesús, reunidos en el Aposento Alto después de su ascensión. Esperaban el descenso del Espíritu Santo y el comienzo de su misión, que era ir a todo el mundo para diseminar su mensaje. Nosotros nos preparábamos para la misma misión y para el descenso del Espíritu Santo después de la ascensión de Mark Prophet.

Era un programa completo para difundir el mensaje, y marcó diferencias.

Un hombre cambiado

Gene:

Cuando llegué a estas enseñanzas, era extremadamente de izquierdas en todos los aspectos. En algunas facetas, escuchar los puntos de vista de los maestros supuso un choque cultural, ya que ellos llegaban a asumir posturas que se oponían a las perspectivas convencionales del mundo. Pero cuando oí hablar a Madre de estos temas, todo cuadró. Todo me pareció tener sentido.

Voy a poner un ejemplo de en qué punto me encontraba yo antes de hallar las enseñanzas y de cómo cambié cuando las acepté. Cuando era ministro unitarista, estaba muy comprometido con la protesta de la Guerra de Vietnam. Ahora, al mirar atrás a aquella situación, la veo de forma distinta. Creo que la Guerra de Vietnam fue algo trágico y desgraciado. Pero los Estados Unidos juegan un papel en la conservación de la libertad. Algunas veces se hacen cosas buenas por razones equivocadas. Se produjo una traición de nuestros soldados por parte de los que estaban en el poder político, quienes nunca se comprometieron con la victoria en esa guerra. Si se va a la guerra, hay que luchar por la victoria. Pero si la victoria no es el objetivo, entonces no hay que entrar en guerra.[10]

Cuando llegué a las enseñanzas, había varias conferencias y dictados sobre la liberación del alma que me conectaron con la conciencia del luchador por la libertad: qué es la verdadera llama de la libertad y cuáles son los asuntos al respecto.

Bajo la guía de los maestros ascendidos, la mensajera también presentaba ante el cuerpo estudiantil a aquellas personas de quienes teníamos que aprender algunas lecciones importantes y de quienes escuchar información para nuestro trabajo espiritual. Ella nos dijo que no apoyaba todo lo que decían, pero quería que fuéramos críticos con los asuntos de la época y conscientes de lo que otros decían. Teníamos que estar informados, ver las noticias de la televisión y leer los periódicos para poder ser eficaces en nuestro trabajo espiritual y hacer llamados precisos, estando bien informados, sobre esos temas.

Veamos, por ejemplo, la defensa de los Estados Unidos. En octubre de 1977, el General de División George J. Keegan Jr. fue a hablar con la mensajera y la congregación sobre el tema de la falta de defensas en los Estados Unidos. En aquel entones, Keegan acababa de retirarse como Jefe de los Servicios de Inteligencia de las Fuerzas Aéreas. Se quitó el uniforme, dimitió de su puesto y se fue al periódico *New York Times* para dar a la gente de los Estados Unidos pruebas documentadas de la alarmante crisis en las defensas. Estaba escandalizado de que el país no se pudiera defender contra un ataque por sorpresa de la Unión Soviética, aunque los líderes del gobierno siguieran diciéndole a la gente que estaba a salvo. Aunque su charla a los miembros estaba programada para dos horas, Keegan acabó hablando seis horas y media.

El Morya había dicho a Madre que quería informarnos sobre el tema al que los maestros llamaban la Conspiración Internacional Capitalista/Comunista. La mensajera explicó lo siguiente: «Si no comprendemos las complejidades de la conspiración y cómo ha sido practicada durante miles de años, estaremos menos preparados (de hecho, no estaremos preparados en absoluto) para afrontar lo que está ocurriendo hoy».[11]

Para mí no fue una conversión de la noche al día, sino una asimilación de la verdad desde una perspectiva distinta. Los maestros ascendidos son capaces de ofrecer una perspectiva espiritual única sobre las causas que hay detrás de los efectos de las complejas situaciones en el mundo.

Los maestros nos han dicho que parte del papel que tienen los Estados Unidos es defender la libertad por todo el mundo. Pero el motivo por el que los Estados Unidos se metieron en las guerras fue, con frecuencia, por política en vez de por principios. Algunas cosas están claras y otras son más confusas. Nos metimos en la Segunda Guerra Mundial porque nos atacaron en Pearl Harbor. Eso está muy claro.

Pero en muchos casos, hay tramas y perfidias de todas clases detrás de la escena. Y eso ha venido ocurriendo durante mucho tiempo. Desde la década de 1940, la izquierda y los marxistas se han estado infiltrando en el Departamento de Estado. Alger Hiss, el hombre que escribió la carta de las Naciones Unidas, era un agente soviético (un hecho que ha sido bien establecido gracias a muchos documentos), sin embargo, él era un ejemplo emblemático del Departamento de Estado. Si me preguntaran hoy si confío en el Departamento de Estado en favor de los intereses de los Estados Unidos de América, con franqueza tendría que decir: «No, no confío».

Gran parte del pasado es, sencillamente, oscuro. La historia ha sido escrita por los que salieron ganando. Gracias a Dios ganamos la Segunda Guerra Mundial. Pero desde entonces hemos estado metidos en Corea, que sigue siendo, fundamentalmente, un empate. Ahí nos faltó la voluntad de continuar hasta la victoria. Y los Henry Kissingers de este mundo nos dan un razonamiento muy convincente para explicar su traición a la libertad. Las cosas han cambiado en el mundo con los años. Ahora las fuerzas que entran en juego son mucho más complicadas, sofisticadas y sutiles.

Madre me despertó espiritualmente por completo hacia lo que ocurría y ocurre en el mundo. No me costó mucho despertar. Por primera vez en mi vida, había recibido respuesta a mis principales preguntas. Encontré respuestas a algunas cosas que creía haber descartado y dejado atrás.

Como la idea del pecado original, por ejemplo. El pecado original es una de las doctrinas básicas del protestantismo y pone una gran cantidad de culpa sobre cada niño de luz y sobre los hijos e hijas de Dios. La doctrina dice: «Por naturaleza, soy pecador e impuro». ¿Qué efecto tiene esto? Si somos pecadores e impuros, como se nos ha dicho, entonces más vale vivir de acuerdo a eso. ¿Por qué no cometer pecados de todas clases, si somos pecadores? Podemos contar con Dios para que nos perdone, ¿verdad? Pero la tiranía del pecado original es que si somos buenos cristianos, debemos creer en ello. Cada domingo eso se refuerza cuando la congregación recita el credo.

Hacía tiempo que había echado a un lado las restricciones de la ortodoxia, cuando me hice ministro unitarista. Pero al final me di cuenta de que simplemente había balanceado el péndulo en dirección contraria y me había vuelto extremadamente de izquierdas. Entonces encontré a Madre, la oí hablar y encontré mi verdadera identidad como hijo de Dios, un niño de la luz. Eso tenía sentido para mí, en última instancia, y en mi corazón me pareció la verdad. Había estado buscando las respuestas toda mi vida y jamás miré atrás ni por un momento cuando escuché la verdad. Lo sabía con mi alma.

El Comité de los Setenta y los Amigos de la Libertad

Gene:

A finales de 1977, en la conferencia sobre la Liberación del Alma, los maestros pidieron que se formara el Comité de los Setenta, setenta Guardianes de la Llama* que se organizaran para pasar a la acción en los asuntos sociales y políticos clave.

Después de algún tiempo me di cuenta de que nadie hacía nada al respecto, así que decidí actuar. Hablé con otro miembro del personal, y le dije: «Organicémoslo y hagamos lo que los maestros han pedido». Y eso hicimos. Reunimos a un grupo central, lo organizamos en tres o cuatro subcomités y dimos a cada uno de los comités sus tareas. Al cabo de dos o tres meses de planificación, invitamos a todos a una reunión de la organización. Queríamos reunir a todo el mundo para elegir una junta de directores y echar a rodar el show.

Jamás olvidaré esa reunión. Asistieron unos cien Guardianes de la Llama y yo era el facilitador. Vaya baño de realidad más fuerte. Yo tenía ciertos conocimientos de algunos asuntos, y a la gente se le ocurría las cosas más raras e inesperadas que jamás había oído en mi vida. Las extrañas sugerencias salían a relucir por todas partes y de todas las direcciones. «Caramba», pensé yo, «los maestros tienen mucho trabajo que hacer en lo que se refiere a la educación de la gente sobre cómo

---

* Miembros de la Fraternidad de Guardianes de la Llama, una fraternidad espiritual fundada por Saint Germain dentro de The Summit Lighthouse. Los miembros prometen guardar la llama de la vida en la Tierra y a cambio reciben ayuda y guía interior de Saint Germain y otros maestros que patrocinan la fraternidad.

pueden funcionar este tipo de comités».

Al final se eligió debidamente una junta de directores. Se reunieron dos veces, pero no pudieron decidir quién iba a estar a cargo de la presidencia del grupo. Se disolvieron después de dos reuniones y ese fue el fin del Comité de los Setenta.

Aprendí de esa experiencia y al cabo de un año lo volví a intentar. Esta vez me dije: «Voy a elegir personalmente a un grupo de personas que formen un grupo nuevo y lo llamaré los 'Amigos de la Libertad'». Así que, cuidadosamente, seleccioné a un grupo de personas. Pedí a Madre su bendición y ella bendijo al grupo.

Los Amigos de la Libertad duraron unos tres años. Pero yo creía que aún no había conseguido la matriz correcta ni el grupo adecuado de personas. Cuando decidí pasar la antorcha a otra persona, tenía en mente a alguien que, creía yo, haría un buen trabajo. Él lo asumió durante un año pero, una vez más, nada pasó de verdad.

Uno de sus proyectos era producir un folleto que explicara qué era el grupo y que invitara a la gente a unirse a él. Aunque había gente muy buena en la organización y esas personas habían hecho un folleto muy bueno, a esta persona nunca le pareció lo suficientemente bueno y el folleto jamás salió. Durante el tiempo que él dirigió al grupo, prácticamente no se realizó nada. Por desgracia, esta persona nunca pasaba de la línea de las 11: la línea de la Victoria Divina del reloj cósmico. Entonces pasó la antorcha a otra persona, sin que ocurriera nada todavía. La cosa cambió de manos un par de veces y luego se apagó.

Entonces me pregunté: «Gene, ¿qué has aprendido?». Me di cuenta de que en el futuro debía tener aún más cuidado al elegir a la gente adecuada. Esto fue una lección que demostró ser muy valiosa al establecer otras organizaciones en años posteriores.

Una unción para predicar

Gene:

En abril de 1979, recibí una unción para predicar. Se podría denominar una ordenación para predicar. Jesús me ungió a mí así como a varios chelas para que siguieran los pasos de Madre en su mensaje de expansión al mundo. Fuimos llamados al altar un grupo de cinco: yo, Patrick Danahy, Monroe Shearer, Carl Showalter y Benton Wilcoxen. Todos nosotros recibimos la bendición de Jesús para ir a predicar la Palabra. Sólo dos acabaron dando muchas conferencias: yo y Patrick. (También fuimos los únicos que nos quedamos en la organización.)

Antes de que se nos permitiera ir de gira, la Rev. Annice Booth tenía que revisar y aprobar nuestras conferencias. Recuerdo que mi primera conferencia de gira, en Santa Barbara, recibió el siguiente comentario de Annice: «Ha sido una conferencia introductoria interesante, pero no para una gira». Mi segunda conferencia, en San Diego, también revisada por Annice, recibió la misma crítica general.

Después de la tercera, en Ojai, en California, dijo: «Esta sí que era una conferencia de gira». El Espíritu Santo faltó en las primeras dos conferencias, pero estuvo presente en la tercera. Algo ocurrió en mi conciencia, y sentí el fuego. Fue una verdadera conferencia de gira, no tanto por lo que dije sino por cómo lo dije.

Eso fue el comienzo de una carrera de giras que duró quince años. Viajé por los Estados Unidos y Canadá, fui a las Islas Británicas cuatro veces y realicé una gira alrededor del mundo, que incluyó a Sudáfrica, Zimbabue, Australia y Nueva Zelanda. Estaba acompañado por varios chelas que me ayudaban con la inscripción, la venta de libros, el equipo audio visual, recibir y acomodar a la gente, y con el apoyo espiritual. Durante ese tiempo tuve muchas experiencias al dar la Palabra, y también muchos desafíos.

Antes de una de mis primeras conferencias, en Bakersfield, en California, un grupo de cristianos fundamentalistas se presentó y un miembro del personal se vio, de repente, rodeado por ese grupo. Le hicieron el *«love bombing»*, un término que se utilizaba en aquella época. Le decían cuánto le amaban, lo interesados y preocupados que estaban por su alma, etcétera. Intentaban rescatarlo de lo que ellos consideraban una «secta peligrosa», nuestra amada iglesia.

Cuando llegó la hora de la conferencia, me acerqué al grupito que rodeaba al compañero, y le dije a éste: «Es hora de comenzar la conferencia y, si te digo la verdad, todas estas personas en realidad están interesadas en llevarse tu luz». Entonces, todos se pusieron a atacarnos verbalmente a mí y al miembro del personal. De repente se vio el lado no tan benigno del fundamentalismo cristiano. Fue un ataque muy virulento.

Otro miembro veterano del personal y ministro de nuestra Iglesia asistía a esa conferencia y decidió sentarse fuera de la sala y hablar con esos cristianos. Quería darles las enseñanzas de los maestros y convertirlos. Alrededor de las diez y media de la noche, cuando la conferencia hubo terminado y estábamos recogiendo y preparándonos para marcharnos de la sala, este segundo miembro del personal vino, abatido y pálido. «¿Podríais hacer algunos llamados por mí», dijo a los otros miembros del personal reunidos allí. «Me han vaciado de toda mi luz.» Era cierto. Sencillamente, habían absorbido la luz de sus chakras y su aura.

Esa experiencia me recuerda lo que le sucedió a Madre en Portland, en Oregón, cuando estaba dando una conferencia, en 1978. Había un grupo de cristianos fundamentalistas en la audiencia y, a cierto punto, empezaron a levantarse y a gritar insultos y a desafiarla. Ella los comparó con las palomitas de maíz, saltando por todas partes. Los acomodadores se los llevaron uno a uno. Finalmente Madre dijo: «¿Queda alguno más?». Se levantaron algunas personas más, y un par de ellas se dirigieron apresuradamente hacia el estrado desde donde hablaba Madre. Finalmente, todos se fueron. El Espíritu Santo descendió y Madre continuó con su conferencia.

A la gente le cuesta trabajo entender esto. Al fin y al cabo, estos queridos cristianos parecen ser muy buenos cuando uno los conoce por primera vez. Después descubrimos que tienen una gran cantidad de ira y fanatismo. Eso no es así con todos los cristianos, por supuesto, sino con una clase determinada de la que se habla en la Biblia. Son los «sepulcros blanqueados», que por fuera parecen hermosos y buenos pero por dentro están «llenos de huesos de muertos».[12]

La dura realidad es que en cualquier organización es probable encontrar a algunos fanáticos. Son gente que camina por un camino estrecho y rígido hacia Dios y la verdad, donde no hay sitio para la diversidad. Cada vez que oyen algo que se desvía de sus creencias, les parece una buena razón para atacar. En nuestra organización también tenemos unos cuantos fanáticos, nuestros propios fundamentalistas, se podría decir.

Esta es una lección importante para todos. La posesión de entidades, desde luego, tiene que ver con esto. Dondequiera que hay fanatismo, hay demonios y entidades que lo alimentan. Hay entidades que se asocian con las personas, con los fanáticos de cada religión, y tales entidades quieren nuestra luz. La energía es muy negativa. Como el ataque del perro de una chatarrería, puede llegar a ser feroz. Con frecuencia tiene una pátina o capa sonriente, hasta que lo enfrentamos o enfrentamos a la persona a través de la cual trabaja.

No hay que dejarse llevar nunca hacia la discusión con un cristiano fundamentalista, porque éste entrará en la discusión sólo por una razón, absorbernos la luz. Muchas veces envían oraciones malintencionadas. Son los que te matarían pensando que con ello prestan un servicio a Dios.[13]

Muchas de estas personas son almas nuevas que no han experimentado la comprensión de la Serpiente y su progenie, ni cómo trabajan Satanás y los ángeles caídos. Estas almas más jóvenes con frecuencia ven sólo a Jesús y no pueden aceptar a El Morya o Saint Germain. Creen que estos amados maestros son el demonio o Satanás, sin entender que ellos mismos son aquellos a quienes el demonio ha tomado. Aceptémoslo, los ángeles caídos no son tontos. Muchos de ellos cayeron desde el segundo rayo de la iluminación.

Se les puede notar por su vibración. Cuando se va más allá de la fachada se llega a la verdadera esencia de lo que afrontamos. No se involucre con esa gente a nivel personal; haga llamados para que los ángeles y los maestros lidien con ellos y con las fuerzas de la oscuridad que quieren usarlos.*

Algunas veces el desafío al dar la conferencia yacía en manejar la energía de las personas que estaban mezcladas con la brujería. En la década de 1980 estaba yo dando una conferencia en Salem, en el estado de Massachusetts, una zona que era, y aún es, un centro del movimiento de brujería en los Estados Unidos. Antes de la conferencia noté a un hombre que entró y se sentó justo detrás del proyector de diapositivas. Parecía que intentaba esconderse, pero yo me di cuenta de que estaba haciendo mudras con sus manos.

Llamé a un miembro del personal veterano al frente de la sala de conferencias, y le dije: «Por favor, siéntate al lado de ese tipo. Creo que es un brujo. Por favor, sostén el equilibrio por mí durante esta conferencia». Este chela volvió y se sentó a su lado, haciendo justamente eso.

Después de la conferencia, el hombre que había estado haciendo mudras se acercó y me dio la mano. La conversación fue divertida. «Sabe usted», me dijo, «estoy aquí para protegerle. Al otro lado de la calle hay unas brujas que están haciendo un aquelarre. Están al corriente de su conferencia de esta noche y están trabajando contra usted. He venido aquí a protegerle. Pero hay un hombre que se ha sentado a mi lado. No sé quién es pero estaba haciendo cosas raras que no me parecían bien». Evidentemente este chela había bloqueado su energía y el brujo se daba cuenta.

---

* Por supuesto, si tales personas interfieren con la conferencia o molestan a otras personas, procede pedirles que se marchen. Afortunadamente, hoy día la aceptación de distintos senderos espirituales es mayor y tales incidentes son mucho menos comunes que en las décadas de 1970 y 1980.

Después de la conferencia, la energía confusa de la brujería se asentó de nuevo. Nos llevó más de una hora salir de aquella ciudad. Parecía que íbamos por todas las calles y cada vez nos confundíamos más mientras tratábamos de encontrar la salida de la ciudad.

Otra ocasión en la que encontré oposición a predicar la palabra fue en Berkeley, cuando estaba dando una conferencia en una iglesia unitarista, donde espero haber saldado un poquito de mi karma como ministro unitarista. Era una iglesia muy poco convencional. Los unitaristas son muy liberales en su doctrina y aceptan casi todo. Tenían brujas, psíquicos y personas de todas las clases que se reunían allí.

Esa tarde me retrasé un poco en llegar. Hice llamados y luego pusimos bhajans antes de la conferencia, pero no tuvimos la oportunidad de hacer nuestra habitual ronda de decretos a la Elohim Astrea, lo cual formaba parte del plan minucioso de limpieza que solíamos realizar antes de la conferencia.

A los dos minutos de empezar la conferencia, perdí la voz. Completamente. No podía hablar, punto. Susurré al micrófono: «A veces, esta enseñanza que proclamo es rechazada y me encuentro con oposición. Con el permiso de todos ustedes, quisiera hacer un llamado. En el nombre de mi poderosa Presencia YO SOY y Santo Ser Crístico, llamo al amado MÁXIMUS...». En cuanto dije el nombre del maestro ascendido Máximus, la palabra salió con todo el poder y autoridad de este maestro. El habla me volvió completamente con plena voz. De hecho, el poder que entró barrió a la gente de los asientos.

Justo un par de días antes había leído una *Perla de Sabiduría* del amado Máximus. Parafraseando, Máximus decía: «Si te encuentras en un atolladero, llámame por mi nombre». Así que pronuncié el nombre de Máximus y él respondió. Según un miembro del personal que estaba sentado en el auditorio, cuando dije el nombre de *Máximus,* una bruja que estaba sentada en la primera fila se levantó y se marchó.

La energía de la brujería es inconfundible. Es una vibración de confusión y de una intensa sensación de negatividad. Algunas veces produce náuseas. Este miembro del personal conocía la vibración de la brujería y la había sentido salir de esa persona.

Esta foto de Gene se utilizó para anunciar sus conferencias en la década de 1970 y 1980.

Continué con la conferencia y la luz fue emitida, gracias a Dios. Esto ejemplo demuestra el poder de una sola persona a través de la cual la fuerza oscura puede verter energía para oponerse o bloquear lo que estamos haciendo. También demuestra el poder de la luz para contrarrestar la oscuridad.

En mis primeras giras, el equipo era de cinco o seis personas. Más tarde tuvimos a dos o tres. En unas pocas ocasiones tuve problemas con miembros del equipo de apoyo. Una vez me encontré con un miembro que no estaba haciendo lo que debía. Las demás personas tenían que hacer el trabajo que él no hacía. Le reprendí. «Vamos, vamos», dijo él con un tono de mofa, «no se enfade reverendo Vosseler». Cuando regresé a la sede central, informé a Madre de ello. Le dije que me había faltado poquísimo para tumbarlo. Madre dijo: «¿Por qué no lo hiciste?». Ella vio la gracia de la situación, algo que yo no podía en aquel momento.

Esa fue una de las muchas cosas que tuve con la misma persona, que tenía obstinación y rebelión contra su rol. A él le hubiera gustado dar conferencias y que yo vendiera libros. Ahí estaba la verdadera causa de su infelicidad. También era ambicioso. Quería convertirse en el líder de toda Europa. Al final, se marchó de la organización.

Madre insistía en que cuando diera conferencias en su lugar, enseñara la Gráfica de Tu Yo Divino y que diera un testimonio personal. Aún lo hago en la actualidad. Cada vez que enseño o predico doy un testimonio personal. Mi testimonio es que he llegado a reconocer que mi verdadera identidad no es la de un indigno y desgraciado pecador, sino que he sido creado según la imagen de Dios: soy un hijo de Dios. Tengo el potencial de ser el Cristo encarnado, igual que usted. Doy testimonio del sendero espiritual y de mi Gurú y los maestros. Simplemente lo dijo con mis propias palabras. Nunca cuento la historia de la misma forma.

A alguien que quiere dar testimonio de la verdad, le diría que nunca podemos equivocarnos cuando utilizamos la Gráfica de Tu Yo Divino. Podemos enseñar lo básico o los fundamentos de esta maravillosa enseñanza (la relación Gurú-chela, los maestros ascendidos, la llama violeta, la protección, el Arcángel Miguel, el karma y la reencarnación) utilizando la Gráfica. Independientemente del tema de la conferencia, siempre daba estos fundamentos.

El mayor privilegio que podemos tener en esta vida es dar testimonio de la fe. No sé qué otra cosa preferiría hacer. Cuando se ponga en el estrado, Dios hablará a través de usted. He descubierto que los maestros nos tienen cosas reservadas. Cuando hacía llamados y ponía los bhajans por la tarde, temprano, antes de la conferencia, se producía una emisión de luz y energía. Era como estar en una burbuja o cápsula de luz. Sabía que estaba protegido.

Esa luz descendía en varias ocasiones. Normalmente venía durante las preparaciones al principio. Era como un manto que descendía. Frecuentemente me sentía energetizado mientras daba la palabra de Dios en la sala de conferencias. Entonces, a las diez de la noche, cuando se terminaba la conferencia, me cansaba y la carga de la oposición volvía a caer. Sentía la presencia del Espíritu Santo cuando hacía aquellas conferencias o giras. También sentía como mi Gurú estaba presente conmigo.

Gracias a Dios, tuvimos mucho éxito con nuestras giras de conferencias. En aquella primera gira de 1979, visitamos treinta y cuatro ciudades y campus universitarios y entramos en contacto con más de dos mil almas, de las cuales casi ochocientas eran nuevos estudiantes. Estuvimos en diecinueve programas de radio e hicimos dos apariciones televisivas. Establecimos veintidós nuevos grupos de estudio en el estado de California.

En una de mis primeras giras, madre me dijo que en un cierto punto de la conferencia tenía que decir a la audiencia: «El aborto es un asesinato de primer grado de Dios». Yo obedecí y lo hice en cada conferencia de esa gira. Era un mensaje que era difícil de dar para mí y de recibir para la audiencia. Cada vez que pronunciaba esas palabras tres o cuatro personas se levantaban y se marchaban de la conferencia.

Claro que eso no era lo único que decía sobre el tema. También hablaba del impacto que el aborto tiene en nuestro país. Tenemos millones de almas que no están encarnadas hoy para cumplir su misión porque han sido abortadas. Algunas podrían haber sido grandes líderes, científicos, filósofos, ingenieros, arquitectos; gente de todas las procedencias cuyos talentos, que necesitamos desesperadamente, no pudieron ofrecerse porque fueron abortadas. También hablé sobre cómo se podía saldar el karma del aborto mediante el servicio a la vida y con la ciencia de la Palabra hablada.[14]

No estoy seguro de porque madre quería que diera ese mensaje, pero sospecho que se trataba de algo que había que decir en el plano físico. En aquella época, también teníamos a un grupo de Guardianes de la Llama que estaba ayudando con la producción de la obra «Un alma que es libre», que explora las consecuencias del aborto desde la perspectiva del alma del niño en el vientre así como de los padres. Los adolescentes que actuaban en la obra habían sido invitados a actuar en una reunión masiva contra el aborto, pero los patrocinadores

Gene dando una conferencia en Manila, 1981

descubrieron que los adolescentes eran de la Iglesia Universal y Triunfante, y la invitación fue cancelada. La mensajera les dijo que no se involucraran en el movimiento contra el aborto de entonces, sino que hicieran el trabajo espiritual sobre el tema del aborto y dieran su mensaje independientemente.

Descubrí que el Gurú no tomaba decisiones basándose en la conciencia humana, sino en la conciencia divina. Esto podía llevar a algunas situaciones interesantes y algunas veces inexplicables, si se miraba la iniciación desde la perspectiva de la mente externa.

Madre nunca tenía miedo de ser políticamente incorrecta o de enfrentarse a la conciencia humana. Antes que dejar que los perros dormidos siguieran tumbados, no le asustaba despertar al perro que dormía.

Comentario:

En enero de 1979, el Arcángel Gabriel anunció la Misión Joya Amatista, la estrategia de los maestros para la solución de los problemas del mundo. Su plan era llamar a discípulos que establecieran comunidades, enclaves de luz por todo el planeta, «como un contrapeso de Luz en medio de una evolución aún en la oscuridad de la negligencia espiritual. Esta multiplicación del cuerpo de luz de los siervos de Dios es el cristal creciente de la joya Amatista conocido como la escuela de misterios que hemos ordenado en los centros de enseñanza de la comunidad de la Iglesia Universal y Triunfante».[15]

Un elemento clave del plan era la expansión para entrar en contacto con las almas de luz que formarían estos centros en los países de todo el mundo, comenzando con los países de habla inglesa. Así, madre nombró a estos cinco representantes, los primeros a quienes envió de gira en su nombre, explicando que para ellos, esto era una iniciación personal. No es que ellos fueran inferiores o superiores a los demás, sino que simplemente eran los elegidos: un núcleo de cinco personas tenían que recibir la iniciación primero. A través de la victoria de esas cinco personas, el siguiente grupo podría ser de quince o de cincuenta.

Madre explicó que no se trataba de una iniciación fácil, sino de un desafío muy difícil y todos los que formaban parte de los equipos de apoyo eran también parte integral de su éxito. Lo comparó con el comienzo de la espiral de expansión de los apóstoles de la mensajera.

Gene se había enfrentado a muchos desafíos al ir de gira y dio el mensaje de la Revolución Venidera en Conciencia Superior en nombre de la mensajera. En julio de 1979, cuando Gene informó a la congregación sobre las victorias de las giras de la primavera, también describió la pesada energía que tenían los ataques de los fundamentalistas cristianos que tanto él como su equipo se encontraron.

Madre respondió a Gene: «Te amo muchísimo y quiero que todo el mundo sepa que cuando vas de gira, hablando en nombre de la Hermandad, yo estoy allí, y llevó mi espada, y no dejaré que esos caídos te derrumben. Te podrán atacar, podrá haber un diálogo, pero tengo la determinación divina, todos los días, de que ningún chela verdadero de la luz se pierda en este planeta».

Gene fue de gira dando conferencias la mayor parte del tiempo desde 1979 hasta 1981. Entró en contacto con miles de personas en sus conferencias, en los Estados Unidos e internacionalmente, y con millones más con sus entrevistas en los medios de comunicación. Yo también fui una de ellas.

En 1981 Gene y su equipo visitaron Perth, en Australia Occidental, mi pueblo natal. Trabajaba en aquella época como una joven médico en un hospital. La conferencia de Gene tuvo lugar en un gran auditorio de la universidad de Australia Occidental y pude escuchar la última hora de su dinámica conferencia mientras me dirigía a mi trabajo en la sala de emergencias, en el turno de noche. Oír hablar a Gene me causó impresión. Pude percibir la integridad que tenía este hombre.

Después descubrí que mi futuro esposo, Peter, había coordinado la conferencia de Gene una semana antes, en Sydney, al otro lado del continente. Después asistí a Summit University, en 1984, y conocí a Peter, que entonces se había mudado a los Estados Unidos y trabajaba en la sede central como miembro del personal. En 1985 regresé a Australia. Gene fue el que me llamó en medio de la noche para decirme que Madre quería que fuera la líder del grupo de estudio de Perth.

Al año siguiente empecé a dar conferencias de expansión para los maestros ascendidos en Australia. En una ocasión tuve que llamar a Gene otra vez. Cuatro de nosotros habíamos viajado hacia el norte de Australia Occidental. Nadie había dado conferencias sobre los maestros ascendidos en esa zona y nosotros decidimos hacerlo. Comenzamos en Broome, un pequeño pueblo turístico en la costa, a mil millas de la ciudad más cercana.

Pusimos los posters por todo el pueblo y cuando hablábamos con las personas, recibimos respuestas entusiastas. Muchas prometieron ir a nuestra conferencia. Montamos todo al día siguiente con grandes esperanzas, pero cuando era hora de empezar, no había nadie. Todos estaban bebiendo en el bar. La única criatura viva que cruzó el umbral de nuestra sala fue un perro pequeño que entró, meneó el rabo y se marchó. Parecía que incluso la vida elemental no estaba de nuestro lado. Dimos la conferencia de todas formas, como nos habían enseñado, porque cuando damos una conferencia, la Palabra sale y se graba en el nivel etérico para todas las almas de la localidad.

A la mañana siguiente llamamos a Gene. ¿En qué nos hemos equivocado? Gene nos habló desde Cámelot y citó las escrituras del libro de Lucas sobre los otros setenta, a quienes Jesús envió a predicar. Algunas veces fueron recibidos, otras, no.

Gene dijo que no habíamos hecho nada mal. Habíamos preparado el camino y dado la Palabra del Señor, pero por la razón que fuera la Palabra no había sido escuchada en este pueblo y había sido rechazada. Debíamos hacer lo que Jesús había dicho que hicieran los setenta: sacudirnos el polvo de los pies al marcharnos. Eso hicimos. Gene rezó por nosotros y nos fuimos. Terminamos la llamada telefónica optimistas y entendiendo lo que había tenido lugar.

Gene tiene una forma especial de transmitir el celo de la misión, incluso por teléfono. Lo que siguió a nuestra conversación telefónica con Gene fue que, después de una conferencia en Darwin, en lo más lejano del norte de Australia, decidimos añadir otra parada a nuestra gira. Estaba a «sólo» novecientas millas, así que tomamos un desvío hacia un pueblo en el centro geográfico de Australia, Alice Springs. ¿Por qué no nos detenemos ya que nos encontramos en esta parte del mundo? («Esta parte del mundo» asume un significado algo distinto en los grandes espacios del interior despoblado de Australia.)

Después de un largo viaje en automóvil, llegamos un viernes por la mañana y descubrimos que se trataba de una ciudad próspera con veinte mil habitantes en el centro del continente. Allá nadie había dado jamás una conferencia sobre los maestros ascendidos. ¿Sería posible organizar una conferencia en tan poco tiempo?

Guiados por el espíritu, decidimos que la conferencia tuviera lugar al día siguiente, si Dios podía encontrar una manera. Fuimos al hotel Sheraton, en el centro de la ciudad, y pudimos alquilar una sala de conferencias. Durante el día adaptamos nuestros posters, hicimos fotocopias y empapelamos la ciudad con ellos. En un momento de inspiración, fuimos a una estación de radio y tuvimos una entrevista en vivo para anunciar la conferencia.

Para nuestro asombro, ese sábado por la noche cincuenta personas se sentaron a escuchar el mensaje de los maestros ascendidos. Muchas de ellas eran turistas que visitaban la zona. Asistió hasta un doctor con quien yo había asistido a la escuela de medicina.

Me di cuenta de que Dios nos había estado guiando y que teníamos que dejar que lo hiciera. Tuvimos la sensación de que entrar en contacto con estas almas de luz en esta conferencia en Alice Springs era el verdadero propósito de la gira. Y ni siquiera formaba parte del plan inicial. Gene rebosaba de alegría cuando pudimos contarle la historia de esta victoria.

El amor de la Madre

Wanda:

Mi signo es Leo, y bajo ese signo astrológico me gusta ser el centro de atención. De hecho estaba acostumbrada a serlo en los musicales en los que participé y mi carrera como actriz, en mi juventud. Gene y yo nos casamos en septiembre de 1977 y después de eso, con frecuencia me encontré jugando un papel secundario, por decirlo así, pero aun tratando de manejar las cosas.

Cuando Gene se reunía con Madre, muchas veces se me permitía asistir, pero no participar en las reuniones. Tenía que quedarme sentada, en silencio, escuchando sin decir nada. Una vez estábamos reunidos en la oficina de Madre, en Cámelot. Durante toda la conversación permanecí sentada sin decir nada, como de costumbre. Cuando terminó la reunión, Madre nos acompañó a la puerta. Pasé a su lado para salir, cuando ella se dio la vuelta, me miro, sonrió, y dijo: «Sabes, detrás de todo buen hombre hay una gran mujer». En aquel momento me sobresalté, ya que no estaba acostumbrada a los cumplidos de Madre. Quizá trataba de ayudarme a entender que mi papel también era importante, aunque no era de carácter público. Creo que también sabía que me iban a llegar grandes pruebas relacionadas con la renuncia.

Después de Summit University, Gene fue asignado inmediatamente a preparar el camino para las giras de Madre, por lo que estuvo fuera con los medios de comunicación. Fue enviada a trabajar «en el mundo», como el maestro había pedido. Yo hubiera preferido no tener que hacer eso, pero el maestro me lo pidió y yo obedecí.

En 1979 yo era la persona encargada de la casa del Ashram de la

Madre del Mundo, en el centro de Los Angeles. Había poco espacio. Los veinte hombres y las veinte mujeres estaban en grandes dormitorios separados con literas. Incluso tuve que compartir a turnos el baño con los hombres. Mi trabajo era mantener el Ashram limpio y ordenado y ayudar a resolver cualquier disputa así como las preocupaciones que la gente pudiera tener.

Comencé a sentir bastante resentimiento por el hecho de que Gene parecía recibir toda la atención. «Mientras él está ahí fuera divirtiéndose», pensé, «yo estoy aquí, tratando de mantener la paz en el Ashram». Aunque no decía nada a nadie, interiormente me quejaba de ello. Me guardaba mi infelicidad, o eso creía.

Un día, otro miembro permanente del personal me pregunto por Gene, que estaba de gira en esos momentos. Algo de mi respuesta le molestó. Aparentemente no fue lo que dije, sino la energía que había detrás. Él era un alma sensible y percibió el hecho de que mi vibración no era la correcta. Se lo contó a Madre, que fue lo que tenía que hacer ya que los dos éramos chelas y debíamos sostener el equilibrio por ella, no apesadumbrar a los demás con nuestra energía.

En un corto espacio de tiempo me llamaron ante la junta de directores del Ashram, pero yo no sabía por qué. Cuando entré, los miembros de la junta estaban alineados, sentados a una mesa. Su portavoz me dijo: «Wanda, recuerda que Dios ama a quienes castiga». Y yo pensé: «Ay, ¿qué me van a decir ahora?».

«Tengo un mensaje para ti de parte de Madre», me dijo.

Nunca se me olvidarán las palabras que siguieron. Es como si estuvieran grabadas a fuego en mi mente.

Su mensaje fue: «Estoy harta de que contamines la línea de la Gratitud Divina [la línea de Leo] en el Ashram. No voy a llevar más tu carga de insatisfacción. Tienes suerte de estar casada con Gene Vosseler. Además, si no entras en cintura, te voy a poner en cuarentena».

Durante un momento me pregunté qué quería decir «cuarentena». Pero luego me compuse, me dirigí a los miembros de la junta, y dije: «Por favor, decirle a Madre de mi parte que no sé a quién quería engañar yo, a mí no y ciertamente tampoco a la mensajera. Me comportaré. Muchas gracias».

Todo es energía. La vibración es una radiación. Madre podía darse cuenta de que mi vibración era equivocada y me dejó saber lo que sentía. Si yo hubiera rechazado aceptar la corrección, hoy no estaría aquí. Si hubiera continuado con mi resentimiento y hubiera dejado que mi león de Leo rugiera sin control, me habría marchado en ese instante. Puede ser que también me hubieran tenido que sacar del círculo de la comunidad durante un tiempo o pedir que me marchara.

En aquel tiempo no estaba manifestando a mi yo superior y Madre rápidamente me recordó quién era yo en realidad y quién debía ser. Di las gracias al Señor por tener el sentido común de aceptar la disciplina de Madre. La mensajera nos recuerda a todos quiénes somos en realidad cuando no lo manifestamos. Lo hacía de distintas formas.

En 1981 yo trabajaba en Hollywood, en Los Angeles. Madre había estado fuera durante un mes para luego regresar a Cámelot. Estaba saludando a la gente en las escaleras que había enfrente de la Capilla del Santo Grial, después del servicio, pero yo pensaba que no quería saludarla. Me sentía un poco impura con toda esa energía mundana que había absorbido ahí fuera, en el bullicio de la vida de Hollywood, y no quería cargarla.

Me quedé al lado de un arbusto, retirada, y más o menos escondiéndome. Cuando todo el mundo hubo pasado por la fila, Madre estaba ahí, de pie, sola. Yo me encontraba detrás del arbusto y ella me miraba directamente, haciéndome señas para que me acercara, y dijo: «¡Ven aquí, monada!». Corrí hacia ella y me tomó en sus brazos, dándome un gran abrazo.

Me sentí muy amada y di un gran respiro de alivio. No nos intercambiamos palabras, pero me hizo saber que no estaba realmente contaminada por el mundo. Era una hija de Dios y mi trabajo me exigía estar en el mundo, podría estar en el mundo sin ser del mundo. Mi alma podía percibir lo que me trasmitía sin decir nada.

En otra ocasión, Madre estaba reunida con algunos miembros del personal, lo cual incluía Gene. Yo estaba al lado de las escaleras, pensando que nadie me veía, y madre me indicó con señas que me acercara. Me disculpé por estar ahí, y ella dijo: «Estás invitada con Gene en cualquier momento».

Aunque era nueve años mayor que Madre, ella seguía siendo mi Madre en el sentido espiritual y de una manera personal. Asumía el papel de Madre con cada uno de sus chelas, que es un papel eterno. Verdaderamente, la edad del cuerpo no tiene nada que ver con la edad del alma.

Una iniciación del Gurú

Gene:

Una de las iniciaciones más sorprendentes que jamás he tenido en esta organización ocurrió el 4 de julio de 1980. Eran las ocho de la mañana y sonó el teléfono. En la línea estaba Madre. «Gene», dijo, «¿tienes algo sobre la defensa de los Estados Unidos?».

«Sí, Madre. Di una conferencia de cuarenta y cinco minutos el otro día en la universidad de California en Los Angeles sobre el tema de la defensa de los Estados Unidos».

Entonces me preguntó: «¿De qué hablaste?».

Le di una corta sinopsis de la conferencia.

«Está bien», dijo ella. «Eso no va a interferir con nada de lo que quiero contar hoy. Quiero que des una gran conferencia esta mañana en Swan Lake (Lago del Cisne). Quiero que me recojas a las diez menos cuarto y me acompañes por el pasillo».

«Está bien, Madre», dije yo.

Se puede imaginar lo que fue la siguiente hora y media. La anual Conferencia de la Libertad era la más grande del año y el 4 de julio era el día más importante. Todos los años, Madre daba una emocionante conferencia llena del Espíritu Santo, y eso es lo que la gente esperaba. ¿Cómo podía satisfacer yo tales expectativas?

No diría que me sintiera inquieto, más bien en un estado de gran alerta y en un torbellino de actividad. Sin embargo, extrañamente, mi mente estaba en calma y me sentía preparado. A las diez menos cuarto me encontré con Madre y juntos fuimos por el pasillo.

Imagínense la escena: Swan Lake en Cámelot, el 4 de julio de 1980.

Hay unos dos mil chelas sentados en la hierba que conduce al lago. Era algo sobrecogedor. Kerry Johnson y sus alegres músicos llevaban sombreros de paja y ropa con los colores rojo, blanco y azul e iban tocando música de la libertad y canciones patrióticas para preparar el evento. Al ir por el pasillo con Madre, miré hacia la colina llena de chelas. Había llegado mucha gente. Pero, de alguna manera, en mi interior aún me sentía extrañamente en paz.

Acompañe a Madre a un pequeño dosel justo al lado del lago. Me presentó ante la audiencia y entonces di mi conferencia de dos horas sobre la libertad y las amenazas a los Estados Unidos. Hablé de la formación de nuestro país, de los padres fundadores y del verdadero significado de la libertad. Otra parte de la conferencia consistió en citar al profeta de la libertad de Rusia, Alexander Solzhenitsyn, y su libro *El roble y el ternero*. Lanello amaba profundamente a este hombre.

Terminé la conferencia con una cita de Mark Prophet sobre el tema de la libertad. Hasta el día de hoy, es la mejor declaración que he oído jamás sobre la libertad. En un párrafo, lo dice todo.

> La libertad es más que una palabra. La libertad es más que una idea. La libertad es un espíritu. Es un espíritu que debemos capturar. Es nuestro derecho de nacimiento inmortal. Es una semilla germinal. Cuando atesoramos el germen de la semilla de la libertad en nosotros mismos, lo ayudaremos a que se atesore en los corazones en nuestro prójimo. Y así la semilla brotará y crecerá y florecerá y cubrirá al mundo y la tiranía será extinguida. Como hace mucho dijo Thomas Jefferson: «He jurado sobre el altar del Todopoderoso hostilidad eterna a cualquier forma de tiranía sobre la mente del hombre». La libertad es una llama. No puede confinarse a los reinos de la política, la religión o la filosofía. Lo abarca todo. Ardiendo en los corazones de hombres y naciones se pueden encontrar los fuegos inextinguibles de la libertad. A lo largo de los siglos los buscadores han descubierto el camino de la libertad, la libertad de la cual habló Jesús, cuando dijo: «Conoceréis la verdad, y la verdad os hará libres»[16].

Gene y Madre, 4 de Julio de 1980

Cuando terminé la conferencia, Madre estableció el estándar para el resto de mi encarnación. Simplemente dijo: «Gene, esa charla fue digna de Lanello». A lo cual yo repliqué: «Madre, he sentido su llama».

Tengo la sensación de que la victoria de aquella conferencia tenía que ver con el hecho de que el amado Lanello estaba sobre mí y que mi amada Gurú estaba en el estrado sosteniendo el equilibrio por mí y manejando la energía de la oposición al mensaje. Me sentí en paz, sentí una alegría total en mi corazón y sentí el poder y la luz del Espíritu Santo. Fue una de las experiencias más elevadas de mi vida.

Varias de mis iniciaciones con Madre tuvieron que ver con mi capacidad de hablar espontáneamente. Eso era algo nuevo para mí porque como ministro luterano, y más tarde ministro de esta iglesia, solía escribir todas las charlas, sermones o conferencias palabra por palabra, cerniéndome mucho al guión. De repente, tuve un par de iniciaciones en las que no pude hacer eso. Me enfrenté al hecho de hablar mucho más espontáneamente y dependiendo un poquito más del Espíritu Santo como mi guía.

Eso ocurrió en otra ocasión, cuando viajaba con el vehículo cargado hacia una gira, acercándome a la salida de Cámelot. El guarda me paró y me dijo que tenía que volver a predicar el servicio del domingo veinte minutos más tarde, y que tenía que predicar a partir de una determinada *Perla de Sabiduría.* Ésa era la tarea que me encargaba Madre. Consiguientemente, di la vuelta, regresé, conseguí una copia de la *Perla* y prediqué a partir de ella.

Hace mucho aprendí que por mí mismo no puedo hacer nada, pero a través de Cristo, quien me fortalece, puedo hacerlo todo. Cuando soy débil en mi ego, puedo ser muy fuerte en el Señor.

Una iniciación de Saint Germain

Wanda:

Un día, en la primavera de 1981, Gene estaba preparando una gira de conferencias por Inglaterra, Irlanda, Escocia y Gales. Estábamos sentados en el automóvil de Madre. Ella estaba en el asiento delantero y Gene y yo, en el trasero. Gene y Madre hablaban sobre los planes de la gira y yo estaba sentada, en silencio, escuchando como de costumbre.

Durante tres años la mensajera había enviado a Gene a hacer expansión, viajando por todos los Estados Unidos y por el mundo. Pero a mí nunca se me había permitido ir con él en sus muchos viajes. Y, como de costumbre, tampoco iba a ir a este.

De repente, en medio de la conversación, Madre se dio la vuelta, me miró, y dijo: «¿Por qué no ahorras y vas con Gene a Gran Bretaña?».

«Acabo de empezar un nuevo trabajo», dije yo, «y la verdad es que no tengo fondos para viajar. No sabría cómo hacerlo». Madre dijo: «Te ayudaría, pero no se me permite». Entonces se dirigió a Gene y continuó su conversación con él.

Cinco o diez minutos después, a punto de salir del coche, Madre me miró y repitió exactamente la misma frase: «¿Por qué no ahorras y vas con Gene a Gran Bretaña?».

Salí del automóvil, y dije: «Gene, ¿qué crees que quiere decir? No lo entiendo». Dadas mis circunstancias, era imposible que me pudiera apartar de mi nuevo trabajo ni conseguir el dinero para el viaje. ¿Por qué sugirió Madre algo imposible?

Gene replicó: «Siempre has querido ir conmigo y nunca has tenido la oportunidad. Creo que sencillamente te está poniendo a prueba.

Quizá sea una prueba relacionada con la renuncia». Gene pensaba que quizá no fuera la voluntad de Dios sino una prueba para ver si podía renunciar a un gran deseo. Gene sabía que yo era de voluntad y deseos fuertes y que si quería realmente hacer algo, no me rendía y encontraba una forma de hacerlo. Por tanto, para mí esto iba a suponer una verdadera prueba para renunciar a mi tan antiguo deseo de viajar con Gene. Me pareció que eso tenía sentido, por lo que lo olvidé.

Sin embargo, mientras caminaba por el campus durante los días posteriores, la gente se cruzaba en mi camino, y decía: «¿Vas con Gene a Gran Bretaña?». En los tres años que Gene había viajado alrededor del mundo por la mensajera, ni una sola persona me había preguntado jamás si viajaba con él. Con todo, ese día la cosa seguía sucediendo. Finalmente, al tercer día, al hablar con una de las ministras sobre el tema, ésta me dijo: «¿Qué tiene que hacer Saint Germain para atraer tu atención?».

«¿Crees que debo ir?», dije yo.

Se rió, y dijo: «¿Tú qué crees? Piensa en ello. ¡Por supuesto que debes ir!».

«No sé cómo lo puedo hacer», repliqué. No tengo fondos para hacerlo. No puedo tomarme días libres del trabajo». Comencé a dar un elenco de razones por las cuales no podía ir.

Ella me interrumpió: «Bueno, pregúntale a Saint Germain. Él te ayudará». Y así, empecé a llamar al maestro Saint Germain. Para entonces Gene ya se había marchado a Inglaterra. Me quedaban unas dos semanas para organizarme, subirme a un avión y llegar hasta él para acompañarle en la última parte de su gira.

Llevaba en mi nuevo trabajo un mes. Hacía ventas de sistemas de contabilidad de puerta en puerta y, afortunadamente, me había ido bien. Todos los días inspeccionaba las zonas que quería visitar al día siguiente, para hacerme una idea de la zona. También hacía, el día antes, un llamado a Saint Germain para que me ayudara; si era la voluntad de Dios que realizara la venta, que lo pudiera conseguir. Pues bien, sucedió que casi en todos los sitios donde me detuve, conseguía una venta. Al final del primer mes conseguí el mayor número de ventas de las treinta y cuatro sucursales del país.

Así que fui a mi supervisora, y dije: «Llevo aquí sólo un mes, por lo que no pediría nada si ello no tuviera muchísima importancia para mí: necesito un par de semanas libres, sin paga, para poder ir a Gran Bretaña con mi esposo».

«Por supuesto que no puedo dejarla marchar. ¡Sólo lleva aquí un mes!».

«Lo sé», repliqué, «si no fuera muy importante ni siquiera lo pediría. ¿Estaría usted dispuesta a preguntarle al presidente de la compañía y, si dijera que sí, dejarme ir?».

«Puedo preguntar, pero nunca dirá que sí».

«¿Pero preguntará?».

«Sí, de acuerdo».

Regrese al trabajo al día siguiente y la vi un poco disgustada.

«¿Ha preguntado?».

«Sí».

«¿Qué ha dicho?».

«"¿No es esa la empleada que fue la que más ventas logró de las treinta y cuatro sucursales de la compañía en su primer mes?" Cuando yo dije: "Sí", el presidente dijo: "¡Dale lo que quiera!"».

Por tanto, conseguí el permiso que quería, pero económicamente hablando seguía sin tener lo suficiente para ir a Gran Bretaña. Tenía las comisiones del primer mes en el trabajo, que eran de gran ayuda, pero aún me hacían falta trescientos dólares para el ticket.

Pues bien, Saint Germain también se estaba ocupando de eso. El dinero me llegó inesperadamente cuando una de las señoras de la Iglesia me preguntó si iba a acompañar a Gene a Gran Bretaña. «Si consigo los fondos iré», le dije. Dos días más tarde regresó con un regalo, un cheque de trescientos dólares. Yo no le había dicho cuánto me hacía falta. Cuando estaba a punto de rechazar el cheque, escuché en mi interior: «Después de todo lo que he tenido que hacer para conseguirte esto, ¿lo vas a rechazar?». Le di las gracias y acepté el cheque.

En este punto pensé que iba a hacer el viaje realmente, pero parece que las pruebas se sucedían una detrás de la otra para poder volar.

Estaba a la espera de recibir noticias de la compañía aérea para comprar un ticket y un miembro del personal me llevó al aeropuerto. Me acerqué al mostrador, y el agente dijo: «No sabemos si podremos ponerla en este vuelo. Hay otro que sale ahora mismo, vaya a esa otra zona, arriba».

El joven miembro del personal dijo que esperaría abajo por si no consiguiera entrar en el vuelo. Corrí con todo mi equipaje y me metí en el ascensor. La gente, la mayoría de las veces, no habla en los ascensores pero en éste, la gente me preguntaba a dónde iba y por qué. Y así, expliqué a dónde iba y por qué, expliqué la enseñanza de nuestra organización hasta que el ascensor llegó arriba. Fue mi charla de un minuto en el ascensor, si quiere.

Corrí hasta la zona donde el avión iba a despegar y vi que se marchaba. Perdí el vuelo. Volví abajo y les dije que tenía que conseguir un vuelo. Me mandaron a otra terminal para intentar tomar otro vuelo. Al correr hacia la salida, vi cómo la gente embarcaba. El hombre que caminaba a mi lado empezó hacerlo más de prisa y los dos aceleramos. Finalmente los dos nos pusimos a correr. Me ganó por unos centímetros. Consiguió el último asiento en ese avión.

«¿Qué hago ahora?», me pregunté. Descubrí que había otro vuelo que salía a las cinco de la mañana del día siguiente, pasando por Nueva York. Me dijeron que pusiera mi nombre en la lista para asegurarme un asiento. Me pusieron la primera de la lista. El joven que me había llevado al aeropuerto me llevó de vuelta a Cámelot. Dormimos unas tres horas esa noche y regresamos al aeropuerto por la mañana temprano. Me volví a poner en fila y cuando llegué al mostrador, le dije al agente que mi nombre estaba en la lista de espera. Miró la lista, y dijo: «Usted no está en la lista».

«¡Estoy segura de que estoy! Tengo que estar en la lista».

Volvió a mirar la lista. «Los siento, no está en la lista».

Para entonces me encontraba fuera de mí, y dije, «¡Saint Germain!», tan alto que todo el mundo en la fila se sobresaltó.

El agente volvió a mirar la lista, y dijo: «¡Aquí está!».

Conseguí el vuelo. No aguanto el asiento del medio, pero ese fue el que me asignaron. Ahí es donde tenía que sentarme porque pude hablar con las dos personas a mi lado de las enseñanzas de los maestros ascendidos, todo el camino hasta Nueva York. Llegué por la tarde temprano y tenía el número de teléfono que me habían dado de algunos Guardianes de la Llama que me iban a llevar al Centro de Enseñanza de Nueva York para pasar allí la noche y que me iban a llevar al día siguiente al otro vuelo hacia Londres. Pero cuando llamé al número de teléfono me dijeron que la persona en cuestión ya no vivía ahí. Estaba a punto de desesperar cuando, amablemente, la persona al otro lado del teléfono me dijo: «Mire, mi esposa y yo la iremos a recoger».

Era mi primer viaje a Nueva York y al ir en automóvil por la ciudad, pasamos por la Estatua de la Libertad, con la antorcha de la libertad sostenida en lo alto. Era la primera vez que veía a la Dama Libertad y, como Leo que soy, estoy en la línea de la Gratitud Divina, que es la línea de la Diosa de la Libertad, por eso verla tuvo un gran significado. Mientras pasábamos, pude ver que la antorcha estaba encendida. El hombre estaba sorprendido porque hacía tiempo que no veía la antorcha encendida. Llevó el automóvil a un promontorio para acercarnos un poco más a la estatua. No había nadie más allí. Todas las banderas de las naciones ondeaban y el único sonido era el de las banderas aleteando y haciendo chasquidos en la brisa.

La esposa del hombre dijo que debíamos bajar hasta la orilla mientras ella esperaba en el automóvil con su bebé. Cuando llegamos a la orilla, de la antorcha de la Estatua de la Libertad salió un rayo rosado de luz, directamente hacia dónde nos encontrábamos. Fue una sensación sobrecogedora. Me puse a llorar y las lágrimas también le caían por las mejillas a mi compañero. Fue el momento más emocionante que he tenido en esta encarnación.

Mi vuelo salía al día siguiente y este hombre amable vino y me recogió la mañana siguiente para poder subir a la corona de la Estatua de la Libertad. Tomamos el transbordador hacia Liberty Island. Estábamos en el vestíbulo, en la base de la estatua, una mujer se me acercó, y me dijo: «¿No la conozco?». Era una chela del Centro de Enseñanza de Filadelfia. Nos acompañó y comenzamos a subir por la escalera de caracol en el interior de la estatua.

Había muchísima gente y no avanzábamos mucho. Estaba preocupada porque tenía poco tiempo y un vuelo que tomar, así que empecé a hacer llamados en silencio. Al final, toqué el hombro del hombre enfrente de mí, y le dije en voz baja: «Señor, tenemos que pasar». El me miró a mí y a la gente que tenía delante, y dijo: «Que se separe el Mar Rojo. Esta señora tiene que pasar». La gente se apartó a los lados y rápidamente llegamos hasta arriba.

Estábamos solos en lo alto y pudimos hacer oraciones y llamados a los maestros. A la vuelta, bajando por la escalera, íbamos abrazados y cantando, «La llama de la libertad habla». La mujer de seguridad que estaba abajo nos preguntó: «¿Que están cantando?». «¡La llama de la libertad habla!». Es un decreto de Saint Germain al que se le ha puesto música. En cierto punto de la canción, las emotivas palabras dicen: «¡Jamás me rendiré! ¡Jamás me daré la vuelta! ¡Jamás me someteré!».

Fuimos hacia la parte delantera de la estatua para echar una última mirada, y dije a mis compañeros: «Tú llévate la antorcha de la libertad a Filadelfia, tu guardarla aquí en Nueva York y yo la llevaré a Gran Bretaña». Después volvimos al barco corriendo. Pero el barco estaba a punto de marcharse y el hombre de la entrada dijo: «Ya no puede subir nadie más».

«¡Pero señor, tenemos que montarnos!».

«¡Ya, usted y todos los demás!».

La esposa del joven dijo: «¡Wanda, nunca aceptes un no por respuesta!». Muchos maestros han utilizado las palabras «¡no aceptaré un no por respuesta!» en sus dictados y yo no acepté un no por respuesta! El barco se puso en marcha y yo dije: «Vamos». Comenzamos a correr y saltamos del muelle al barco, y al fin conseguimos llegar al aeropuerto a tiempo para tomar mi vuelo.

Llegué a Inglaterra y me encontré con Gene. Después fuimos a Irlanda en barco. Un día fuimos a Croagh Patrick para ver la estatua de San Patricio. Gene estaba sentado en el asiento trasero conmigo y de repente, me sentí fatal, como si me estuviera muriendo. Me sentí como si no pudiera hablar ni respirar. Se lo dije a los demás e hicieron llamados por mí. Cuando llegamos al aparcamiento me sentí un poco mejor y podía respirar mejor.

Salimos del automóvil y vi una larga hilera de escalones que subían hasta la estatua. Los demás subieron y pronto llegaron a la cima. Miré hacia arriba a la estatua de San Patricio, mientras pensaba: «No puedo subir». Me di la vuelta hacia la estatua de Jesús y la Virgen María que había cerca y recé a María, pidiéndole que me ayudara, puesto que no sabía cómo iba a subir los escalones. Cuando me di cuenta, estaba arriba. No tengo ni idea cómo subí tan rápido.

Al volver a casa pregunté a los demás en el automóvil si tenían idea de lo que había ocurrido en el lugar donde me había faltado la respiración. Me dijeron que hacía mucho, mucho tiempo hubo una batalla en ese lugar y casi todo el mundo en los dos bandos murió. Me parece que yo, hace siglos, estuve en esa batalla. Debió ser un registro kármico horroroso el que surgió cuando pasé por ese mismo lugar físico, que me hizo sentir como si fuera a desencarnar.

La gracia tan grande que me dio la Hermandad y la Mensajera fue la capacidad de ir a Gran Bretaña para poder afrontar ese registro, fuera lo que fuera. Espero haber saldado también algo del karma que tenía por mis antecedentes escoceses, ingleses e irlandeses. Pasamos por los tres países.

Eso me enseñó que cuando el Gurú sugiere que hagas algo, hay que hacerlo. Había una muy buena razón para que yo fuera, aunque en ese momento no lo sabía, cuando Madre lo sugirió por primera vez. Creo que Saint Germain me ayudó con el dinero y que me ayudó a convertirme en la mejor vendedora de la empresa para que pudiera ir a este viaje.

Comentario:

Algunas veces las directrices del Gurú son dadas como una orden. Otras, como una sugerencia, como en este caso. En esos casos, el chela tiene la elección de hacer caso o no. Eso muestra la importancia del libre albedrío en la relación Gurú-chela. Al final, Wanda fue la que tuvo que elegir si iba o no iba. Y una vez que decidió viajar, tuvo que hacer todo

Gene y Wanda enfrente de la estatua de Tomás Moro, Londres

En Irlanda

lo necesario para que eso pudiera darse.

Saint Germain le podía haber dicho directamente que iba a estar en ese viaje. Pero entonces la habría privado del buen karma que hizo al decidir por sí misma. La mensajera podría haberle proporcionado el dinero, pero eso habría privado a Wanda de su victoria al manifestarlo por sí misma. En verdad, Madre dijo que «no le estaba permitido ayudar». Es claro que la iniciación era para Wanda. La tarea parecía imposible, sin embargo, con la ayuda del maestro, Wanda consiguió la victoria. A través de la experiencia personal descubrió que «con Dios, todas las cosas son posibles».

Barcos en la noche

Gene:

Durante los primeros cuatro años de nuestro matrimonio, me pasé la mayoría del tiempo viajando. Wanda tenía un trabajo en Los Angeles y en nuestra vida privada éramos, con frecuencia, como barcos que pasan en la noche. Estuvimos separados durante largos períodos. Esa fue nuestra primera gran prueba como pareja, pero no la última.

Wanda y yo somos ambos de voluntad fuerte. Nos casamos con más de cincuenta años, los dos habíamos estado casados antes y teníamos nuestras propias familias. Ella tiene un ego fuerte y yo tengo un ego fuerte. Tenemos una comunicación abierta en nuestra relación, aunque como en todos los matrimonios, no siempre es perfecta.

En el primer año de matrimonio, afrontamos un gran desafío. Wanda tiene una personalidad que quiere ser el centro de atención, y tenía que quedarse en la sombra. Eso supuso un gran ajuste, pero lo superamos. Wanda era honesta sobre cómo se sentía. Me dijo que le resultaba difícil mantener un papel secundario. Por lo cual, desde el principio estuvimos de acuerdo en hablar de nuestros sentimientos con honestidad. Wanda dijo que me diría cómo le hacían sentirse las cosas y yo le dije lo mismo.

La Biblia dice: «Que no se ponga el sol sobre tu ira».[17] Teníamos un acuerdo de no irnos nunca a la cama enfadados. Y jamás, en treinta y tres años de matrimonio, lo hemos hecho. ¿Qué es lo que hacemos? Seguimos hablando, lo cual significa que tenemos que escucharnos mutuamente. Lo trabajamos. Y tengo que decir que nos amamos con un gran amor. Esa es la clave. Todo se reduce al amor.

Wanda:

No irse a la cama enfadados nunca es importante. Hay que ser capaces de hablar. Si hay un problema grave que parece no tener solución, hay que sacarlo a la luz y afrontarlo. No se guarden sus sentimientos o diferencias de opinión. Eso nunca funciona.

Astrológicamente, los dos tenemos signos de fuego y teníamos que aprender a llevarnos bien. Mi signo astrológico es Leo, el león, y el de Gene es Sagitario, el arquero. El defecto de Sagitario es el resentimiento, la venganza y la represalia. Gene ha tenido que trabajar con esos problemas en su vida, mientras que yo he tenido que superar las tendencias negativas de Leo.

Yo soy un león de Leo y quiero avanzar rugiendo y realizar cosas. Mi madre me dijo cuando era niña: «Jamás corras por delante de Dios. El nunca llegará tarde ni un minuto». Esa era la forma que ella tenía de recordarme de vez en cuando que tenía que reducir la marcha para no meterme en problemas por ir demasiado deprisa.

Supe desde el principio de mi relación con Gene que tendría que asumir un papel secundario. Al principio fue difícil, pero después de un tiempo no fue *muy* difícil. Hubo momentos en los que llegó a ser difícil pero aquí estamos, treinta y tres años más tarde y muy felices.

Creo que la renuncia también es una clave. Recuerdo que antes de conocer a Gene había renunciado totalmente a cualquier relación. «Si tienes a alguien para mí», le dije a Dios, «por favor, tráemelo. Porque tú sabes elegir mejor que yo. Si sólo debemos ser tú y yo, eso también está bien». Una semana más tarde conocí a Gene.

Gene:

En alguna parte de mi subconsciente debía tener el concepto de que, al final, encontraría a la persona adecuada. Encontré a muchísimas mujeres que no eran las adecuadas, y conocí a cada una de ellas. Antes de conocer a Wanda pasé por mis relaciones kármicas. Su primer matrimonio también fue kármico, pero muy diferente al mío.

Para mí supuso un gran ajuste el estar casado con una mujer muy fuerte, con ideas muy claras sobre las cosas. Ha sido bueno para mí. El amor lo conquista todo. Es un regalo que Dios nos haya unido.

Puliendo mis destrezas

Gene:

En septiembre de 1981 mi ciclo de expansión como miembro del personal terminó de forma abrupta. Madre dijo: «No sé qué quiere decir todo esto, Gene, pero Lanello dice que tienes que marcharte del personal y pulir tus destrezas».

No tenía ni idea de lo que estaba hablando ni por qué yo tenía que hacer eso, pero obedeciendo a Lanello me marché del personal para «pulir mis destrezas». A los dos días conseguí un empleo como asesor de desarrollo económico para el Comité de Revitalización de Hollywood, trabajando con Michael Utter. Este programa acabó cayendo víctima de las luchas políticas internas de la zona de Los Angeles.

Después volví a trabajar para Michael, ahora en el Instituto Internacional de Los Angeles, escribiendo propuestas para recibir concesiones y desarrollando programas para refugiados de Camboya, Vietnam y otros países. Aprendí a competir con otras instituciones por las concesiones. El equipo de trabajo de Michael ganó al Distrito Escolar de Los Angeles en dos de las tres mayores concesiones y recaudamos millones de dólares para los programas de refugiados.

Nos concentramos principalmente en una preparación vocacional y en destrezas para la enseñanza con el fin de dirigir pequeños negocios. Contratamos a personas de todas estas comunidades para el programa de la preparación. El personal de la oficina de Los Angeles hablaba treinta y dos idiomas distintos. Provenían de Vietnam, Rusia, Armenia, Europa oriental, el sureste de Asia y habían venido a los Estados Unidos para escapar de la invasión comunista en sus países. Eran personas totalmente dedicadas a la llama de la libertad, pues habían visto lo que el comunismo había hecho en sus países.

Peter Hong, uno de ellos, me viene a la mente. Cuando era un muchacho de diez u once años de edad, vio a los comunistas invadir su aldea en Vietnam. Reunieron a todos los profesionales en el centro de la aldea: maestros, médicos, cualquiera que hubiera estudiado o tuviera posesiones. Hicieron que los demás miraran mientras ellos los denunciaban y los mataban, uno a uno. Peter vio con sus propios ojos cómo mataban a sus padres, delante de él. Se escapó por la selva en busca de un tío, que pudo sacarle del país clandestinamente hacia Taiwán.

Era un estudiante brillante y la gente de su comunidad decidió enviarle a los Estados Unidos para que pudiera cursar estudios avanzados. Después de obtener su doctorado en ingeniería, decidió que quería ser médico, cosa que realizó. Se unió a la Guardia Nacional. Su hermano llegó a ser un oficial veterano de los servicios de inteligencia de Taiwán. Peter hablaba nueve idiomas.

En aquella época trabajábamos con personas así todo el tiempo. Entendían lo que estaba en juego al defender la libertad y lo que representaba el comunismo. Habían visto lo que había sucedido en Europa del este y en el sureste de Asia. Estaban totalmente dedicados a la llama de la libertad.

Durante esa época, también tomé un curso de periodismo bajo Bob Poole (quien incidentemente era un archienemigo de la Iglesia). Al final, había ampliado mi educación y pulido mis habilidades como escritor así como las del trato con la gente. Aprendí a tratar a la gente de distintas culturas que hablaba otros idiomas.

En aquel tiempo no tenía ni idea, pero Madre evidentemente había pensado en mí para hacer algo en el extranjero para lo cual iba a necesitar estas capacidades. Hace poco estaba leyendo el capítulo 33 de *The Opening of the Seventh Seal (La apertura del séptimo sello),* de Sanat Kumara. Ahí se habla del envío de emisarios a Gran Bretaña, Irlanda, Escocia y Gales. Yo viajé a todos esos lugares cuatro veces en diez años, en las décadas de 1980 y 1990. Al mirar atrás, no creo que pudiera haber realizado mi misión tan bien sin haber «pulido mis destrezas» como Lanello me pidió que hiciera.

Era la sabiduría del Gurú. Madre era obediente y yo era obediente. Como resultado, durante muchos años seguí estando muy implicado en la expansión de nuestra organización.

La obediencia al Gurú fue mi mayor prueba y mi mayor alegría. Madre siempre me daba algo que hacer, por lo que mi obediencia siempre se ponía a prueba. Una de las primeras cosas que me había dicho fue: «Al fin y al cabo, Gene, soy tu Gurú». Aquellas palabras nunca me abandonaron. No sabía mucho de gurús en aquel tiempo pero pronto vi que si ella era mi Gurú, entonces yo era su chela. Y la expectativa era que yo la obedeciera.

Todo lo que me dijo que hiciera lo intenté hacer. Traté de ser muy obediente y cuando me pedía que hiciera algo, lo hacía, porque sabía que había una razón superior. Sabía con el corazón que mi Gurú sabía lo que más me convenía.

Algunas veces formulaba algo como una pregunta. Una vez me preguntó si quería aceptar a su esposo de entonces, Randall King, en la junta de directores de Amigos de la Libertad. «Madre», le dije, «no puedo». Y no lo hice, y ella lo aceptó. Estaba convencido de ello.

En otra ocasión, cuando desobedecí una instrucción, fue porque no era de Madre sino de Randall. Madre me había pedido que diera una conferencia de gira en Santa Bárbara, una de las primeras, antes de recibir la aprobación para salir de gira. En el último momento recibí un montón de diapositivas preparadas por Randall y me dijeron que las incorporara en mi conferencia. Pues bien, si hubiera incorporado todas ellas en mi conferencia, la cosa hubiera sido simplemente una muestra de diapositivas. Así que no las utilicé todas.

Susan Bordelon fue la enviada para informar sobre mi conferencia; e informó a Randall que yo no había utilizado todas las diapositivas. Él me criticó por esto en una reunión con Madre y varios líderes de la Iglesia. Le planté cara: «No podía hacerlo. Habría sido simplemente una presentación de diapositivas. Según lo entiendo yo, no habría sido una conferencia de gira». Los dos seguimos discutiéndolo durante cinco minutos, toma y daca. Madre estaba sentada en silencio, observando, escuchando y no dijo nada hacia un lado u otro. Cuando terminamos nuestro diálogo, la situación se olvidó.

Esas eran buenas iniciaciones. Mis mayores lecciones eran la obediencia al Gurú y la confianza en Dios. Sólo dije no a Madre una o dos veces y cuando lo tuve que hacer, ella siempre lo aceptó.

Curiosamente, Madre me dijo que le costaba trabajo disciplinarme porque me amaba muchísimo. Yo nunca noté que le costara trabajo; ¡desde mi perspectiva, desde luego que me disciplinaba! Para aquellos de nosotros que empezábamos a recibir algo de esa disciplina, siempre sabíamos que lo que estaba en marcha era la relación Gurú-chela. Yo sabía que, como mi Gurú, ella me amaba y que la disciplina salía de ese amor.

Comentario:

Resulta interesante observar los inesperados cambios que con frecuencia trae el sendero del discipulado. Gene tenía un trabajo seguro en el personal. Tenía mucho éxito en lo que hacía y sus esfuerzos parecían dar muchos frutos para la organización. ¿Por qué marcharse, justo cuando las cosas iban tan bien? Tuvo que marcharse casi sin saber nada de lo que tenía que hacer.

Sin embargo, Gene actuó con fe, confiando en la palabra del Gurú, aunque la mente externa no entendiera el porqué.

Cuando el Gurú ya no está con nosotros físicamente, este tipo de pruebas pasan a ser, de muchas formas, más difíciles. Si recibimos un mensaje físico del Gurú, no es ambiguo: sabemos lo que hemos escuchado y sabemos que debemos hacerlo. Pero si el Gurú no está con nosotros físicamente, la directriz aún puede venir de «la vocecita queda» del interior. En estos casos es fácil crear dudas en la mente externa sobre si realmente el mensaje era del Gurú, especialmente si la directriz va en contra de lo que preferiríamos hacer. En sentido contrario, podemos permitir que nuestros deseos interiores crezcan y nos hablen de forma tan fuerte como para hacernos pensar que se debe tratar de la voz de Dios o del Gurú. Nuestras dudas y deseos nos pueden desviar, si los dejamos.

En estos casos, buscar consejo en aquellos que tienen sabiduría por sus muchos años en el sendero y en los que han caminado con el Gurú durante muchos años, puede servir de ayuda algunas veces. Podemos estar pidiendo claridad y visión para conocer el camino correcto. Podemos buscar la pureza de nuestra motivación, estando dispuestos a renunciar a nuestros deseos y a no dejar que nada tenga más importancia en relación con el Gurú. Por encima de todo, hemos de tener la fe de seguir la Palabra del Gurú o nuestro Yo Superior cuando la recibamos en nuestro interior, aunque la mente externa no entienda las razones.

Californianos por unos Estados Unidos fuertes

Gene:

Mientras trabajaba afuera, en el mundo, en California, me empezó a preocupar mucho el tema de la congelación nuclear. La campaña a favor de una congelación nuclear había sido aceptada en California por los liberales e izquierdistas como la Proposición 12, una iniciativa sometida a la votación de las elecciones de noviembre de 1982. La iniciativa para la congelación nuclear estaba bien financiada, tenía poca oposición y estaba al frente las encuestas un cuarenta por ciento.

Un día estaba desayunando con un luchador por la libertad, un amigo de Hungría que era arquitecto, llamado John Dolinsky. Los dos sabíamos que esta campaña la estaba utilizando Moscú para detener las armas nucleares en Occidente mientras ellos avanzaban con la modernización y expansión de las propias capacidades nucleares. Puesto que los antecedentes de la Unión Soviética decían que este país siempre rompía los tratados, nos dábamos cuenta de que estar de acuerdo con la congelación nuclear se basaba en una fe mal concebida y en una perspectiva ingenua de sus verdaderas intenciones. Por ejemplo, tenían un pacto de no agresión con Afganistán, que acababan de romper cuando lanzaron una gran invasión en ese país en Nochebuena de 1979.

«John», le dije, «hay que luchar en este tema de la congelación nuclear y nadie lo está haciendo. Hagámoslo nosotros». John estuvo de acuerdo y juntos organizamos Californianos por unos Estados Unidos Fuertes. Utilizamos los grupos de los países no democráticos que había

En el programa *Merv Griffin Show,* refutando los comentarios de Paul Newman sobre el tema de la congelación nuclear.

en California como base de nuestro apoyo. Yo tenía muy buenas relaciones con personas en todas esas comunidades a raíz de mi trabajo en el desarrollo económico, y ellos entendieron la necesidad de defender a los Estados Unidos y lo que estaba en juego. Respondieron a la causa y lanzamos una campaña popular de base.

Teníamos a la secretaria de John trabajando a tiempo parcial, siendo yo la única persona que trabajaba a tiempo completo para nuestra campaña. Estuve en unos cincuenta debates con abogados de izquierdas, funcionarios del gobierno retirados y radicales chic de Hollywood.

Después de unas cuantas semanas de campaña recibí una llamada telefónica, me puse al teléfono y al otro lado de la línea estaba el actor Charlton Heston. Estaba furibundo por un anuncio de los actores Paul Newman y Jack Lemmon en favor de la congelación y quería saber qué podía hacer para ayudar.

Heston era un gran actor, conocido mayormente por sus papeles en Moisés y Ben Hur. Siempre había estado activo políticamente y era una de las pocas personas en Hollywood que hablaba abiertamente contra el racismo antes de que eso se pusiera de moda. Hizo campaña para John F. Kennedy en 1960 y marchó con Martin Luther King en 1963. Le dije que nos servía un anuncio que fuera realmente bueno, puesto que bajo la doctrina de igualdad de oportunidades se nos daba el mismo tiempo en televisión. Heston estuvo de acuerdo y fuimos a su casa a rodar.

Como profesional consumado, Heston leyó nuestro guión una vez,

Hablando en una reunión masiva de Californianos por unos Estados Unidos fuertes.

preguntó si podía hacer algunas correcciones menores y rodó el anuncio en una toma. Era un gran anuncio, muy presidencial, y tuvo un valor de al menos un diez por ciento en las encuestas. También hice una refutación de treinta minutos a Paul Newman en el programa *Merv Griffin Show.*

Gracias a Dios, nuestro grupito pasó de estar atrás en las encuestas un cuarenta por ciento a perder en la votación final por sólo un cuatro por ciento. Fue un esfuerzo digno ya que la oposición se gastó dos millones de dólares, comparado con nuestros quince mil, y tenía veintiséis empleados a tiempo completo sólo en Los Angeles, comparado con nuestro único miembro a tiempo completo y una secretaria a tiempo parcial.

Los medios de comunicación, los grupos de influencia y los intereses políticos y económicos detrás de la campaña de congelación apenas podían creer que casi perdieron. No podían creer que la gente común y una campaña popular pudieran tener esperanza en formar oposición contra ellos ni creerse lo que predicaban.

Aunque la Proposición 12 no quedó derrotada, el resultado neto fue que el movimiento de la congelación nuclear se ralentizó muchísimo. Aprendí que no siempre hay que ganar para marcar la diferencia y cambiar el curso de los acontecimientos. Dios no depende de la cantidad de personas sino de los corazones dedicados.

Una extensión a mi vida

Gene:

Cuando tenía cincuenta y seis años sufrí una apoplejía. Ocurrió en marzo de 1983. Wanda y yo llevábamos casados cuatro años. Había hecho parada en la ciudad de Washington al regreso de una conferencia en Jamaica y a la mañana siguiente me sentí extraño. Estaba sudando y mentalmente desorientado, y sabía que tenía que ir al hospital. Thomas Gulick, un amigo del Centro de Enseñanza de Washington, me llevó; me admitieron e iniciaron pruebas.

En el lado izquierdo tenía debilidad. Aparentemente la tensión sanguínea no estaba bien controlada aunque yo tomaba medicamentos para eso. Me dijeron que había tenido una apoplejía y me trataron durante un par de días. Pero yo no tenía seguro médico y no podía permitirme la estancia en el hospital.

Dos días después de la apoplejía, salí del hospital y de vuelta a California para estar con Wanda. Tuve problemas para subir al avión. Hablaba arrastrando las palabras y sudaba a causa de la apoplejía. La persona al mostrador de la compañía aérea se pensó que estaba borracho y le tuve que convencer de que estaba enfermo antes de que me dejara subir al avión. Pero conseguí llegar a Los Angeles y comenzar la recuperación al cuidado de mi esposa.

Un día, no mucho después de la apoplejía, estaba esperando en el automóvil mientras Wanda hablaba con Madre. Madre se interesó por cómo me encontraba y Wanda le explicó mi situación. La respuesta de Madre fue: «Tráemelo inmediatamente». Nos dijo que me habían echado una maldición.

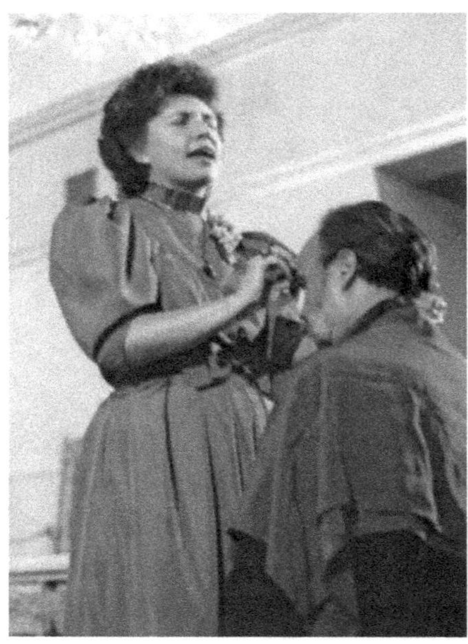

Elizabeth Clare Prophet haciendo llamados para la curación de Gene después de la apoplejía

Wanda le había dicho a Madre que antes de la apoplejía yo había conocido a una señora de Sudáfrica y a su esposo, un cirujano cardiovascular, en la ciudad de Washington, en un cóctel. Les había ofrecido mi consejo acerca de su matrimonio y, de alguna forma, en la conversación surgió el tema de que yo había sido anteriormente un ministro luterano. El esposo me dijo: «En el lecho de muerte, volverá usted a su fe luterana».

«Bueno», había pensado yo, «es simplemente la opinión de una persona». Pero cuando Madre se enteró de esta frase, percibió la maldición de un mago negro. Hizo llamados poderosos. Nunca la había oído hacer invocaciones por mí con una intensidad tal.

Desde ese momento, comencé a curarme. Madre también hizo llamados por mí mientras me arrodillaba ante ella durante un servicio de curación, el 25 de mayo de 1983, en la Capilla del Santo Grial. Gracias a Dios y a las fervientes oraciones de intercesión de Madre, recupere aproximadamente un noventa y cinco por ciento de capacidad en un período de tres meses.

Cuando estaba acostado en el hospital, pensaba: «Bueno, espero poder vivir dos o tres años más». El de la cama de al lado acababa de tener su tercera apoplejía. Pensé que sólo me quedaban unos pocos años. Pero de eso hace más de veinticinco años y no he vuelto a tener ninguna apoplejía, gracias a Dios.

Creo que me alargaron la vida. Puede que mi destino era marcharme a la edad de cincuenta y seis años. ¿Quién sabe? Pero aquellos llamados que hizo Madre por mi fueron muy importantes.

No se habla mucho de las extensiones de la vida, pero son algo muy real. En los senderos orientales, un Gurú verdadero puede obtener una extensión de la vida para la persona en cuestión al tomar para sí el karma que la hubiera hecho desencarnar. Por eso conozco y entiendo, en el nivel más profundo, a mi Gurú y su amor hacia mi alma.

Tengo un lado un poco fatalista. Si me tengo que marchar y no conozco el momento, sino que lo conoce Dios, pienso que no lo haré ni un momento antes ni un momento después de lo que deba ser. Esto quizá me dé un falso sentido de seguridad, pero es lo que creo de verdad. Nadie conoce la hora ni el día de su marcha. Nadie lo sabe. Yo pienso que si realizo mi ascensión seré una de las personas más afortunadas que hayan vivido jamás, conociéndome como me conozco.

La muerte para mi es tan sólo un paso hacia otro estado de conciencia, desprenderse de una vieja vestidura que está gastada, lo que mi Maestro taoísta preferido, Chuang Tzu, llamaba «una bolsa de ropa vieja». ¡Me encanta esa frase!

Gracias a Dios, no tengo miedo a la muerte. Cuando me encuentre cara a cara con ella, puede que no esté de acuerdo intelectual o psicológicamente, ¿quién sabe? Pero acepté la idea de la muerte después de mi primera apoplejía, cuando creía que quizá me quedarán dos años más.

He presenciado la muerte de mucha gente. He hecho un montón de funerales, cremaciones y servicios conmemorativos. Mi perspectiva es que esta es sólo una vida más y he vivido muchas otras. En mi corazón soy un taoísta. La vida es una gran forma de pensamiento y todos estamos rodeados por ella y vivimos en ella.

Coalición para la Proscripción de los Soviéticos

Gene:

En 1984 me involucré en otra misión por la libertad. En septiembre de 1983 los soviéticos habían derribado un avión de pasajeros desarmado de las líneas aéreas coreanas, *KAL 007,* matando a 269 pasajeros, incluyendo a sesenta personas estadounidenses así como al congresista estadounidense y luchador por la libertad Larry McDonald, de Atlanta (Georgia). La respuesta de los Estados Unidos ante la atrocidad soviética fue una pequeña reprimenda. Los soviéticos premiaron al piloto con la medalla más importante de sus fuerzas aéreas y dijeron que se lo volverían a hacer a cualquiera que violara sus «fronteras sagradas».

Por tanto, me reuní con dos amigos, Tony Mazeika y David Balsiger, y organizamos la Coalición para la Proscripción de los Soviéticos (Ban the Soviets Coalition), un movimiento popular de base cuya meta era mantener a los soviéticos fuera de las Olimpiadas que iban a tener lugar en Los Angeles en 1984. Si eso fallaba, nuestro objetivo era animar a los desertores de los países del Bloque Oriental a colocar carteles publicitarios por los lugares de las Olimpiadas en ruso, alemán e inglés diciendo a sus atletas como desertar y que nosotros teníamos casas de acogida donde alojarlos.

Utilizamos el tema de las Olimpiadas principalmente para decir que hasta que los soviéticos no comenzaran a actuar de manera responsable en la comunidad internacional de naciones, no se les debería permitir participar en las Olimpiadas. Los soviéticos utilizaron las Olimpiadas simplemente para hacerse propaganda, intentando demostrar la superioridad de su sistema.

Nuestra coalición consistía de 165 grupos conservadores de todo el país, lo cual incluía el Caucus Conservador, el Consejo de Seguridad Americano y muchos otros. Todos ellos se unieron en nuestro apoyo y abordamos el asunto. De nuevo, la previsión de mi Gurú me dejó impresionado. La experiencia con los medios de comunicación que recibí de ella y los maestros ascendidos dio su fruto, al aparecer yo, a menudo, todas las noches en todas las estaciones de televisión principales durante un período de tres meses, hasta las Olimpiadas.

Lanzamos una campaña de relaciones públicas por todo el país que consistía en conferencias de prensa, radio y entrevistas televisivas, así como piquetes que recibieron mucha atención mediática. Eso también atrajo la atención de los líderes soviéticos. Lanzaron una campaña mediática contra nuestro grupo, llamándonos «matones y gánsteres», que iban a raptar a sus atletas, drogarlos y forzarlos a desertar; una proyección clásica, puesto que así eran los métodos que los propios soviéticos utilizaban en sus gulags.

Cuanto más nos atacaban los soviéticos, más atención mediática recibíamos. Finalmente, en el último minuto, los soviéticos renunciaron a las Olimpiadas. Condenaron públicamente a nuestro grupo llamándolo «riesgos para la seguridad» como la causa de su acción. Nunca nos hicieron falta los alojamientos de seguridad ni los carteles publicitarios.

El día que los soviéticos se marcharon hice acto de presencia en programas nacionales como *Good Morning America, Crossfire* y *Nightline* de la cadena CNN así como en la televisión japonesa, británica, española y francesa. Fue una campaña mediática total que costó 5.000 dólares.

Fue una verdadera victoria para Saint Germain. Sin embargo, los medios de comunicación liberales no estaban contentos. El periódico *Los Angeles Times* quería que estuvieran los soviéticos. Odiaban a nuestro grupo con pasión y pelearon hasta el final. Al final escribieron un artículo especial atacándonos, titulado: «Coalición anti-soviética se convirtió rápidamente en un ratón que rugió».

Gene dirigiéndose a la gente en una manifestación a favor de Coalición para la Proscripción de los Soviéticos

Otra manifestación de Coalición para la Proscripción de los Soviéticos. La campaña contra la participación soviética en las Olimpiadas de 1984 fue un verdadero movimiento popular. ¡Sólo afiches hechos a mano!

Gene Vosseler y David Balsiger hablaron de sus experiencias con Coalición para la Proscripción de los Soviéticos en un foro de Summit University, con Elizabeth Clare Prophet, el 19 de mayo de 1984.

El reportero quiso dividirnos a mí y a mis colegas David Balsiger, metodista, y Toni Mazeika, católico, atacando a Madre y mi conexión con la Iglesia. Los dos me defendieron.

Comentario:

Los líderes soviéticos anunciaron el 8 de mayo de 1984 que renunciaban a las Olimpiadas. Era claro que no querían afrontar la posibilidad de deserciones en masa de atletas que esperaban escapar de la tiranía en sus países. Doce días después, los Elohim Heros y Amora comentaron este acontecimiento:

> Consideremos también la venida de las Olimpiadas y la inquietud de los soviéticos y comunistas al reaccionar, por tanto, a la llama de la libertad en el corazón de los Estados Unidos y de todos los países (demostrando su miedo, su preocupación y la paranoia, algo lo que se ha hablado desde este altar). Está ahí para que todo el mundo lo vea, amados: un sistema que no funciona a no ser que sea con controles y ejércitos, la construcción de muros y la restricción de los ciudadanos. Es un sistema que se derrumba desde adentro, desde el interior de una psique deprimida y en una espiral de muerte.[18]

La compasión del Gurú

Gene:

El 27 abril de 1984, recibí una llamada telefónica totalmente inesperada. Me invitaron a Cámelot para que me encontrara con Madre en la Capilla del Santo Grial. No tenía ninguna información de lo que se trataba. Éramos cuatro o cinco los que estábamos sentados en la capilla. Madre entró al altar y realizó una breve ceremonia privada en la que nos ordenó como ministros de la Iglesia Universal y Triunfante. Los únicos presentes en la sala eran los que estaban siendo ordenados.

Después, ese mismo año, Madre me invitó a que volviera a formar parte de su personal para realizar una importante gira por el Noreste, como preparación de un seminario de cuatro días que iba a dar en la ciudad de Washington sobre «Las artes perdidas de la curación».

Al final de la gira, nos encontrábamos en Washington preparándonos para el seminario. Madre tenía una cita con el canal 5 de la cadena de televisión Fox para dar una presentación, pero tenía demasiadas cosas que hacer ya que estaba preparándose para el seminario, y me pidió que fuera en su lugar. Así, reuní algunas de mis notas y algunas diapositivas de los maestros y la Gráfica de Tu Yo Divino y con eso, estaba listo para dar el mensaje.

Llegué a la estación y descubrí que querían diez servicios cortos de adoración de cinco minutos, que se emitirían al final de las emisiones del día. Querían grabar estos servicios de cinco minutos de manera consecutiva, dejando sólo dos minutos de tiempo entre ellos. No podía utilizar diapositivas de los maestros ascendidos y no podía utilizar la Gráfica; tenía que ser algo más tradicional. Me encontraba en una situación difícil. Pero hice unos llamados muy intensos a Jesús, a Madre y a Lanello para que acudieran y me dieran la sabiduría de decir las cosas que tenía que decir, para enseñar las enseñanzas de los maestros ascendidos a partir de la Biblia.

De repente, sentí la presencia envolvente de paz de Jesús, Madre y Lanello y de los demás maestros a quienes había llamado. Pedí al personal de la televisión si podían poner como música de apertura «Eternal Father, Strong to Save», que es la nota clave del Arcángel Miguel, y eso hicieron. (Más tarde la sustituyeron por una de esas músicas de ascensor, lo cual no vino muy bien.) Y entonces, la cámara me enfocó e hice diez programas de cinco minutos seguidos.

Tomaba un texto o un verso bíblico que se me ocurría (creo que gracias al Maestro) y hablaba improvisadamente durante cinco minutos sobre ello. Intenté hablar de todo, desde la llama violeta hasta la Presencia YO SOY. Hay muchas enseñanzas de los maestros ascendidos que se pueden enseñar a partir de las escrituras. El nombre de Dios como YO SOY EL QUE YO SOY; «lo que un hombre siembra, eso recogerá», describir la ley del karma; el concepto de transportación, la idea de Dios como fuego y el fuego consumidor del Espíritu Santo como la llama violeta, todo eso sale de las escrituras.

Cuando terminaba la última frase, la música entraba. Entonces venía una breve pausa y al siguiente tema, exactamente cinco minutos cada uno. Los que me conocen saben que normalmente no tengo un sentido del tiempo tan perfecto, pero en esta ocasión era el tiempo del Espíritu Santo, sin que hiciera falta editar nada.

Estaba claro que no era Gene Vosseler el que enseñaba. Eran Jesús y los maestros que me usaban en esa situación, habiéndolos llamado. Siempre me ha parecido que cuando llegamos a ese punto en que los necesitamos de verdad y los llamamos, ellos nunca decepcionan. Ese día experimenté esta realidad así como en muchas otras ocasiones.

Más tarde me enteré de que esa misma estación de televisión era la estación independiente más grande del país. Emitía desde el estado de Georgia, transmitiendo en Pennsylvania, hasta Nueva York. Yo no tenía ni idea en aquella época, ¡lo cual, probablemente, era bueno! Y la

Kathleen Boyle, Gene y Tani Bowman en una de las giras «De personas a personas». Desde febrero a junio de 1986, Gene y su equipo visitaron a miembros y grupos de estudio en ochenta y seis ciudades y dieron dieciséis seminarios de dos a tres días de duración.

estación siguió emitiendo esos servicios de adoración seis años después. Ello suponía unas veinte horas de televisión gratis en las que las enseñanzas de los maestros ascendidos se daban a partir de las escrituras.

Después del seminario de Washington, regresé a Cámelot. Madre me nombró jefe de la Oficina del Coordinador Nacional (la antecesora de la Oficina de Ministerio), donde trabajé de cerca con un equipo de trabajo de cinco miembros supervisando nuestros grupos de estudio y centros de enseñanza de todo el mundo.

Interactué mucho con Madre en los años siguientes. Un caso en particular me viene a la mente, como ejemplo de la compasión del Gurú.

Un hombre vino de Boston para trabajar como miembro del personal en Cámelot durante un período de tiempo. Se trataba de una persona difícil y polémica, que estaba involucrada en algunos casos improcedentes de recaudación de fondos. Me enfrenté a él y a su comportamiento beligerante y rebelde, y me pareció que esta persona no debía seguir en la organización. Me dirigí a Madre para ver si este hombre podía ser despedido.

El despido de la organización era una decisión que siempre tomaba el Gurú y que tenía lugar sólo cuando se habían intentado todas las posibilidades de llegar al alma. Basándome en circunstancias anteriores con otras personas en que Madre había despedido con rapidez a la gente problemática, me esperaba que no tuviera ningún problema en echar a esta persona debido a su comportamiento dañino y a su terrible actitud. Pero Madre, dirigiéndose a mí, dijo: «Es un alma, Gene. Tienes que recordar que es un alma».

Madre ofreció misericordia a esta alma, que permaneció en la organización durante algún tiempo. Al final hizo algo igualmente mayúsculo y fue despedido. Años después regresó con remordimiento y listo para volver al sendero.

Aprendí hasta dónde Madre estaba dispuesta a ir para salvar a un alma. Permitía que la gente jugara su baza y que los acontecimientos se desarrollaran en el escenario de la vida. Ofrecía misericordia más allá de la misericordia. Aún hoy, hago la comparación con la circunstancia de mi alma, y me digo: «Me conozco mejor que nadie, excepto, por supuesto, el Gurú, que me conoce mejor de lo que yo me conozco a mí mismo. Si el Gurú me ofrece misericordia a mí, yo se la puedo ofrecer a los demás».

Todo eso fue parte de mi aprendizaje. Incluso ahora me resulta difícil recordar tiempos difíciles o duros con el Gurú. Sólo recuerdo los tiempos maravillosos y las maravillosas lecciones que aprendí. Me imagino que cuando se asimila el fuego uno ya no recuerda el calor, sino el frescor de las experiencias.

Nos enfrentamos a muchos desafíos en los grupos locales durante aquellos años. Un ejemplo fue en 1985, cuando recibí llamadas de varias personas del Centro de Enseñanza de Minneapolis. Eran muy críticos con los líderes y habían empezado a ir contra la persona que dirigía en aquel entonces el centro de enseñanza, la revenda Annice Booth, un miembro del personal desde hacía mucho tiempo y una chela de Mark y Madre.

Finalmente, dije: «No me interesa mucho recibir quejas verbales de nada. Si esto es realmente importante para ustedes, pónganlo por escrito y fírmenlo, y entonces le podré dar alguna credibilidad. No quiero ningún informe anónimo ni informes verbales. Quiero que las personas se hagan responsables de lo que dicen y que lo pongan por escrito».

Me sorprendí cuando me llegaron entre doce y quince cartas formales, cada una de ellas firmada. Como director de la Oficina del Coordinador Nacional le conté la situación a Madre, y ella dijo: «Gene, quiero que vayas a Minneapolis y lo arregles». No me dijo qué hacer. Tan sólo dijo: «Ve y arréglalo».

Llegué al Centro de enseñanza y reuní todos en la sala con Annice. Describí las normas para la reunión, y dije: «Todo el mundo en esta sala que tenga una queja tendrá la oportunidad de decir su mensaje sin interrupción y será escuchado. Después la Rev. Booth tendrá la oportunidad de hablar y responder a todo lo que ella quiera».

Y así empezó la cosa. Durante las siguientes tres horas, la gente se desahogó expresando lo que sentía y haciéndolo a lo grande. Annice se sentaba pacientemente, escuchando todo lo que se decía. Entonces, cuando todo el mundo hubo terminado, invité a Annice a que dijera lo que tenía en su corazón, mente y conciencia.

Las quejas no tenían verdadero fundamento. Estaban basadas en diferencias en cuanto al estilo y la perspectiva. Annice tenía un estilo único y decía las cosas claras. Siempre era directa y una conciencia delicada pudiera no haber aceptado bien su estilo. Así, al final de la reunión, dije: «Ahora vamos a poner todo lo que se ha dicho esta tarde en la llama. No quiero oír ningún informe más de nadie sobre este tema. Está solucionado. En lo que a mí se refiere, la cosa ha terminado». Todo el mundo había sido escuchado y la reunión parecía resolver las cosas.

Algo interesante ocurrió a raíz de la reunión, que un chela recuerda muy bien. Este chela dijo que después de la reunión, Annice no fue la misma por algún tiempo. Se había recatado y no estaba siendo ella misma, intentando jugar un papel que no se correspondía con ella. En breve, ya no era la Annice que él conocía: era mucho más comedida y menos abierta. Así, este chela hizo un llamado a la Hermandad: «Quiero que vuelva la antigua Annice y si no lo hace en treinta días, me marcho». A la semana, Annice volvió a ser la misma. El chela se quedó y aún sigue aquí, hasta el día de hoy.

Comentario:

He aquí uno de los servicios de adoración que Gene grabó en 1984:

Jesús enseñó: « Sed, pues, vosotros perfectos, como vuestro Padre que está en el cielo es perfecto». Parece una tarea casi imposible y desde el punto de vista de la conciencia humana, ciertamente imposible. Pero es simplemente una orden y un llamado para que la persona sea su Yo Verdadero. El Yo Verdadero es la identidad Crística que puede caminar en la perfección. La persona tiene en su interior el potencial de ser la totalidad del Eterno.

Jesús era un gran instructor, un gran maestro, alguien que caminó por las colinas de Galilea. Pero sus palabras son tan contemporáneas y atemporales como si las hubiera pronunciado hoy. Y así, este gran maestro nos enseña a caminar en la plenitud, en la unidad con todo cuanto tiene vida. Una vez que estamos sintonizados con el Yo Interior, con el Yo Verdadero, nuestra verdadera identidad, realmente estamos en paz con el mundo. Visualizamos todo cuanto tiene vida en términos de perfección y belleza.

Oh, sí, conocemos la diferencia. Entendemos las realidades de la oscuridad. Comprendemos las nubes oscuras de depresión y desesperación que algunas veces experimentan las personas. Pero sabemos también que podemos acelerar para salir de esos estados del ser si llamamos a la luz. Sencillamente podemos dirigirnos a Dios en oración, ya sea una oración en silencio, ya sea en meditación o con un fíat hablado como, «Jesucristo, ven a mi templo». Cuando hacemos el llamado, la totalidad de ese maestro viene a nuestro ser y mundo con su valiosa Presencia.

Hoy debemos estar centrados en la luz, en la luz de nuestra verdadera realidad, centrados en nuestro ser divino, para poder afrontar las pruebas que la vida nos tiene reservado. La vida es difícil, en el mejor de los casos. Y todos nosotros tomamos muchas, muchas decisiones cada día que o bien nos aceleran en el sendero que nos lleva a convertirnos más en nuestro Yo Verdadero, más en el Cristo, o bien nos llevan a un sendero descendente en donde nos convertimos en menos de lo que es nuestro Yo Verdadero y más como el animal.

Por tanto, en un sentido verdadero, Shakespeare tenía razón cuando dijo: «Ser o no ser, esa es la cuestión». La cuestión es que el alma individual debe elegir ser la realidad de su Presencia Divina. Eso significa caminar con la conciencia de que somos creados a imagen de Dios. El potencial divino descansa en ustedes para ser la totalidad de ese Ser eterno.

Y así, la persona no necesita aceptar las actitudes del mundo o de la conciencia de las masas, los efluvios, la densidad, la oscuridad que sencillamente abunda en el mundo. Pero uno puede ser un niño de la Luz, un hijo o una hija de Dios. Y eso es lo que Juan el Amado quiso expresar cuando dijo: «Amados, ahora somos los hijos y las hijas de Dios». Y esa es nuestra identidad divina. Es algo que debemos afirmar. Es algo que podemos ser y manifestar en el mundo de la forma.

Como sabemos, la vida en la Tierra no es sino una sombra pasajera, un momento vacilante en el tiempo. Y aquello que poseemos en nuestro cuerpo físico, nuestro cuerpo emocional, nuestro cuerpo mental es algo temporal y pasajero. Pero sabemos que en nosotros habita el Espíritu eterno del Dios vivo. Porque fuimos creados a su imagen y semejanza. «En el principio era la Palabra y la Palabra estaba con Dios y la Palabra era Dios». Conocemos a Dios porque Dios eligió encarnarse asimismo en la persona de Jesús el Cristo y en otras grandes almas de luz que han vivido en este cuerpo planetario y que han sido los guías, los que han mostrado el camino espiritualmente, los que han bendecido a todo cuanto tiene vida con su presencia.

Y así, hoy, sabemos que no estamos solos. Podemos verdaderamente entrar en nuestro corazón y comulgar con el Cristo en la cámara secreta del corazón, sabiendo que podemos encontrar la paz perfecta que ahí hay.

Madre comentó que una lección de la experiencia de Gene es que si tenemos que hablar o hacer algo y sabemos que es lo correcto, nunca debemos decir que no. Deberíamos vernos a nosotros mismos como estando siempre disponibles para Dios o para cualquiera que nos llame. Con frecuencia estas cosas llegan en momentos inoportunos. Quizá hayamos tenido un día largo, estemos cansados o tengamos otros planes importantes. Pero nunca debemos decir que no. No sabemos cuánto tiempo pasará antes de que Dios pueda hacer que esa oportunidad vuelva.

Si eso le sucede a usted, no se disculpe por no estar preparado. Acepte la promesa de Jesús: «Porque el Espíritu Santo os enseñará cuando tengáis que hablar».[19] Céntrese, haga los llamados y permita que el Espíritu Santo trabaje a través de usted.

Como dice Gene: «Uno nunca sabe cuándo le van a llamar para que de una charla improvisada. Podría no ser exactamente en el tipo de situación que me tocó a mí. Podría ser simplemente una persona que se debe contactar. Cualquiera que sea la circunstancia, es importante estar listos».

Nunca dude del Gurú

Gene:

Llegué a trabajar con muchos miembros del personal. Muchos eran trabajadores, personas decididas, con dedicación, que podían realizar un trabajo para los maestros y para la misión. La mayoría era gente dedicada y devota. Algunas tenían una gran sensibilidad y percepción y otras, grandes destrezas y capacidad de gestión. Muchas tenían una fuerte personalidad.

Recuerdo en particular mi trabajo con la Rev. Annice Booth. Annice tenía un estilo de gestión directo y yo sentía un gran respeto hacia ella. Pero algunas veces no coincidíamos en nuestras opiniones y en algunas ocasiones chocábamos.

Recuerdo una ocasión en la que a Annice se le había metido en la cabeza que yo tenía que organizar todas mis entrevistas de radio y televisión y que tenía que responsabilizarme de hacer todas las reservas al igual que todas las entrevistas. Intenté explicarle que tal cosa no iba a funcionar. «Annice, entiendo lo que quieres decir», le dije, «pero no creo que sea lo correcto porque rebaja mi puesto como portavoz, si soy yo el que hace todos los arreglos. No tiene sentido».

Pero Annice era inflexible. Me trató como a un novato de primer curso. Otro ministro y líder entró en la discusión, y dijo: «Annice, es la mayor tontería que he oído jamás. Sencillamente, no funciona». Y así, Annice dio un paso atrás en el asunto e hizo que otra persona se ocupará de las reservas en los medios.

Annice era una chela de verdad. Trabajamos en muchos proyectos y juntos realizamos muchas cosas buenas.

Hubo una ocasión en que Madre vino en mi defensa cuando otro ministro del personal me criticó. Cuando llegué por primera vez a las enseñanzas, solía tener problemas al hacer el decreto de Astrea. No tengo la lengua más ágil y tenía problemas para pronunciar las palabras de este decreto en particular.

Una vez, cuando estaba haciendo Astreas en la congregación, me vapuleó mucho. Madre se enteró de ello y la corrigió, diciendo: «Tú no lo sabes, pero esto podría ser una situación kármica que Gene tiene que afrontar». La crítica cesó repentinamente y me dejó en paz.

Mis peores encuentros fueron con un miembro del personal en particular que formaba parte del liderazgo. Recuerdo una ocasión en enero de 1985, cuando Madre estaba sufriendo el ataque feroz del periódico *Los Angeles Herald-Examiner,* seis artículos de varias páginas, uno después de otro.

Decidí que era necesario contraatacar. También decidí que necesitábamos recaudar fondos para pagar un anuncio a toda página, porque no estaban publicando nuestras cartas. Recibí el permiso de Madre para recaudar el dinero y después de un servicio dominical anuncié que nuestra Gurú estaba siendo atacada y que necesitábamos recaudar fondos para poner un anuncio a toda página en el periódico. Recaudamos siete mil dólares en esa ofrenda. Comenzó lo divertido.

Yo escribí el anuncio. Era una refutación cuidadosamente pensada y también un testimonio sobre lo que éramos como organización y lo que hacíamos. Era directo, impactante y basado en hechos. Estaba bien dirigido y tenía el tono adecuado. Pero Madre pidió a otras personas que tenía experiencia editorial que revisará el anuncio, y esta persona lo mantuvo. De hecho, se lo llevó al extranjero con él cuando formó parte del equipo de Madre que fue de gira para dar una conferencia. Estaba muy preocupado y me dio la sensación de que se nos había pasado el ciclo. Los artículos del periódico habían salido y nuestra respuesta se retrasaba.

No me enteré de nada más hasta seis semanas más tarde, cuando esta persona regresó de la gira y me llamó a su oficina. «Gene», dijo, «he hecho algunas correcciones». Me enseñó sus «correcciones». Había vuelto a escribir el artículo por completo y no había dado en el clavo. Apenas reconocí nada del texto original. Había quitado mi material y había incluido cosas de su propia cosecha, que no tenían nada que ver con el tema, como información irrelevante sobre el anterior esposo de Madre, algo que era totalmente improcedente.

«Estos no son pequeños cambios», le dije. «Son cambios importantes que destruyen lo que decía antes.» Escribí una carta a Madre y le dije que creía que el mensaje básico de la refutación se había perdido y que no podía estar de acuerdo con las correcciones que se habían hecho.

Envíe una copia a otro ejecutivo de la Iglesia y a continuación me llamaron a una reunión con esta persona y con la que había corregido la carta, así como con otro ministro. El ejecutivo me dijo: «Gene, Madre quiere que anuncies a la congregación el próximo domingo que los siete mil dólares que recaudaste para el anuncio van a dedicarse al Retiro Interno. Ella te va a llamar el próximo domingo después de la bendición».

Tengo que decir que tragué saliva, pero obedecí. Por naturaleza no me gusta ceder, pero obedezco al Gurú. «De acuerdo», dije. «Si eso es lo que quiere Madre, está bien.» Cuando llegó el domingo yo estaba listo para dar mi charla cuando me llamara el Gurú, aunque no estaba seguro de lo que iba a decir. Pero después de la bendición, Madre no me llamó. Dos días después recibí una llamada suya, y dijo: «Gene, ¿por qué no envías esa carta? Siempre me ha gustado. ¿Porque no envías al periódico para que se publique?». Así pues, envíe la carta/anuncio original al *Herald-Examiner* y fue publicada.

Aprendí que se puede tener una buena idea o un buen plan y recibir sabotaje con la mejor de las intenciones. ¿Quién sabe cuáles son las razones y la motivación? Nunca entendí el razonamiento de ese ejecutivo. Podría especular, pero sería sólo eso, especulación. Nos llevábamos bien en otros sentidos, pero nuestra relación no pasó de lo superficial porque veía que no podía llegarle con los sentimientos. Algunas personas son así. Uno nunca sabe lo que sienten en realidad porque están demasiado protegidos y en guardia.

Me sentí totalmente traicionado con esta experiencia. Tenía la sensación de que no le habían dicho la verdad a Madre, de que la habían desviado. De esto aprendí una lección sobre la confianza. Podía confiar en el Gurú, pero tenía que tener mucho cuidado con quién hablaba y con lo que decía.

Madre trabajaba con chelas de todas clases. Dejaba muy claro que había personas de todas clases en el personal y que no todas ellas eran de la luz. Sentía un gran amor por sus chelas, especialmente por aquellos que no eran de la luz. Eso es algo que he observado en la mensajera. La he visto dar a sus chelas todas las oportunidades, de hecho, muchas veces, múltiples oportunidades. Creo que en esta ocasión dio a estos tres chelas una oportunidad. Todos ellos abandonaron la organización más adelante. Pero parte de todo ese proceso significaba una preparación para mí.

También aprendí a confiar en mi primera intuición. Mi primera intuición sobre esa persona que corrigió la carta tenía validez. Me pareció que no se podía confiar en él. Madre me había pedido que trabajara con él, sin duda por motivos importantes. Y de esa experiencia aprendí otra lección sobre la naturaleza humana.

También aprendí algo sobre la elección del momento oportuno. Perdimos el ciclo de la respuesta al periódico. La situación acabó bien, pero el anuncio no se emitió a tiempo y eso le quitó la mitad de su eficacia. Debido a la elección del momento, el artículo no tuvo el impacto que podría haber tenido.

Como Saint Germain dijo cuando estaba encarnado como Francis Bacon:

> Existe una marea en los asuntos humanos,
> que, tomada en pleamar, conduce a la fortuna;
> pero, omitida, todo el viaje de la vida
> lleva a embancarse y a desgracias.
> En esa pleamar flotamos ahora,
> y debemos aprovechar la corriente cuando es favorable
> o perder nuestros empeños.[20]

También aprendí que hay que defender la propia postura. Hay que empujar para sacar adelante los asuntos. Podría haberme echado atrás y soltarlo, diciendo: «Bueno, lo dejo». Pero una parte de mi dijo «¡No! Es un tema muy importante. Se trata de la defensa de las enseñanzas, del Gurú, y es algo muy importante».

Hay cosas en las que me planto y defiendo mi postura. Y me mantengo en esa postura aunque me cueste la vida o mi reputación. Sabía que ese era un tema importantísimo y que en la zona de Los Angeles estábamos recibiendo un gran ataque para desacreditar nuestras enseñanzas, desacreditar a nuestro Gurú y desacreditar a nuestra comunidad y a los chelas. No era poca cosa. Y la verdad es que, como Madre ha enseñado, a menos que respondamos a la mentira y la refutemos, la mentira seguirá en pie.

Aprendí una valiosa lección sobre cómo funcionan las cosas algunas veces en las organizaciones. Me conmocionaron aquellas tácticas para retrasar las cosas y el que la oposición viniera desde adentro, y más tarde, que la gente no dijera la verdad sobre lo que Madre quería. Así se derrumban y mueren normalmente las organizaciones. El ataque viene desde el interior. Cuando el enemigo está afuera, sabemos quién es y lo podemos enfrentar. Pero cuando viene del interior, es un tema distinto. Y todo esto ocurrió cuando el Gurú estaba con nosotros. Cuando nos tienden una emboscada así, la energía de la oposición viene de una fuente inesperada y a menudo quedamos tan sacudidos que entramos en un estado de aislamiento o de pánico o alguna otra emoción. Cuando pasan estas cosas, tenemos que aprender a no perder la estabilidad.

También aprendí que las cosas ocurren según el programa del Gurú y no según el programa de Gene Vosseler. Me llevó mucho tiempo aprender que la elección del momento apropiado lo es todo. Algunas veces hemos de tener paciencia y esperar, de acuerdo con según el programa que tenga Dios. Sí, hay que enfrentar las cosas, pero el Gurú establece el programa para esas cosas. Debemos ser capaces de renunciar a nuestras propias ideas sobre lo que hay que hacer y esperar a que el plan de Dios se desarrolle.

Mis pruebas más difíciles han sido las de la renuncia. Esta iniciación fue una de las más difíciles que recuerdo. Todo en mi mundo interno decía, «¡no!». Pero el Gurú permitió que el asunto esperara y que los acontecimientos se desarrollaran. Aunque ella también quería que el artículo se publicara en el periódico, era importante que la gente pudiera ejercer su libre albedrío y jugar su mano.

Al principio no me gustaba el haber recaudado fondos para una cosa y después decirle a la congregación que el dinero se iba utilizar para otra cosa. En aquellos momentos pensé que la instrucción de que el dinero fuera al Retiro Interno vino del Gurú, y quizás fuera así. Repito, la prueba a nivel personal era la renuncia.

Sea lo que sea yo hago lo que dice el Gurú (aunque no lo entienda) porque hay muchas cosas que no entiendo, que ella sí entiende. Por eso no dudo del Gurú. Lo intenté una o dos veces. Créame, no funciona.

Recuerdo otro incidente que ilustra este principio. Una vez, Madre estaba disgustada por algo que un miembro del grupo de gestión había hecho, que tenía que ver con la administración de la Iglesia. Madre estaba lista para sacarla de la organización.

Algunos de nosotros teníamos la sensación de que Madre no tenía todos los hechos de esta situación, por lo que Marilyn Barrick y yo decidimos que le íbamos a decir a Madre lo que no sabía. Hablamos con ella. Presentamos información que apoyaba a esta persona y le hablamos de circunstancias atenuantes.

Fuimos a defender a esta persona. El resultado fue que Madre perdonó a esta miembro del personal. Pero al cabo de muy poco tiempo, quizá dos semanas, los acontecimientos se desarrollaron de tal manera que quedó demostrado que Madre tenía razón con respecto a ella. La sintonización y evaluación de Madre fue muchísimo mejor que la nuestra. Al final, esta persona fue disciplinada y finalmente despedida.

«Gene», pensé para mí, «esto simplemente confirma el hecho de que Madre sabe mucho, mucho más de lo que tú sabrás jamás, por tanto, ¿qué intentas demostrar? ¿Cómo te atreves a interferir con los planes cósmicos para esta alma? El Gurú sabe muchísimo más sobre esta alma en particular que tú. Ella conoce todos los detalles de su vida, sus debilidades humanas, su personalidad y los registros de otras vidas. No es una cuestión para que el juicio humano evalúe las apariencias externas de esta persona».

No se puede discutir con el manto del Gurú. Todos los aspectos de la vida con la mensajera eran educativos. Creo que es un milagro que Dios fuera capaz de utilizarme con todos mis defectos.

Confianza y traición

Gene:

Madre era sensible y compasiva. Siempre tuve la sensación de que podía acudir a ella y que me escucharía. Si tuviera que describir nuestra relación con una palabra, diría que era de «confianza». Ella confiaba en mí y yo lo sabía. Nunca jamás hubiera hecho nada, con conocimiento de causa, para traicionar esa confianza. Y sabía que podía confiar en ella completamente.

Sin embargo, ella fue traicionada muchas, muchas veces durante sus años de servicio. He visto a muchas personas ir y venir. Ha habido gente de toda clase en la junta directiva y como líderes de la organización. Una vez estaba con Madre mientras ella miraba a un miembro del personal que pasaba. Se dio la vuelta y me dijo: «Gene, ¿no te alegras de tener una llama trina?». No dijo nada más; era su forma de decirme que esa persona no tenía llama trina.*

Nuestra Iglesia se ha enfrentado a almas de la oscuridad desde el principio. Madre y Mark luchaban con estas energías desde los tiempos de La Tourelle, e incluso antes. Parte de la misión de Madre era rescatar a los portadores de luz, pero otro aspecto era tratar de rescatar a los ángeles caídos a quienes ella vio caer del cielo. Los conocía y amaba antes de que cayeran. Los maestros nos han dicho que también han

* La llama trina es la llama espiritual sellada en la cámara secreta del corazón. Es la chispa de la divinidad del alma, el potencial de la Cristeidad. Algunas de las evoluciones de la Tierra son seres sin alma que nunca fueron dotados de una llama trina. No son creación de Dios sino el producto de la ingeniería genética en la antigua historia de la Tierra. Para más información sobre estas evoluciones, véase Mark L. Prophet y Elizabeth Clare Prophet, *Lost Teachings on Finding God Within (Las enseñanzas perdidas sobre cómo encontrar a Dios en el interior)*, págs. 7–19. Algunos hijos de Dios han perdido su llama trina debido al abuso de la luz.

permitido a los que no tienen alma, a los Nefilín y a los ángeles caídos venir a la organización para encontrar oportunidad así como para ser juzgados.

Madre intentó rescatar a tantos como pudo, aun sabiendo que las posibilidades de que respondieran eran pocas. Estoy seguro de que esto es parte de aquello a lo que nos hemos enfrentado a lo largo de los años. Probablemente aún continuaremos lidiando con esto de vez en cuando hasta el juicio final. Lo que aprendemos es que no luchamos contra carne y sangre, sino contra principados y poderes de maldades espirituales en altos puestos. Y es más, luchamos según el programa de Dios y no el nuestro.

Observé que Madre daba todas las oportunidades posibles a estas almas. Al mirar atrás, me acuerdo de una persona en concreto. Era una persona muy capaz que realizó mucho trabajo para los maestros ascendidos en puestos de gestión y como portavoz y conferencista para la organización. También poseía impulsos acumulados de oscuridad muy arraigados y lazos con la falsa jerarquía. Madre se encargó de ella y la mantuvo cerca. Le dio autoridad y responsabilidad. Le dio consejo, guía y muchas oportunidades. Pero, a cierto punto, cuando cruzó la raya, se acabó. Se tuvo que marchar. A las veinticuatro horas estaba fuera de la propiedad, porque la energía negativa de la que se había convertido en vehículo suponía un gran peso para todo el mundo en la organización. Sólo hace falta una persona para descarrilar una misión, porque una persona puede concentrar una enorme cantidad de energía de la hermandad negra y ser una carga enorme sobre el resto de las personas de la comunidad.

Muchas veces no nos enfrentamos a personas tanto como a la energía que pasa a través de ellas. Son utilizadas como instrumentos por las fuerzas de oscuridad y con frecuencia ni siquiera son conscientes de ello. En su mayor parte, estas personas están completamente convencidas de hacer la voluntad de Dios.

Esto se manifiesta a menudo como la oposición que nos encontramos cuando queremos realizar un proyecto para Dios. Incluso dentro de nuestra organización, podemos encontrarnos con gente que son instrumentos de las fuerzas oscuras, que retrasan un proyecto que haría avanzar la misión. Y esto es lo que me parece que ocurrió en el asunto de la carta a *Los Angeles Herald-Examiner.* Las personas estaban siendo utilizadas como instrumentos para retrasar el proyecto.

Tengo un lado muy místico y otro, guerrero. El lado guerrero está relacionado con los sentimientos fuertes de *fair play,* honestidad y un sentido de justicia piadoso. Tengo la disponibilidad de plantar cara y luchar por lo que creo, los asuntos que me tocan de cerca. Pero también tengo un lado tranquilo, contemplativo, místico que está relacionado con mi naturaleza budista-taoísta.

Todos estamos llamados a ser guerreros del espíritu de batallas existentes en los niveles internos y los externos. Si somos portadores de luz, sufriremos ataques de vez en cuando. Así es este juego.

¿Cómo manejarlo?

Cuando sé que estoy recibiendo un ataque, normalmente intento descubrir lo que está ocurriendo. ¿Cuál es la causa de la situación? ¿De dónde viene? ¿Estoy diciendo o haciendo algo que provoque esta reacción? ¿O me estoy enfrentando a otra cosa? ¿Me estoy enfrentando a una persona que tiene un impulso psíquico o algún otro impulso? ¿O me enfrento no a esta persona, sino a sus entidades o a la fuerza que opera a través de ella?

Le pido a Dios que me enseñe exactamente aquello a lo que me enfrento. Realizo el trabajo espiritual. Hago llamados y me pongo a trabajar con los decretos. Pido que se produzca la Resolución Divina. Pido que el karma se salde.

Si esto es lo que le sucede a usted, la clave es el uso de la ciencia de la Palabra hablada. Pónganse a trabajar. Aumente su protección con el Arcángel Miguel. Haga llamados antes que nada. El decreto de Astrea puede liberarle de la energía negativa. Utilice el decreto Revierte la Marea para que retroceda la energía. También puede pedirle a uno o dos amigos de la luz que sean de confianza que haga llamados con usted para protegerse de esas influencias externas. Pero tenga cuidado en quién confía.

Al lidiar con estas situaciones difíciles e involucrar a otras personas, algunas veces es bueno ser directos. No siempre soy la persona más diplomática del mundo. Algunas veces soy demasiado directo, hasta un poquito ofensivo. Con frecuencia no hay que ser tan directos.

Normalmente manejo la oposición con mi estilo inimitable: abro mi gran boca y digo la verdad tal como la veo. Algunas veces funciona, pero otras no. A lo largo de los años he visto que las personas son fácilmente engañadas por los expertos en manipular a la gente, las situaciones y las circunstancias. A mí eso me resulta frustrante. Y no porque tenga todas las respuestas sino que por la preparación que tuve con Madre, puedo ver que estas cosas no nos llevan a donde debemos ir. Estamos perdiendo tiempo para los maestros ascendidos.

Cuando era más joven no me imaginaba el mal. Madre nos decía que los portadores de luz muchas veces no reconocen el mal, especialmente cuando aparece en otras personas que tienen alrededor. La mayoría de la gente no quiere pensar en el mal encarnado. Cuando se ve involucrado en un altercado con un malhechor, a menudo lo primero que hace el portador de luz es culparse a sí mismo. Yo diría que casi la primera indicación que existe de que somos portadores de luz es esta tendencia de culparnos a nosotros mismos. «Debe ser culpa mía», decimos.

Hay una inocencia natural en los hijos de la luz. Nos falta la capacidad de ver el mal. No nos esperamos encontrar el mal a nuestro alrededor. Pero en cierto punto del sendero, estamos deseosos de saber quién es quién y qué es qué. Eso es lo que la mensajera fue capaz de enseñarnos y mostrarnos. Ella enseñaba a partir de los acontecimientos según surgían en la comunidad. Nos daba ejemplos basados en la vida real, en tiempo real, para que pudiéramos comprender la psicología del mal, que no es algo natural en nuestras mentes.

He visto a aquellos a quienes he amado y en quienes he confiado tomar el sendero alternativo y adherirse a cosas con las que no puedo estar de acuerdo. Algunas veces nos hace falta tiempo para reconocer cambios de este tipo en otra persona. Cuando estamos cerca de alguien y algo no está bien, algunas veces hace falta más tiempo y nos es más difícil y doloroso el ser capaces de ver correctamente. No nos gusta admitir que nos equivocamos al evaluar a alguna persona que nos parece una amistad especial. Pero al final la máscara se cae y cuando vemos lo que hay detrás, nos quedamos conmocionados. Hace daño y es doloroso. Puede que necesitemos tiempo para superar el dolor. Pero la experiencia es muy educativa. Ya no miramos al mundo por lentes de color de rosa, porque hemos visto el mal manifestarse en la carne.

También tenemos que ser capaces de mirarnos a nosotros mismos con objetividad. Porque el mal puede manifestarse a través de cualquiera de nosotros cuando tenemos la guardia baja.

Somos una obra que aún se está haciendo. Quizá usted no supiera qué hay en el cinturón electrónico, en el subconsciente y el inconsciente. No podía ver las facetas de su no-yo. Ha habido situaciones que cree que podría haber manejado mejor. Todo esto es parte del aprendizaje de un chela. Cuando vemos la oscuridad manifestarse a través de nosotros, debemos desafiarla con decretos, Astreas, llamados del morador y llamados al juicio, decretos del Arcángel Miguel y llama violeta. Si lo ignoramos o hacemos como si no existiera, seguirá creciendo.

La mensajera también luchó con todas estas cosas en sí misma. Madre compartía con nosotros sinceramente ciertos aspectos de su propia vida. Su conferencia «Nueve gatos, nueve vidas» fue para mí una revelación sorprendente. En ella describió sin ningún miedo varias de sus vidas para revelar las equivocaciones que hizo y las lecciones que aprendió. Como dijo ella: «Me he mirado en el espejo muchas veces en mi vida, no me gustó lo que vi y decidí cambiarlo». Esa es la alegría de la llama violeta. Hubo otras ocasiones en que quiso contar sus defectos. En una de ellas quiso salir ante la congregación y contar sus defectos y equivocaciones, pero El Morya le dijo que no lo hiciera.

Los ángeles caídos son muy listos. Saben cómo utilizar nuestras propias vulnerabilidades contra nosotros. Todos tenemos puntos débiles con los que, probablemente, hemos estado luchando durante milenios. Los caídos saben exactamente cómo engancharnos en esas debilidades y se conectan con nosotros utilizando las computadoras que tienen en el plano astral.

Así es como los niños de la luz pueden convertirse en instrumentos de la fuerza oscura. Estos son los novatos que tienen la tendencia a no ver el mal y que son manipulados por él. Pero los hijos e hijas de Dios, que llevan por aquí eones de tiempo, lo entienden. Les ha golpeado lo suficiente a lo largo de los siglos como para que finalmente reconozcan los signos del mal cuando lo ven. No les engañan las dulces palabras, el hablar bonito, los tópicos religiosos y todos los clichés que muchas veces pasan por sabiduría. Gran parte del pensar convencional y del pensamiento tradicional del momento es sencillamente ignorancia. Ello no nos capacita para afrontar los desafíos del sendero.

¿Cuáles son los remedios? Un buen curso de lógica sería algo muy oportuno para cualquier persona que esté en el sendero espiritual. Una de las claves es acercarnos a nuestra Poderosa Presencia YO SOY y a nuestro Santo Ser Crístico así como acercarnos mucho a un maestro especial. El Maestro Ascendido Saint Germain tiene una comprensión profunda de la naturaleza humana. Estuvo encarnado como Francis Bacon, que poseía una de las mentes más grandes de su tiempo y que luchó con una gran oscuridad. El Maestro Ascendido Kuthumi también tiene una gran comprensión de la psicología personal y de los aspectos malignos de la naturaleza humana.

También hay que estudiar y entender las herramientas y los trucos psicológicos que se utilizan sobre las personas para manipularlas. Un ejemplo extremo es Adolf Hitler. Él fue capaz de manipular a toda una sociedad porque sabía cómo sintonizarse con los deseos, pensamientos y sentimientos subconscientes e inconscientes del pueblo alemán. Podía usarlos como un maestro violinista. Algunas personas piensan que era un tonto, pero no lo era. Era malo y fue utilizado totalmente por el mal, pero desde luego no era tonto.

Tenemos que aprender a mirar no sólo las palabras, sino las acciones. En un análisis final, la acción es la clave. Yo solía oír palabras todo el día en la iglesia luterana. Allí aprendí algunas duras lecciones, que destruyeron muchísima ilusión e idealismo que yo tenía.

Los niños de la luz pueden aprender estas cosas. Tomemos la situación de los terroristas y de los terroristas suicidas. Para los hijos e hijas de Dios es casi inconcebible que nadie pudiera pensar de esa forma o que esto pudiera existir. Sin embargo, parece que la gente está empezando a despertar hacia el hecho de que este mal es algo real.

Para ver toda la oscuridad del mundo en el que vivimos y conservar nuestra inocencia infantil hace falta fe. Es difícil mantener cualquier idealismo ante el mal organizado cuando se ve su despliegue en niveles tan altos en el mundo. Ahí es donde vienen las pruebas también. Es difícil creer en la sabiduría, el amor y la infalibilidad del Todopoderoso como nuestro creador y hacedor, la fuente de la vida mientras vemos cómo tiene lugar el mal donde no debería.

Conservar el sentido de la fe, para mí, ha sido por la pura gracia de Dios y la comprensión de que Dios no ajusta todas las cuentas a fin de mes. Existe una justicia cósmica que lo supervisa todo. Lo poquito que tengo de Taoísmo y Budismo también me ayuda. Me ayuda a ser paciente y a ver más allá de los polos opuestos. En cierto sentido, sé que «mi mundo es perfecto tal como es».

Lo esencial es que todo este asunto de ser un chela equivale a una gran batalla. Jamás lo subestime ni piense que lo que hace no tiene importancia. Cualquier cosa que usted haga por la luz es importante.

Comentario:

Los mensajeros nos dicen que nuestra organización siempre ha sido como una cámara de compensación para que personas de todas clases vengan y vayan, aprendan sus lecciones y salden karma mediante el servicio. Las almas de mayor luz y las de mayor oscuridad han caminado por las salas de la organización y todas han tenido la oportunidad de servir y de desvelar quién y qué son.

Todo eso es parte del plan de Dios. Al intensificarse la luz, lo que hay dentro sale a la superficie. Como dice la Biblia: «Y muchos de los que duermen en el polvo de la tierra serán despertados, unos para vida eterna, y otros para vergüenza y confusión perpetua».[21] Hemos visto almas de nuestra comunidad ser llevadas en la gloria de la ascensión, mientras otras se han marchado con desprecio por los maestros, los mensajeros y las enseñanzas.[22] De hecho, parte del proceso de iniciación bajo el Gurú consiste en sacar a la luz lo que hay dentro para que la persona pueda tomar una decisión. Se alcanza la Y del sendero, el punto de la decisión.

Jesús enseñó este proceso en la parábola del trigo y la cizaña. Explicó que la separación no puede ocurrir hasta el momento de la cosecha. Y dijo: «Por sus frutos los conoceréis». El libre albedrío tiene una importancia capital e incluso los maestros jamás juzgan anticipadamente a un alma mientras exista la posibilidad de que ésta pueda elegir la luz.

Madre dio a muchas almas oportunidades para servir y saldar su karma con ella y con los maestros ascendidos. También era una oportunidad para todos nosotros de saldar nuestro karma con estas personas y aprender algunas lecciones importantes sobre la vida y el sendero. Existen ciertos ciclos y períodos kármicos de prueba con los cuales los arcángeles no pueden interferir, pero nosotros podemos acelerar este proceso de transmutación con nuestros decretos dinámicos y el trabajo espiritual.

Nada de esto debe causar desesperación o preocupación. Porque todo esto es parte del plan de la escuela de misterios. El amado Señor Maitreya nos ha dado una comprensión profunda de esta ecuación de luz y oscuridad:

> No os desesperéis, no os desaniméis y, por encima de todo, no permitáis que os hagan perder terreno las estocadas de los caídos, que leen el registro de la Luz que se aproxima.
>
> No penséis que porque la oscuridad es pesada, la luz no sea aún mayor. ¡La luz es en verdad tan grande que los oscuros están frenéticos! Y, por tanto, con celo renovado y un celo poderoso en el Señor, id cada día, muchas veces, hora tras hora, a hacer el llamado para que sea atado el morador del umbral de todas las personas que alguna vez hayan traicionado la luz de la Gran Hermandad Blanca en cualquier actividad de nuestra Hermandad en este hogar planetario.
>
> Porque descubriréis que los que traicionan a la luz de la Hermandad han aparecido y reaparecido muchas veces y han sido los que han echado a perder muchos de los más nobles esfuerzos

de Saint Germain tanto en la Iglesia como en el estado, en los movimientos esotéricos. Amados, apenas hay organización o movimiento alguno que tenga más de treinta y cinco años de antigüedad que no haya sido infiltrado en algún nivel por los caídos.

Por tanto, de nuevo es necesario que nuestro propósito sea comprometido y que tengamos que buscar formas y maneras de incrustar una cuña de luz, con la esperanza de derribar la falsa jerarquía allá donde ésta se encuentre, habiéndose colocado en el lugar del Ser Cístico debido sencillamente a las almas ingenuas y confiadas que, si pudieran, reunirían la luz para ver lo que deben ver, si tan sólo abandonaran su idolatría y los sistemas de favoritismo y verdaderamente fueran críticas consigo mismas y con los demás, sin hacer de nadie la excepción en el sendero del verdadero discipulado...

Algunas veces, todos debemos estar agradecidos por los pequeños favores. Debemos estar agradecidos de que las cosas no se remuevan demasiado. Debemos estar agradecidos de que al menos una persona ocupe un cargo y establezca el estándar para evitar una mayor degeneración...

Así, poco a poco, el Sendero se gana; poco a poco, la Tierra se convierte en un sol; poco a poco, las flores de llama violeta de Saint Germain ¡se encuentran aquí, allá y por doquier!

Allá donde haya un corazón contento ante la presencia del Maestro, alegraos. Es muy importante estar agradecidos por los regalos, grandes y pequeños, por los pequeños favores y las gracias y una verdadera manifestación de maestría.[23]

En 1996, cuando Gene y Wanda marchaban a una misión en la ciudad de Washington, Madre los invitó a cenar antes de que se fueran. Cuando se iban, Wanda dijo: «Madre, te amo». Madre miró a la distancia, y dijo suavemente: «No todo el mundo me ama».

Es un simple comentario, pero dice mucho. La vida de la mensajera no fue fácil. La ira y el resentimiento, e incluso la pura hostilidad, son cosas con las que lidiaron ambos mensajeros todos los días. Eran gajes del oficio.

Para un chela, el papel del Gurú no es una relación que se pueda traducir fácilmente a una comprensión mundanal, porque se trata de una relación que trasciende este mundo. El Gurú es el enemigo del no-yo o la mente carnal del chela. El chela debe unir fuerzas con el Gurú para derrotar al morador del umbral que amenaza con alcanzar al alma. Pero si el chela se identifica con su no-yo, entonces el futuro chela podría empezar a ver al Gurú como el enemigo.

Este concepto está explicado en el librito *Una dispensación especial.*

> La historia de los portadores de luz rebelándose llena más libros de lo que pensamos. Comprender al Instructor vivo, especialmente para la mente occidental, supone un desafío. El Instructor vivo puede cometer graves errores, pero lo importante es que el Instructor posee el manto, el patrocinio de Dios.
>
> Siempre y cuando la vibración de la enseñanza sea pura, podemos saber que Dios está con el profeta. El Gurú puede aceptar consejos equivocados; el Gurú puede permitir a gente que no es la mejor para ello, ocupar puestos de gestión y aparente poder. El Gurú puede incurrir en karma. Vuestro Gurú nunca ha afirmado lo contrario. Ella nunca se ha apartado de los demás, pero ha proclamado el manto de Mensajera porque lo lleva.
>
> Las personas tienen la tendencia a proyectar sobre el Gurú todo aquello que ellas mismas necesitan resolver psicológicamente. Los portadores de luz con frecuencia han dudado de su Instructor, especialmente cuando el mensaje era difícil o cuando los años han pasado y las exigencias han continuado. Parecemos resistirnos al amor disciplinado que el Sendero exige...
>
> Occidente no entiende el concepto del Sendero. Por tanto, es mucho más difícil para los Guardianes [de la Llama] entender verdaderamente la relación Gurú-chela. En las religiones orientales las personas entienden la importancia del Instructor y la Enseñanza como puntos de guía hacia Dios y hacia la propia identidad.

> En Occidente se entiende algo la iglesia e incluso la comunidad, pero el Instructor vivo no es comprendido. Aquellos que prestan servicio como miembros del personal lo hacen casi según la tradición católica de entrar en monasterios y conventos, pero muchos de ellos no entienden los paralelos y se cansan de su trabajo.
>
> Nuestra Iglesia exterior necesita una mayor comprensión del caminar por el sendero y del Gurú y la Enseñanza. Las personas tienen la tendencia a cansarse, a culpar y justificarse a sí mismas, pero lo que les falta en realidad es una verdadera creencia y comprensión de la Escuela de Misterios en medio de los tiempos modernos.

Madre explicó una vez que cuando la gente dejaba de creer en ella como mensajera o gurú, ya no podía ser eso para ellas. En el Evangelio de Mateo está escrito que Jesús fue a algunas ciudades donde no curaba debido a la falta de creencia de las personas. Es decir, Jesús, el gran médico, no podía curar a aquellos que no creían que pudiera hacerlo. Aun así, la mujer que creyó, fue curada de un problema de sangre con sólo tocar el borde de la vestidura de Cristo. Madre explicó que lo mismo ocurría con ella. Si una persona no la aceptaba como mensajera, para ella no era una mensajera y ni siquiera mostraba ese lado suyo.

Qué triste que alguien se pueda perder la oportunidad de ser curado. Sin embargo, esto siempre ha sido parte de la carga sobre los que han llevado el manto de mensajero, profeta, gurú.

Sin fe en el Maestro, el Gurú, no es posible realizar ningún progreso en el sendero. Y cuando el Gurú también puede tener fe en el chela y esta fe se ve reforzada por la fiabilidad de un compromiso duradero, la confianza mutua nace y crece. Esta confianza mutua es la base de la relación Gurú-chela que Gene tenía con la mensajera.

Se acabó el café

Wanda:

En 1985 yo trabajaba en la zona de Los Angeles, yendo de puerta en puerta para vender mis servicios de contabilidad. Allá donde iba las personas me ofrecían café. Bebía café constantemente, todo el día, y perdí la cuenta de cuántas tazas me tomaba. Probablemente ocho o nueve tazas al día. Después de un tiempo me empecé a sentir fatal. Pensé que debía ser por la cantidad de café que tomaba pero estaba tan apegada y era tan adicta a él, que no podía parar. Me tenía verdaderamente atrapada, pero yo no decía nada a nadie, ni siquiera a mi amado esposo.

Un día recibí una llamada telefónica de la secretaría de Madre, quien dijo: «Tengo un mensaje para ti de parte de Madre. Tienes que dejar de beber café inmediatamente». Si cualquier otra persona me hubiera dicho eso, yo hubiera respondido: «¡Olvídate!». Pero quien me lo dijo fue la mensajera, y yo obedecí. Estaba inquieta y me resultó muy difícil, pero lo dejé.

Unas tres semanas después, en la sede central, vi a Madre caminar en mi dirección mientras se dirigía hacia su oficina. La acompañé y cuando llegamos a la puerta, le dije: «Madre, sabes, dejé de beber café y tengo que admitir que me resultó difícil y me quejé».

Ella simplemente sonrió, me miró, y dijo: «Una taza de vez en cuando está bien. Pero no puedes permitir que te domine». Y eso es exactamente lo que había pasado. Gracias a Dios Madre decidió decírmelo, porque creo que me estaba haciendo daño físicamente y estaba afectando a mi salud.

«Apacienta mis ovejas»

Gene:

A principios de 1987, la organización cambió su sede central de Cámelot al Retiro Interno, en Montana, y pronto sentí en mi interior que tenía que cambiar otra vez de dirección. Estaba profundamente preocupado sobre el estado de nuestra defensa nacional. Me sentí llamado a fortalecer la defensa de los Estados Unidos y a hacer sonar la alarma de que casi no teníamos ninguna defensa contra los misiles balísticos intercontinentales. Cuando hablé con Madre sobre esta sensación interior, me dijo que más tarde me respondería sobre esto. Sabía que llevaría el tema al altar, y yo me contentaría con cualquier respuesta que me diera.

Varios días después, su mensaje me dejó algo sorprendido. Me dijo que tenía un mensaje de parte de Jesús. Eran tres palabras: «Apacienta mis ovejas.» Estas palabras me sonaron familiares, las había escuchado en alguna parte. Algunas personas bromearon diciendo que quizá las hubiera escuchado directamente de Jesús, en los tiempos bíblicos.

Era el mes de abril y durante los meses siguientes, estuve involucrado en un intenso ciclo de orientación psicológica con muchos devotos de los maestros y de la mensajera. Después tuvo lugar la conferencia de julio en el corazón del Retiro Interno. Debí haber orientado a más de 100 personas en esa conferencia. Me sentaba en la tienda dedicada a la orientación psicológica y parecía como si nunca saliera de ella. Las personas pasaban constantemente, de la mañana a la noche.

En esta conferencia en particular, nuestro Padre Alfa se dirigió a la congregación a través de nuestra mensajera. En su corazón había muchas preocupaciones, pero para mí tuvo más importancia que Alfa nos incitara a que construyéramos una fuerte defensa para los Estados Unidos. Yo me dije: «Eso es lo que me gusta de verdad». Volví a sentir el corazón ardiente y el deseo de dedicarme a ese tema. Pregunté a Madre otra vez y, en agosto, después de lo que pareció una larga espera, Madre me llamó y me dijo que había llegado la hora.

Eran buenas noticias para mí. Pero mi amada esposa, Wanda, estaba muy preocupada porque, por algún motivo, creía que me marchaba sin la bendición de Madre. Tampoco le gustaba la idea de que volviera a emprender otra misión sin ella.

Un par de días antes de mi marcha, recibió un consuelo inesperado. Estábamos cenando en el restaurante de Corwin Springs, el Ranch Kitchen, celebrando el cumpleaños de Wanda, cuando Madre entró y nos invitó a que la acompañáramos en su automóvil para tener una conversación privada. Nos dijo que cuatro maestros ascendidos patrocinaban mi misión: Saint Germain, Jesús y otros dos. Madre me dijo que estos maestros ascendidos la convencieron de que yo debía ir. Wanda se quedó muy consolada al oír tales noticias. «No sé si tengo que ir con Gene», le dijo a Madre. «No, no debes ir», dijo Madre.

Cuando dejé el trabajo en la Oficina del Coordinador Nacional, supe que no volvería a ese puesto. Ese ciclo se había terminado para mí.

El discipulado consiste siempre en una serie de ciclos. Un ciclo termina y otro comienza. Algunas veces se solapan por un tiempo pero otras, empiezan y terminan abruptamente. Hay ciclos muy definidos. Yo no siempre percibía cuál iba a ser el siguiente ciclo, pero confiaba en el Gurú, quien conoce mis calendarios cósmicos, porque sabía que ese era el ciclo que me correspondía.

El sueño imposible

Gene:

Cuando salí por primera vez a realizar mi misión por la defensa contra misiles en 1987, una de las condiciones que me puso Madre fue que no podía recaudar fondos de los miembros de la organización. Entendí que esa iba a ser mi iniciación para conseguir los fondos necesarios para hacer las cosas. Sabía por qué las cosas eran así, pero se parecía a la iniciación de los israelitas cuando tuvieron que hacer ladrillos sin paja. No tenía ingresos y se me pedía que me ocupara de todos los gastos. Confiaba en Dios. Afortunadamente una pareja de amigos íntimos me ayudaron a empezar con algo de dinero.

Viajé a Los Angeles y, de alguna forma, me encontré en una reunión durante el desayuno con el teniente general Danny Graham. El general Graham era el padre de la Iniciativa para la Defensa Estratégica (SDI); fue quien convenció al presidente Ronald Reagan de que los Estados Unidos podían y debían ser defendidos contra misiles nucleares. El general Graham y yo nos empezamos a conocer y enseguida nos entendimos.

Entonces emprendí una serie de conferencias sobre la defensa contra misiles. Fui a Albuquerque, en Nuevo Mexico, y a Dallas, en Texas. Hice una conferencia cada vez, confiando en Dios para que proveyera los recursos y las finanzas.

Fui a la ciudad de Washington a dar una conferencia y decidí conocer la organización llamada High Frontier del general Graham, una organización sin ánimo de lucro que promovía la defensa contra los misiles balísticos. Me volví a reunir una vez más con Danny Graham. Después de sentarme en su oficina e intercambiar cumplidos, me preguntó inesperadamente: «¿Le gustaría trabajar para mí dando conferencias y haciendo programas de radio y televisión?».

Casi me caigo del asiento. Le dije que necesitaría dinero para los gastos y un pequeño salario. «¿Cuánto?», preguntó. «Dos mil dólares al mes más gastos», respondí. Saltó de la silla, extendió la mano, me la dio, y dijo: «¡Hecho!». Ese fue el final de mi entrevista y así fue como llegue a trabajar con Danny Graham.

Cuando iba a empezar la primera gira, una Guardián de la Llama me llamó para decirme: «Gene, ¿necesitas ayuda?». Le dije que se ocupara de conseguir citas con los medios y de lograr giras de conferencias. «Tengo ahorrados quince mil dólares y puedo ayudarte hasta que se acabe el dinero». Así que se ofreció y me sirvió de mucha ayuda. Realizó un trabajo fantástico organizándome todas las entrevistas de radio y televisión y consiguiendo todas mis giras de conferencias. Estaba increíblemente agradecido.

A medida que se fue corriendo la voz sobre esta misión, algunos miembros de la Iglesia en San Francisco se entusiasmaron con ella y organizaron una presentación en su centro de enseñanza. Una persona fue a hablar en nuestro nombre y, sin que lo supiéramos, esta persona pidió dinero para apoyar mi gira. Madre se enteró de ello y me llamó.

Yo estaba en Washington en aquel momento, y ella se pensó que estaba desobedeciendo deliberadamente su directriz de no solicitar dinero de los miembros de la Iglesia. Me dio un mensaje de forma *muy* directa. Empecé con el teléfono cerca del oído y a medida que Madre empezó a hablar más y más alto, fui alejando el teléfono más y más de mi oído hasta que terminé con el brazo casi estirado. Pero luego, cuando le dije que era una equivocación, ella lo entendió.

En todo el tiempo que trabajé con el general Graham, él nunca cuestionó nada de lo que yo hice. Me dio rienda suelta. Durante un período de veinte meses en 1987 y 1988, dirigí cuatro giras nacionales para la organización High Frontier. En más de 150 conferencias y más de 1000 apariciones en radio y televisión, advertí al pueblo estadounidense de nuestra vulnerabilidad hacia los misiles y de la necesidad de revocar el tratado ABM de 1972 y desplegar la defensa estratégica.

Estimamos que contactamos a más de 60 millones de personas en las apariciones de radio y televisión.

Mucha gente que conocía y que apoyó esta gira fue la que me apoyó en la campaña contra la congelación nuclear en California y con la Coalición para la Proscripción de los Soviéticos. Ese fue mi principal grupo de apoyo. Y hay que ver qué bien los maestros cuidaron de mí.

La canción «El sueño imposible», del musical *El Hombre de La Mancha,* tenía mucho significado para mí en aquellos días. Cuando contemplaba la posibilidad de ir y meterme en la batalla para conseguir que los Estados Unidos estuvieran bien defendidos contra los misiles balísticos intercontinentales, pensé para mí: «¿Quién te crees que eres, Gene? Al fin y al cabo, eres simplemente un hombre, un seglar. No eres experto en ese campo y te vas a enfrentar a los expertos si tocas este tema. Es un sueño imposible». No sabía por qué, pero lo iba a hacer. Me sentí un poquito como don Quijote, desafiando a los molinos de viento. Esa canción reflejaba lo que estaba pasando por dentro, algo que ya había sentido en otras ocasiones de mi vida. De hecho, esta pieza musical se ha convertido un poco en mi tema.

Me recuerda que sin los maestros ascendidos y sin el Gurú, la vida es un sueño imposible. Pero con Dios todas las cosas son posibles. Con los maestros a mi lado, las cosas se me abrieron allá donde yo acepté el desafío. Madre me había dicho que cuatro maestros ascendidos patrocinaban esta misión y por la gracia de Dios, me quitaron todos los obstáculos del camino. Todo discurrió bien.

¿Quién podía esperar que Danny Graham, tras una conversación de cinco minutos, fuera a mirar al otro lado de su escritorio y me ofreciera un trabajo para estar en la radio y la televisión así como para dar conferencias en el circuito universitario por todo el país? Me imagino que debió recibir un rayo de un maestro para darme ese trabajo.

Sólo los maestros podían quitar los obstáculos que me he encontrado en mi vida. En todos los puntos cruciales, es sorprendente cómo me han ayudado. He tratado de ser obediente con el Gurú y con la Hermandad. Y cuando hacemos eso, ellos nos ayudan y nosotros nunca estamos solos. Se dice que uno con Dios es mayoría, y yo he llegado

Lancaster, (Pensilvania), canal WGAL TV8, 27 de junio de 1988

Harrisburg (Pensilvania), estación WMIX-FM, 27 de junio de 1988

Reunión durante el desayuno, Allentown (Pensilvania), 28 de junio de 1988

a creer en eso con lo más profundo y con la pasión más grande de mi alma.

Uno con Dios *es* mayoría y si hacemos la voluntad de Dios, ¿quién puede oponerse a nosotros? ¡Nadie! Debido a que nosotros no somos quienes lo hacemos, no es «yo» quien lo hace. Y eso lo aprendemos muy rápidamente. Pero Dios en nosotros puede obrar milagros.

Por tanto, cada vez que alguien manifiesta una conciencia idólatra de mí, simplemente digo: «Hermano, tú no me conoces». Saber que de entre todas las personas Dios me ha utilizado de todas las maneras posibles, es un milagro de su gracia.

Comentario:

Gene dijo que el objetivo de defender a los Estados Unidos contra los misiles nucleares parecía una misión imposible. El presidente Reagan había dado un discurso sobre ello, pero lo único que se había hecho hasta el momento era investigación. Parecía que nadie en Washington tenía ninguna intención de desplegar las defensas contra misiles. Los medios de comunicación estaban en contra casi uniformemente. Los soviéticos se oponían con rigidez. ¿Qué esperanza había? ¿Qué diferencia podía suponer una persona? Sin embargo, Gene dispuso con fe que con Dios, todas las cosas son posibles.

Esto también fue una prueba de fe de otras formas. Él no tenía toda la campaña planificada desde el principio. No sabía cómo la iba a financiar. Sencillamente dio el paso que mejor le pareció hacia la meta y, al avanzar, el plan se fue desarrollando. Se reunió con el general Graham, quien le contrató porque pudo ver que Gene ya estaba haciendo el trabajo. Tenía antecedentes al respecto. Si Gene hubiera esperado hasta tener un plan completo, puede que nada hubiera tenido lugar.

Lecciones de humildad

Gene:

Justamente antes de terminar mi última gira de conferencias para High Frontier recibí una llamada telefónica de Madre. «Tengo un mensaje para ti de parte de Morya», dijo. «Tienes que volver al Retiro Interno el día después de terminar la gira.»

Yo pensé: «Bueno, no hay tiempo para vacaciones ni para perder el tiempo».

El día después de este comunicado, Wanda se encontró con Madre en el baño de señoras. Madre le preguntó: «¿Va a volver Gene?».

Wanda dijo: «Sí, Madre».

«Bien.» A punto de marcharse, Madre se dio la vuelta y dijo: «Dile que busque y encuentre humildad».

«Sí, Madre. Gracias.» Madre había recorrido un pequeño trecho cuando se volvió a dar la vuelta, y le dijo a Wanda: «¡Y tú también!».

Wanda repitió: «Sí, Madre. Gracias».

No hace falta decir que obedecí la orden de Madre y de Morya. El día que terminé la gira tenía una reunión durante la cena con doce amigos míos en la que les entregué el relevo de la misión. Al día siguiente, me marché de la ciudad hacia Montana.

A mi regreso, con vistas a servir en el personal, me asignaron a la oficina de Glastonbury, la comunidad de la Iglesia para miembros que vivían cerca del Retiro Interno. Además de trabajar en la oficina, también cortaba la hierba, escardaba los hierbajos, limpiaba la nieve con pala y hacía generalmente lo que era necesario.

Madre me dijo que había «construido una gran base para la

ascensión gracias a un gran servicio y demostrando un gran amor por los demás». Había demostrado mi valía ante Saint Germain y me había ganado mucho reconocimiento y aplausos. Ahora era el momento de ser un chela humilde con el espíritu de San Patricio, un pastor.[24] Era hora de ser como un monje franciscano, con el cilicio. Tenía que superar mi mayor obstáculo, que era el deseo de ser reconocido por mis compañeros de trabajo y por el mundo. Me dijo varias veces que me apoyaba y que me amaba.

Después de pasar allí aproximadamente un año, dos parejas que tenían problemas matrimoniales se dirigieron a mí pidiéndome ayuda como ministro. Anteriormente en mi vida, había pasado por dos años de terapia agotadora tratando mis propios problemas de la niñez y había recibido una licencia del Estado de California como consejero matrimonial, y para niños y familias. Toda mi vida pastoral he recibido preparación para responder a los gritos de auxilio y me dio la sensación de que sencillamente era una responsabilidad ministerial que tenía que satisfacer. Así que saqué tiempo del trabajo, con permiso de mi supervisor, para ayudar a estos chelas que lo necesitaban.

Poco después, la Virgen María dio un dictado en el que habló de la importancia que tiene afrontar nuestro aspecto psicológico cuando estamos en el sendero espiritual. Madre también habló de la importancia que tiene resolver los problemas psicológicos y pasar por el dolor necesario para hacerlo. Varios chelas pensaban que debían buscar ayuda para resolver sus asuntos psicológicos y en septiembre de 1989, me encontré manejando trece situaciones así: dos parejas con graves problemas matrimoniales y el resto eran personas que intentaban superar los bloqueos causados por padres alcohólicos, abusos sexuales u otros problemas de la infancia.

Madre se enteró de esto y no le gustó. Dijo que me había dado una tarea como miembro del personal y que no podía cambiarla sin preguntárselo a ella. Me había pedido que hiciera bodas además de mi trabajo en Glastonbury, pero no me había pedido que hiciera de consejero. Si no tenía suficiente trabajo que me ocupara por completo en mi puesto asignado en Glastonbury, ya me daría ella otras tareas.

Madre llevó la situación al altar para preguntar a Morya cuál era su postura sobre el asunto. La respuesta que me dio Madre fue que ser un ministro no es lo mismo que ser un consejero. El papel de ministro implica mayormente el servicio ante el altar. Habló de los problemas que hay con las personas que tienen una preparación limitada y que era mejor no hacer de consejero que hacer de mal consejero. Me había marchado del personal y luego había regresado, y no tenía por qué suponer que iba a hacer lo que hice anteriormente. Me había implicado como consejero sin tener el manto ni la bendición de ella, y debía dejarlo inmediatamente y enviar a la gente con la que había trabajado a terapeutas preparados de la comunidad.

Me dijo que tenía que trabajar en mí mismo antes de que Morya me permitiera volver a hacer de consejero con otros chelas. Me había colocado a mí mismo en un estado de idolatría y las personas que veía también me idolatraban. Madre me asignó hacer treinta y tres llamados del morador cada día al mediodía. No podía hacer otra cosa que el trabajo que tenía en Glastonbury. Si cumplía esas tareas, a los tres meses podría solicitar ser consejero.

Hice lo que Madre me pidió, cesé todo el trabajo como consejero y me concentré en mi tarea y en hacer mi propio trabajo espiritual. Esta era la época en que El Morya llamó a su personal y a sus estudiantes de todo el mundo para que hicieran los preparativos para la supervivencia física y espiritual. Fue un período muy físico de mi vida; muchísimo trabajo duro en el exterior, muy distinto a lo que había venido haciendo en el circuito de conferencista y los medios de comunicación. También fue una de las épocas en que disfruté más de todos mis años de servicio como chela. Me había hecho buen amigo de mis compañeros de trabajo Carla y James Healy, Richard Kalar y otros.

Comentario:

Parece que Morya no asumió ningún riesgo de que Gene pudiera desarrollar orgullo alguno debido a sus logros. Le cambió de un alto puesto muy visible, hablando para millones de personas, a uno muy humilde, cortando hierba, limpiando nieve y haciendo trabajo físico. Fue una oportunidad para «buscar y encontrar la humildad», como Madre le había ordenado a través de Wanda. El trabajo físico y estar al aire libre, en la naturaleza, debió suponer también una oportunidad para curarse y equilibrar el intenso esfuerzo mental y la tensión de una campaña mediática nacional. Eso tuvo prioridad sobre sus deberes ministeriales.

Entre las grandes cosas que tiene el servicio en el sendero del discipulado están inesperados cambios así en el camino de la vida. En cualquier momento nos podíamos encontrar con una nueva tarea del Gurú: trabajar en la cocina o en la granja, cuidando niños o en la construcción. Algunas veces estos movimientos parecían no tener ninguna lógica externa y las personas se podían encontrar trabajando en áreas en las que tenían poco interés o experiencia. Los conceptos externos como «trayectorias profesionales» y «desarrollo profesional» dejaron paso a metas más altas: las necesidades interiores del alma y las prioridades de la misión de la Hermandad.

Madre disciplinó a Gene igual que le dio apoyo y le amó. También vemos que la preparación del Gurú era muy específica y que ella se preocupó mucho cuando él rebasó sus instrucciones. Su tarea era sencillamente ser un humilde chela, y evidentemente algún elemento del ego le llevó a aceptar esta gran carga que suponía el ser consejero. Había la necesidad de consejeros en la comunidad, ¿pero cómo podía ayudar a los demás si él tenía en sí mismo asuntos sin resolver?

Había un ciclo de trabajo interior que Gene tenía que realizar y ese trabajo interior se reflejó en la tarea física del Gurú. Cuando el ciclo se completó, Gene volvió a su servicio ministerial muy activo, incluyendo el papel de consejero espiritual. Pero incluso antes que eso, fue nombrado para un puesto de liderazgo externo de la organización.

Lecciones de liderazgo

Gene:

El 12 de julio de 1989 me nombraron miembro de la junta directiva de nuestra Iglesia, puesto en el que serví durante siete años. Antes de recibir el nombramiento, la junta consistía en Madre, su esposo, Edward Francis, Sean Prophet y Erin Prophet (el hijo mayor y la hija de Madre). Después de que el IRS decidiera que la Iglesia ya no podía funcionar como un negocio familiar, Madre amplió la junta. En aquel momento, Richard Kalar, Debra Lindegren, Timothy Connor y yo fuimos añadidos a la junta inicial de cuatro miembros, formando una de ocho. Annice Booth se unió un año y medio después, para formar un total de nueve.

Recuerdo que en aquella época Edward asumía gran parte del liderazgo. Madre delegaba en él la administración y él la aliviaba de esa carga. Ella siempre mostró mucha fuerza en lo relacionado con el elemento espiritual. Si había alguna duda sobre algo concerniente a la ley espiritual, Madre se lo aclaraba a todo el mundo.

He aprendido mucho sobre la vida y el liderazgo al observar los distintos procesos en acción durante mis ochenta y cuatro años encarnado. Normalmente pongo a los líderes en cuatro grandes categorías.

El primer tipo es al que yo llamo el dictador duro. Se trata de una persona muy directa en cuanto a sus maneras dictatoriales. Es un duro bastardo y todo el mundo lo sabe. Aquí no hay fraude; él (o ella) es justamente lo que dice que es. Al dictador sólo le gustan a su alrededor las personas que no le llevan la contraria. Para llevarse bien con un dictador todo lo que hay que hacer es decir que «sí» a todo lo que proponga. Si decimos que «no», no duraremos mucho allí.

La segunda clase de líder es al que yo llamo el autócrata benevolente. Su número es legión. Son difíciles de distinguir porque la fachada que se ve siempre es de benevolencia y cuidado. Siempre tienen mucho cuidado con todo lo que hacen y lo hacen con sutileza, pero por debajo está el autócrata. Son tan dictatoriales como el dictador duro, pero nunca se encuentran sus huellas digitales ni nada porque mandan a otra gente a que haga trabajo sucio por ellos. Nos sonríen mientras nos apuñalan por la espalda, y a menudo no nos damos cuenta de lo que nos ha pasado porque no nos lo esperábamos. Normalmente nos despertamos al quitarnos el puñal de la espalda. Por otro lado, puede que jamás nos despertemos, porque sus tácticas son muy sutiles.

El autócrata benevolente es más difícil de manejar. Se rodea de gente insegura, que responde a sus deseos omisos. Tienen que ser capaces de sintonizarse con lo que quiere el líder. Tienen que ser listos y ser psicológicamente conscientes de los deseos del patrón. Si lo malinterpretan y se equivocan, de repente pueden descubrir que son persona non grata. Por tanto, la persona que trabaja para el autócrata benevolente vive en un velo de indecisión. Siempre está intentando descubrir de qué lado sopla el viento y qué quiere realmente su jefe. Esto puede ser confuso.

La tercera clase de líder es el del *laissez faire*. Estos líderes no asumen ninguna postura sobre nada. «¿Por qué hay que tomar una decisión? Dejemos que las cosas se desarrollen, normalmente se resuelven bien.» Esta clase de liderazgo es cobarde; muy popular, porque hay algunas personas que no quieren arriesgarse por nada. No defienden nada. No les gusta el conflicto ni quieren que nada las toque. Se rodean de gente parecida, personas a quienes no les gusta asumir posturas sobre nada ni recibir presión.

La cuarta clase de líder es mi favorita, lo llamo un líder de tipo democrático. A estos líderes les encanta rodearse de gente buena y madura. Respetan y valoran las opiniones de los demás y sacan lo mejor de las personas para contribuir a la causa general.

Este tipo de liderazgo es poco habitual porque requiere mucha madurez (madurez emocional, psicológica, intelectual y espiritual) para tolerar las opiniones honestas de los demás. Las personas que rodean al líder democrático nunca dicen solamente que «sí» ni se muestran totalmente deferentes en sus actitudes hacia el liderazgo. Ofrecen a su líder lo mejor que tienen, aunque pueda ir contra algunas de las ideas favoritas del líder. Un líder democrático que se ha rodeado de un buen equipo de gente madura y comunicativa, con frecuencia consigue las soluciones mejores y más creativas.

Madre pertenecía a esta cuarta categoría. Era en gran medida una líder democrática. Jerárquica y directa, no le tenía miedo a nada. Ella mandaba (una líder muy fuerte, con ideas bien definidas) pero también tenía la capacidad de escuchar.

En muchas situaciones llamaba a un pequeño grupo y les explicaba las ideas para saber qué opinaban. Y si creía que la idea de alguien tenía mérito, la aceptaba, de una forma muy humilde. Nunca mostraba el orgullo de la posesión de una idea o un proyecto. Su ego no se mezclaba. Era algo maravilloso que tenía Madre: nunca pude ver el ego humano en ella.

Tenía el contacto interior con la mente Crística; vivía en esa conciencia y podía ver cosas que algunos de nosotros, mortales, no podíamos ver. Si uno decía algo que daba con la nota correcta en relación a la comprensión superior de la vida, ella lo aceptaba. Pero también había veces en las que reafirmaba su liderazgo y no se sentía obligada a dar razones por sus acciones. Y uno, como chela, o bien aceptaba esa cualidad de su santidad o no la aceptaba. Si no la aceptaba, entonces tenía que salirse de la relación Gurú-chela y quedarse con pocas posibilidades de seguir en esos círculos. Pero aun cuando Madre tomaba una decisión de esta forma, era basándose en la ley o en lo que sabía que era lo correcto dentro de la relación Gurú-chela, nunca en su ego.

¿Cómo encaja el liderazgo espiritual con el líder democrático? Cualquier líder espiritual que se merezca ese nombre es un líder democrático. Pero ser un líder democrático no significa que no se tengan ciertos principios básicos para vivir y para conducir la propia vida. El verdadero líder espiritual busca los consejos de su equipo de trabajo, pero si los consejos no son buenos, no tiene por qué hacerles caso.

No tiene miedo de liderar. El verdadero líder democrático lo es en su perspectiva y sus métodos, pero cuando se trata de principios, verdades básicas y valores fundamentales, este líder es inamovible y valeroso, y luchará contra cualquier cosa que se oponga a la luz.

Según mi experiencia, lo que ocurre en muchas organizaciones es que hay muchos neuróticos vengativos que tienen problemas con cualquier tipo de líder con fuerza. Existen muchos de ellos en las organizaciones y siempre atacan a los líderes. Tienen problemas con la autoridad y nunca se han convertido verdaderamente en su propio padre y su propia madre, psicológicamente hablando. Reaccionan negativamente a cualquiera que ocupe un puesto de autoridad, diciendo: «Nadie me dice lo que tengo que hacer o pensar, o cómo debo actuar».

Algunas veces había personas alrededor de Madre que veían mal algunas cosas desde la perspectiva humana. Siempre podían encontrar algo para atacar, y decían: «Bueno, yo no me creo que sepa de lo que está hablando». Pero teniendo la visión esférica de la mente de Dios, uno podía verlo. Una vez que se entiende quién es el Gurú y qué está manifestando, simplemente se obedece.

Yo nunca creí de verdad en la infalibilidad del Papa, pero creía en la infalibilidad de mi Gurú, espiritualmente hablando. Nunca me ha parecido bien cuestionar nada de lo que dijo o hizo. Eso no significa que el Gurú no pueda cometer equivocaciones humanas de vez en cuando. Madre lo hacía y ella era la primera en admitirlo. Pero cuando se trataba de la misión y la ley espiritual, en mi mente ella me parecía infalible. La señal de un buen chela es que es obediente a su Gurú. Esto se entiende en Oriente, pero va contra la manera occidental de pensar en el mundo.

He estado presente en muchas reuniones con Madre cuando tenía que manejar situaciones difíciles y a personas que suponían un desafío. Cuando las cosas eran difíciles, siempre existía un punto de tensión y Madre lo afrontaba de forma muy directa. El punto de tensión era el punto de la prueba del alma; el punto en el cual la persona necesita ser obediente con respecto a un punto en particular de la ley espiritual. La persona o bien renunciaba y era obediente a ese punto de la ley, o bien se enfadaba y se rebelaba. En tales ocasiones, Madre ponía todos los hechos sobre la mesa y daba a todas las personas la oportunidad de que se expresaran. Entonces, ¡pam!, cuando la decisión llegaba, lo hacía desde lo alto y uno se enteraba de que venía de lo alto. Y no se puede discutir con eso. Uno sabía que el manto del Gurú había hablado. Todo lo que se podía hacer era obedecer.

En general, creo que las personas reaccionaban bien a esos momentos. Muchas lo hacían muy bien y se sentían muy agradecidas por la oportunidad de recibir una corrección. El Gurú las capacitaba para que vieran un aspecto de sí mismas que no habían visto aún. Lo consideraban el amor del Gurú para corregir sus almas.

Pero algunas veces la respuesta era lo que yo llamaría una respuesta sorda o fija. Sorda en el sentido de que uno no estaba seguro si las personas lo habían captado de verdad, si habían entendido de verdad lo que los maestros trataban de transmitirles personalmente. Superficialmente puede que asintieran, ¿pero lo entendieron de verdad en un nivel más profundo? ¿Lo entendieron y lo interiorizaron? Sus acciones posteriores normalmente desvelaban el grado de resolución.

Algunas veces la decisión del Gurú era muy directa y desafiante y uno sabía que se encontraba en el fuego, por así decirlo. Pero yo no recuerdo recibir mucho fuego de Madre; o si lo hice, lo debí interiorizar, porque no recuerdo recibir mucho fuego de ella.

El exorcismo del mal

Gene:

En tres ocasiones me han pedido que realizara exorcismos de espíritus malignos. No recomiendo que nadie lo haga sin tener preparación y experiencia. Es algo que no se debe buscar; todos los exorcismos en los que he estado involucrado me los han lanzado. Pero aprendí de esas experiencias y he visto lo que puede ocurrir cuando tiene lugar un exorcismo.

Mi primera experiencia fue a finales de la década de 1970. Una tarde de verano, unos padres llamaron al Ashram de la Madre del Mundo en Los Angeles pidiendo ayuda para su hijo de veinte años. El padre era un antiguo miembro del Servicio Secreto y había sido guardaespaldas de John F. Kennedy. Su hijo había vuelto a casa después de hacer surf en la playa y les maldecía con una voz que no era la suya, mientras actuaba de manera extraña y salvaje. Les dije que llevarán a su hijo al Ashram para ver qué podíamos hacer.

Cuando llegaron, pudimos ver que el hijo estaba claramente poseído. Llamé y reuní a cinco chelas, estudiantes veteranos de los maestros ascendidos, y los coloqué en una sala adjunta con instrucciones para que hicieran el decreto a la amada Poderosa Astrea e hicieran llamados para liberar al alma de este joven de las fuerzas de la oscuridad. Mientras continuaban los decretos a Astrea, la apariencia del hijo empezó a mejorar y la historia del joven salió a relucir.

Fumaba asiduamente mariguana y había estado haciendo surf ese día. El mar estaba tranquilo como un espejo y, mientras flotaba en el agua, se dijo: «Daría mi alma al Diablo por una buena ola». La buena ola llegó y parece que el Diablo exigió su promesa. Él tuvo su ola y también algunos demonios y entidades. Afortunadamente, el trabajo espiritual del decreto a Astrea le liberó.

Como testamento del poder y la autoridad de la Elohim Astrea sobre los demonios y las entidades, a los cuarenta y cinco minutos el joven poseído por demonios estaba sentado enfrente de mí con ojos claros y completamente lúcido. Expliqué a los padres y al hijo lo que había ocurrido y cómo con el uso de los decretos podían evitar cosas así en el futuro. También expliqué que tenía que dejar de fumar marihuana y cómo esa droga había abierto sus chakras a las fuerzas de la oscuridad. Fue la única vez que vi a aquel joven. Sus padres, más tarde, se salieron de las enseñanzas.

El segundo exorcismo fue en 1984 ó 1985, cuando una querida amiga me dijo que creía que su hijo necesitaba a un consejero. Había estado fumando droga y se involucró con las amistades equivocadas. Fue a una fiesta en Los Angeles y cuando regresó, su madre no le reconoció la voz, que había cambiado, volviéndose más profunda extrañamente. La madre me llamó, y me dijo: «Gene, ¿puedes hablar con mi hijo? He tenido una conversación con él y ni siquiera he reconocido su voz». Puesto que conocía a Brian* y le había servido de consejero una vez antes, dije: «Sí, si él está dispuesto a verme».

Estuvo de acuerdo en ver a su hijo en el apartamento donde vivíamos Wanda y yo, en Reseda. Wanda estaba fuera, haciendo las compras, cuando llegó Brian. Nunca le olvidaré. Tenía veintidós años de edad; un hombre chaparro, bien formado. Después de intercambiar cumplidos, a los cinco minutos de comenzar la sesión, todo su comportamiento cambió. La cara se le distorsionó salvajemente y vi a los demonios en sus ojos. Le hablé y descubrí lo que había ocurrido.

Tenía un corazón ardiente de luz, pero había estado fumando marihuana. Estaba metido en el estilo de vida de Hollywood y había ido a una fiesta donde se producían malos manejos de la energía de todas clases, desde el abuso del fuego sagrado con las energías sexuales hasta

* El nombre de la persona ha sido cambiado.

las drogas de todas clases. Los demonios habían entrado cuando se permitió las drogas. Entonces no pudo controlar lo que le sobrevino, y debió haber atraído a todas las entidades que había en ese sitio porque tenía luz y sus chakras estaban abiertos por haber fumado marihuana. Las entidades produjeron entonces una forma de posesión temporal o locura por la cual ya no podía distinguir la luz de la oscuridad ni la realidad de la irrealidad.

Le dije que había sido poseído por una entidad, quizá por varias. Para mi sorpresa, dejó escapar un grito que me puso los pelos de punta, no siendo él, sino el vociferio de la entidad que obraba a través de él. Instintivamente, levanté mis manos poniéndolas en frente de mí y grité fíats: «¡En nombre de Jesucristo, sal! ¡No tienes ningún poder!». Después de unos diez minutos o así, salieron un grupo de demonios y entidades, y él se sentó en la silla exhausto.

En ese punto, le dije que hiciera el mismo llamado. «Brian», le dije, «tú los has invitado y ahora tienes que ordenarles que se vayan». Entonces le enseñé a decir: «¡En nombre de Jesucristo, marchaos!». Pero estando exhausto, apenas pudo susurrar las palabras. Incluso así, se podía percibir una cierta liberación. Pero entonces la energía se volvió a acumular y de nuevo, dio otro grito con todas sus fuerzas.

Al cabo de unas dos horas, Wanda regresó de hacer las compras. Le dije que fuera al dormitorio y que hiciera Astreas para arrojar a las entidades. Ella había entendido la situación después de sólo un vistazo y rápidamente consintió. En cuanto hubo entrado en el dormitorio, el teléfono sonó. Era Jean Allison, la operadora de Cámelot. Jean había sentido el impulso de llamar para preguntar si necesitábamos ayuda. Wanda dijo: «Sí, necesitamos ayuda. Por favor, enviad a dos hombres fuertes, chelas que tengan experiencia haciendo decretos y que no se asusten fácilmente».

A la media hora dos miembros del personal aparecieron. Hice que se sentaran al lado de Wanda, directamente enfrente de donde yo estaba sentado con Brian. Continúe trabajando con él mientras ellos hacían el decreto a Astrea. Volví a pedirle que ordenara a las entidades que se marcharan en nombre de Jesucristo, pero no pudo reunir la energía para hacerlo. Era como si la entidad tuviera el control de su chakra de la garganta, de forma que la palabra hablada no podía salir de él.

Así, dije: «En nombre de Jesucristo, pido que la energía que ataca el chakra de la garganta sea atada». Esto evocó otro horrible grito de este joven, que simultáneamente me embistió, apuntando a mi tercer ojo con su mano. Pero levanté la mano rápidamente y su tercer ojo dio en la palma de mi mano. Fue como si hubiera golpeado un muro de luz. Yo estaba totalmente protegido.

Continuamos con nuestros decretos durante otras dos horas y hacia las once de la noche, Brian pareció reunir fuerzas. Dejó escapar un grito, diciendo: «¡En nombre de Jesucristo, salid! ¡No tenéis poder!». En ese punto, la última de las entidades le abandonó y le vi sentado a mi lado, con los ojos claros y cuerdo. Pude hablar con Brian sin las entidades ni los demonios que le habían poseído.

Todo este tiempo el alma de Brian había estado presente, casi esperando, mientras observaba el proceso de arrojar a los demonios. Sabía que algo se había apoderado de él. Después me dijo: «Me he asustado muchísimo. No tenía ningún control. Durante el exorcismo, sabía que se marchaban. Pero no sabía a dónde irían». Le dijo a Wanda que estaba preocupado de que una entidad le hiciera daño a ella o que entraran en otra persona.

En realidad, esto es un riesgo, pero le dije a Brian que precisamente por eso hacemos los decretos a Astrea. No permitimos que las entidades se queden y Astrea es plenamente capaz de llevárselas de la Tierra.

El poder en la Palabra hablada existe. Se debe conocer la paz, energía y fortaleza de Dios que viene de lo alto, de nuestra Poderosa Presencia YO SOY y de los maestros de luz. El poder está ahí y uno puede ser un instrumento de ese poder superior. Pero no hay que tener miedo y hay que echar a un lado el propio ego y darse cuenta de que Dios es el que actúa. Durante ese exorcismo, Wanda tuvo un instante de temor y los ojos del Brian la encontraron inmediatamente e hicieron contacto con los de Wanda. El miedo es un imán para las entidades y los demonios que obraban a través de él, encontraron esta vulnerabilidad en su mente mientras buscaban otro huésped.

Expliqué a Brian que existen fuerzas invisibles que obran en nuestras vidas y que se llaman entidades o espíritus desencarnados. Describí cómo trabajan y cómo nos vemos sujetos a ellos cuando vaciamos de luz nuestra aura al abusar de la luz de los chakras. En este caso, el fumar marihuana abrió sus chakras hacia las energías negativas que le rodeaban y fue como una puerta abierta para que las entidades entraran en su mundo.

Sugerí que dejara de fumar marihuana. Le aconsejé que encontrara nuevas amistades así como un nuevo trabajo, porque el actual tenía que ver con gente cuyo estilo de vida incluía las drogas. Si volvía a sus viejos hábitos donde abundaban las entidades, sería peor para él ya que nuevas entidades saltarían sobre su aura e intentarían entrar.

Brian realizó algunos cambios en su vida. Pero poco tiempo después de aquel exorcismo, Wanda sintió el impulso de visitar Cámelot. Estaba trabajando en la zona de Los Angeles y no tenía ninguna razón para ir, pero se sintió impulsada a hacerlo. Cuando llegó, casualmente pasó al lado de la operadora, que la llamó: «Wanda, hay una llamada y la persona pregunta por Gene. ¿Quieres ponerte?».

Wanda asintió y se encontró hablando con Brian. Llamaba pidiendo ayuda y oraciones. Hablaba con una voz débil y pasiva y dijo que había vuelto a las andadas. Wanda le dijo: «¿Estás repitiendo lo que hacías antes, Brian? ¿Qué aprendiste del episodio anterior?».

Él dijo: «Tengo que decir: "¡En nombre de Jesucristo, marchaos!"». Así, Wanda le pidió que lo dijera, y él lo hizo, de manera algo débil. Esto hizo que Wanda dijera con severidad: «¡Dilo con ganas!». Y lo hizo con un poco más de voz. De nuevo Wanda le animó: «¡Otra vez, con fuerza!». Finalmente lo dijo a plena voz: «¡En nombre de Jesucristo, marchaos!».

Entonces Wanda le preguntó: «¿Cómo te sientes?». «Bien», dijo él. Y Wanda le dijo: «¡Sigue así! Y no permitas que se apoderen de ti otra vez». Y él, con autoridad, dijo: «¡No lo haré!».

La historia tiene un final feliz. Brian consiguió un nuevo trabajo y se compró una barca, la cual remodeló. También comenzó una nueva carrera profesional. Se convirtió en un exitoso fotógrafo de documentales, está felizmente casado y tiene un hijo.

El tercer exorcismo fue con una niña pequeña en nuestra comunidad de la Iglesia, en North Glastonbury. En 1989 una mujer me llamó para hablar de su hija de cinco años. «Necesito ayuda», dijo. «Me crié en un hogar donde mis padres eran satánicos practicantes. A los diecisiete años me escapé de tales prácticas satánicas, marchándome de casa. Todos estos años he estado bien apartada de mi familia». Había mantenido a su hija de cinco años completamente apartada de sus abuelos para protegerla de su influencia. Ahora descubrió que su hija empezaba a actuar de manera extraña. Tenía la sensación de que sus padres trabajaban contra su hija interiormente y eso le estaba afectando adversamente.

Al describir su comportamiento, supe que su hija estaba poseída y sugerí un exorcismo. Reuní a diez amigos que estuvieron de acuerdo en ir a la casa de la mujer para hacer el trabajo de decretos necesario. Wanda y yo llegamos temprano, antes que los demás, y la madre trajo su hija para que nos conociera. Wanda y yo hablamos con ella y nos quedamos atónitos al oír una profunda voz gutural proveniente de la dulce niña. ¡No era la voz de una niña de cinco años!

En este punto, su gatito entró en la habitación. Wanda dijo a la niña: «¿Es este tu gatito?». De repente, la niña tomó el gatito y lo arrojó tan fuerte como pudo contra el suelo de madera. El gato se hizo daño y salió corriendo dando chillidos. Nos quedamos de piedra.

Cuando llegaron nuestros amigos, comenzamos nuestro trabajo espiritual. Durante dos horas, los chelas hicieron el Ritual del Exorcismo del SEÑOR[25] y los decretos a la amada Poderosa Astrea. Wanda fue al dormitorio de la niña y utilizó su espada del Arcángel Miguel para realizar una acción de limpieza. Mientras estaba en el dormitorio, se quedó pasmada al ver una imagen de un impostor de El Morya perteneciente a la falsa jerarquía colgada en la pared del dormitorio de la niña, en frente de la cama.

Wanda hizo llamados para que la niña fuera capaz de dormir mientras realizábamos el trabajo espiritual para liberarla de los demonios y las entidades que la poseían. La niña fue capaz de dormir mientras continuamos con nuestro trabajo espiritual. Al cabo de unas dos horas, sentimos que toda la energía negativa había desaparecido y que nuestro trabajo había terminado. Antes de marcharnos, Wanda explicó a la madre que la pintura del dormitorio de la niña debía desaparecer, lo cual se hizo.

Aproximadamente un año más tarde estábamos visitando a unos amigos, cuando esta madre también vino con su hija. La niña entró y nos complació ver que parecía normal en todos los aspectos. Habló con Wanda y estaba completamente limpia de las energías que había tenido anteriormente. Su voz era la de una niña y no había ningún comportamiento agresivo o anormal evidente.

Esta experiencia me enseñó mucho sobre el arrojar a las entidades. Una vez más, el poder de la Palabra hablada había quedado demostrado. No hubo ninguna reacción en represalia después de ninguno de estos exorcismos.

Yo había visto la posesión de entidades en la Guyana Británica. Hay que mantener la protección y, antes de entrar donde los ángeles temen hacerlo, hay que asegurarse el apoyo espiritual. No se debe hacer el exorcismo a solas. Nosotros teníamos a doce personas presentes, una por cada línea del reloj cósmico. Le conté a Madre este exorcismo y ella se lo contó a los estudiantes de Summit Universtiy.

Esto también reafirma la idea de que cada uno de nosotros ha de ser consciente de lo que hace en su vida porque puede reforzar a las fuerzas oscuras, lo cual puede invitar a las entidades a nuestro campo energético.

No haga las cosas que invitan a las entidades a entrar en su vida. Es más peligroso para nosotros, como portadores de luz, tomar drogas, escuchar música dañina y realizar otras actividades ilícitas. Podría parecer que nos llevamos la peor parte y cuando llevamos la luz, somos menos capaces de tolerar la oscuridad.

Comentario:

No se puede emprender un exorcismo a la ligera. Es importante observar que Gene no buscó estas experiencias; estas le llegaron y él respondió a la llamada de alguien que necesitaba su ayuda. Quizá lo más importante sea que trabajaba bajo la guía y dispensación de la mensajera y que tenía el apoyo de otros miembros de la comunidad, quienes estaban dedicados a hacer los decretos dinámicos y sabían cómo manejar espiritualmente las fuerzas de la oscuridad.

A lo largo de los años la mensajera ha dado mucha enseñanza sobre el tema del exorcismo. Ella dijo que no recomendaba que ninguno de nosotros intentara realizar exorcismos de la manera en que Gene lo describe aquí. Dijo que si había la necesidad de realizar un exorcismo, ella invitaría a la gente a la capilla para que realizara el trabajo a través del impulso acumulado tan enorme de decretos que se produce en una sesión de grupo. Ella haría sus llamados apoyados por el impulso acumulado.

El método más seguro de realizar exorcismos es el de hacer los decretos a la Elohim Astrea y los del Arcángel Miguel. De esta forma, incremento a incremento, el Arcángel Miguel y Astrea se llevarían la sustancia oscura y los demonios de nosotros y de nuestros seres queridos. Esto se puede hacer para limpiar a las personas que estén cerca o lejos.

Al realizar este trabajo, siempre tenemos que recordar que nosotros no somos los que lo hacemos. Nosotros hacemos el llamado y las huestes del SEÑOR, los Elohim y los Arcángeles lo hacen. La presencia de demonios y entidades de posesión requiere el refuerzo de las huestes angélicas, la presencia del Arcángel Miguel y los mantos de los mensajeros.

Si intentamos hacer este trabajo por nosotros mismos, nos podemos encontrar enfrentándonos personalmente a estas fuerzas, para lo cual no estamos preparados. Los demonios pueden recibir su poder de las legiones de la falsa jerarquía, y pueden permitir que la persona poseída sea mucho más fuerte física y espiritualmente de lo normal.

El Morya ha dado enseñanza sobre el sendero del exorcismo y sobre cómo su aplicación es muy necesaria en nuestras vidas:

Así, os encomiendo por este voto de consagración al sendero de los otros setenta, el sendero de los discípulos, sabiendo que al cuidar de los enfermos o los moribundos, también estáis arrojando a los demonios, siguiendo el ritual de exorcismo y haciendo aquellas cosas que los practicantes más diestros de las ciencias médicas, o bien no tienen tiempo de hacer en una emergencia o no tienen el conocimiento o la conciencia de ello.

Cuando os detenéis en el lugar de un accidente y encontráis a muchas personas muertas o que están muriendo por estar borrachas, por las drogas, por la música rock y todas las intenciones mortíferas de la oscuridad, os dais cuenta de cuánto trabajo hay que hacer a niveles internos para atar y traer el juicio a esa causa y ese núcleo en el plano astral de la fuerza negativa que ha devorado a estos jóvenes o a estos niños de la Luz antes de que pudieran cumplir su misión divina.

Así, cuando hay personas que fallecen o están a punto de hacerlo, sin poder recibir más ayuda, debéis acompañar, mediante la oración y la invocación, a sus almas hacia las octavas interiores y pedir con gran intensidad que la espada de la Madre Divina, que el poder de Astrea las libere de las hordas astrales que las atraparon y provocaron algún terrible accidente como los que ocurren a diario en las autopistas de la vida.

Nos damos cuenta, pues, de que el Buen Samaritano accede a los propósitos de la Orden del Lirio Dorado... ayudando a los ángeles y pidiéndoles que acompañen a estas almas a un reino superior en el que puedan aprender de sus equivocaciones. Cuando no se cuidan estas cosas, los cascarones astrales de los muertos (y muchas veces sus almas), fantasmagóricos, rondan por la Tierra, por el lugar del accidente, durante semanas, meses y, algunas veces, incluso años. Y así, ciertas zonas se convierten en zonas donde se repiten los accidentes y las fatalidades, al formar allí un vórtice los crecientes números de desencarnados junto con los demonios que causan los accidentes. Y, por tanto, hay zonas de peligro conocidas.

Amados corazones, podéis ir como el Buen Samaritano a limpiar estas zonas. Porque el Buen Samaritano, aunque cuida de lo físico, siempre está alerta a la ecuación espiritual y a la dimensión espiritual de la vida, y comprende la ley de causa y efecto y no deja que nadie sea presa de los habitantes astrales, que desean tenerlos y tamizarlos como trigo.[26]

Un nuevo nivel de servicio

Gene:

En 1990 la Iglesia entraba en un nuevo ciclo y yo estaba convencido en mi corazón y mi mente de que necesitábamos ministros en las comunidades. Desarrollé un borrador de propuesta y un presupuesto para compartir con algunos amigos íntimos. Me encantaba la idea porque sabía que necesitábamos más ministros en las comunidades. Sabía que no podíamos permitirnos el lujo de colocar ministros en todas partes, pero podíamos hacer ministros regionales.

Dividí el país en seis regiones y compuse una propuesta detallada preliminar con un presupuesto. Comenzaba en Dayton (Ohio), porque sabía que allá teníamos algunos chelas muy buenos en aquellos momentos. Después enseñé la propuesta a Madre. Me dijo que le gustaba. «Pero ahora tengo otras cosas en mente para ti, Gene», dijo después. Quiero que enseñes cinco cursos a los tres niveles de Summit University: Taoísmo, Budismo Tibetano, Antiguo Testamento, Nuevo Testamento y «El arte y la ciencia de predicar».

Renuncié y obedecí totalmente. Puse a un lado mis planes para los ministros regionales y me puse a trabajar para preparar y enseñar los cinco cursos. Era un llamado superior y tenía prioridad. El Gurú decide cuál es la mayor necesidad desde el punto de vista general de la misión y del desarrollo del alma del chela.

En 1991, reinicié mi trabajo en la Oficina de Ministerio y al mismo tiempo comencé un ciclo de enseñanza intenso como miembro del profesorado de Summit University. En aquellos días, los estudiantes asistían a Summit University durante doce semanas cada vez y vivían en el campus del Retiro Interno o en sus cercanías. Enseñé cursos sobre el Nuevo Testamento (curso de orientación), los profetas del Antiguo Testamento, Budismo (con énfasis en el Budismo Tibetano) y Taoísmo.

Mi mayor alegría era enseñar junto con Madre un curso para estudiantes ministeriales titulado «El arte y la ciencia de predicar». En ese curso se ponía especial énfasis en los sermones y conferencias de Mark Prophet, que era verdaderamente el maestro predicador.

Al principio, me sorprendió la libertad que Madre me daba al dar conferencias con ella. Nunca quiso ver nada sobre lo que iba a predicar o hablar yo en este curso. Me hacía realizar la investigación inicial y la preparación para la clase, y ella estaba en el estrado conmigo mientras enseñábamos a los estudiantes de la preparación ministerial.

Madre y yo presentamos sermones selectos de algunas de las mayores voces del púlpito de los siglos diecinueve y veinte, como Ralph Waldo Emerson, Mary Baker Eddy, Phillips Brooks, Peter Marshall, Aimee Semple MacPherson, Harry Emerson Fosdick, Norman Vincent Peale, Leslie Weatherhead, George Buttrick, James Stewart, Fulton Sheen y Paul Tillich. Formaban un interesante grupo de almas.

El obispo Fulton Sheen fue uno de los que estudiamos con detalle. A Madre le encantaba el obispo Sheen, pero yo no lo sabía antes de elegirle como uno de los perfiles para el estudio. También elegí a Peter Marshall, predicador de Dios en la década de 1940, cuyas imágenes con la palabra hablada eran tan gráficas que casi se podían ver. Tenía un enorme don de predicar con belleza y poder en términos cristianos tradicionales.

Peter Marshall era verdaderamente un hombre pío que estaba inspirado para predicar en un tiempo crucial en la historia de nuestro país. Fue el capellán del Senado de los Estados Unidos durante la Segunda Guerra Mundial y sirvió a los congresistas cuando tuvieron que tomar decisiones importantes que afectaban a las vidas de todos los estadounidenses. Llegó a los Estados Unidos de Escocia y amaba el sueño americano. Utilizaba la lengua inglesa como un poeta y tenía un gran don para la descripción y el uso de la lengua pictórica.

En *Mr. Jones, Meet the Master (Mr. Jones, conozca al maestro),* describe su vocación por predicar:

> El predicador es consciente de que es *llamado,* como decimos, y eso significa que responde a una necesidad interna a la que no se ha podido resistir... una necesidad que ha surgido de un arreglo providencial en su vida y sus circunstancias con la gran meta de que se convierta en un embajador del Jefe...
>
> El verdadero ministro está en su púlpito... porque no lo ha podido evitar, porque ha obedecido una convocación imperiosa a la que no se ha podido negar.
>
> Así fue mi llamada.[27]

Peter Marshall fue un gran predicador que utilizaba la lengua de forma parecida a los profetas del Antiguo Testamento. Sus sermones son eternos, dramáticamente vívidos y hablan a lo más profundo del corazón, el alma y la mente del hombre. Según las tradiciones de los profetas y de Jesús, sus sermones cantan con la alegría y la maravilla de la vida. Dios era algo muy real en él, quien tenía la feliz facultad de hacer de Dios algo real en los que le escuchaban. Sus mensajes glorificaban a Dios y edificaban al hombre. Y este es el mayor tributo que se le puede conceder a un predicador de la Palabra de Dios.

Pero aunque tenía un don, estaba limitado por su doctrina. Peter Marshall no tenía estas enseñanzas y no conocía la verdad superior, y parte de lo que enseñaba consistía en el mismo pensar que me llevó a mí a salir de la Iglesia Luterana para encontrar los maestros ascendidos. Madre comentó que después de fallecer, pasó mucho tiempo en devachán cuidando de sus rosas. Al final, los Peter Marshalls de este mundo nos pueden llevar sólo hasta cierto punto.

Fue un alegre privilegio trabajar con Madre, sabiendo que cuando aplicara su perspectiva espiritual a uno de los predicadores, traería enseñanzas e inspiración profundas. Esto siempre me intrigaba de Madre. Cuando la escuchaba, siempre había una sabiduría superior. Estoy convencido de que estaba en su mente Crística probablemente el noventa y nueve por ciento del tiempo.

Recuerdo una sesión en marzo de 1992, cuando propuse un sermón de Leslie Weatherhead, un clérigo inglés muy distinguido, ministro de la iglesia City Temple, en Londres, por más de treinta años. Anteriormente dirigió la Conferencia metodista en Gran Bretaña y escribió unos treinta libros. Probablemente su más famoso libro sea *Psychology and Religion (Psicología y religión),* una hermosa explicación de las disciplinas de la psicología y la religión y de cómo éstas están interrelacionadas.

Estudiamos el sermón de Weatherhead llamado «Reencarnación y oportunidades renovadas».[28] Este sermón vendió más de cuarenta mil copias. Aún está en circulación, aunque fue pronunciado en 1957. Leí el sermón e hice un comentario.

Weatherhead citaba a Sir Francis Bacon, una encarnación de nuestro amado Saint Germain, quien dijo: «No leáis para contradecir, refutar ni creer y dar por sentado, mas sopesad y considerad». Esto es el impulso de este sermón. Weatherhead sencillamente presenta un argumento y lo documenta bien desde varias perspectivas, como mirar un diamante con muchas facetas.

Nos dirige la atención a cómo consideran las personas pensantes la vida y la vida después de la muerte; ofrece los testimonios de escritores, poetas y gente normal y corriente; nos presenta prodigios, que no se pueden explicar racionalmente con facilidad; y habla de situaciones en las que sin el conocimiento del karma y la reencarnación, uno podría defender el argumento de un Dios injusto. Sin embargo, al comprender cómo cada acción pone en movimiento ciertos acontecimientos, reacciones y efectos, entendemos que en realidad somos responsables por la vida y entendemos que no existe la injusticia.

No puedo estar de acuerdo con él en todo lo que dice. No tiene el beneficio de las Enseñanzas de los Maestros Ascendidos. La idea de que entre encarnaciones hay una media de cinco mil años (uno de los comentarios en su sermón) es una exageración. Sabemos que las personas muchas veces regresan mucho más rápidamente, aunque en ciertos casos pueda haber cinco o incluso diez mil años entre encarnaciones.

Sin embargo, su sermón es un testamento muy bueno sobre la reencarnación al provenir de una persona que tuvo el valor de predicar una doctrina que podía ser considerada herética en la religión ortodoxa de 1957. Creo que hizo falta un gran valor.

Después de mis comentarios, Madre se dirigió a mí, y dijo: «¿Recibió duras críticas por ello?». «Nunca escuché que recibiera duras críticas por ello», repliqué, «pero diré que es famoso en el mundo entero, especialmente entre los teólogos, por los treinta libros que escribió. Tenía el valor de sus convicciones y ¿quién va a enfrentarse a él? ¡Es un argumentador bastante bueno! Yo no me enfrentaría a él».

Madre comentó entonces que todos necesitábamos hacernos expertos en karma y reencarnación. Dijo que era una alegría escuchar este sermón, que ilustraba que Jesús pudo establecer las claves de la reencarnación incluso en el Nuevo Testamento. Todos los que lo lean y puedan verdaderamente sintonizarse con la mente de Cristo también pueden sintonizarse con la lógica del concepto de la reencarnación.

Después de los comentarios sobre Weatherhead, Madre leyó un sermón de la gran predicadora Aimee Semple McPherson, una encarnación de la Maestra Ascendida Magda. Leyó del libro de Aimee, *This Is That (Esto es aquello),* cuya lectura inspira a los que se están preparando para el ministerio. Madre entonces dio improvisadamente enseñanzas sobre la vida de Aimee, explicando que aprendió a predicar gracias al poder del Espíritu Santo de su Señor y Salvador Jesucristo, su amado esposo. Como llama gemela del amado Jesús, Aimee era la novia de Cristo en el sentido más verdadero de la Palabra.

Después de esta presentación, escuchamos los sermones de algunos de los estudiantes ministeriales y Madre hizo sus comentarios. Ella tenía una capacidad maestra para analizar un sermón, de desmembrar y volver a reunir los componentes del sermón, así como de analizar al estudiante que estuviera ante ella. La sesión entera duró cinco horas, desde después del almuerzo hasta casi las siete de la tarde.

Todos los estudiantes ministeriales trabajaron mucho y, en general, lo hicieron bien. Se observaron unos a otros y aprendieron los elementos de un sermón para poder componerlo. Madre dijo que la homilética es un curso que en el seminario podría durar hasta tres años y explicó que aunque ella tenía un alto estándar, los estudiantes no debían sentirse mal si no perfeccionaban el arte del sermón en el período de unas semanas.

Se esperaba que todos los estudiantes realizaran progresos según su propio estándar.

Cuando pienso en predicar, pienso en Mark Prophet. Mark siempre hablaba a su audiencia, a su corazón y alma. Yo traté de hacer lo mismo y enseñaba los estudiantes ministeriales ese principio.

Como ministro, el sermón no puede emprender el vuelo y pasar por encima de la cabeza de la audiencia. Hay que hablar al nivel en que se encuentra su conciencia y su entendimiento. Si la congregación está formada por gente trabajadora, probablemente uno no podría hablar de la misma forma que si se estuviera dirigiendo a un grupo de gente universitaria. Hay que adaptar el mensaje, el lenguaje y el estilo de comunicación a las almas a las que nos dirigimos.

Eso significa que hay que conocer a la congregación. ¿Cómo se hace eso? Familiarizándose con ellos, visitando sus casas, compartiendo sus problemas, su dolor y su alegría. Los mejores ministros son siempre los que son bien conocidos en su congregación porque tienen el corazón del pastor. Allá donde haya una persona enferma, allí están ellos. Allá donde hay una persona necesitada, allí están ellos.

El espíritu de Jesucristo nos da el mejor ejemplo que conozco de lo que es un verdadero siervo ministrante, la humildad de lavar los pies de los discípulos. El apóstol Pablo tenía la misma cualidad. Con todo su gran conocimiento, entendimiento y aprendizaje, Pablo tenía que aprender el camino de la cruz, el camino de la crucifixión del yo inferior, del ego, para hacer nacer al Cristo interior. Muchas veces, cuando Pablo daba un mensaje, daba su testimonio personal. Y eso es lo que causa impresión. Eso es lo que gusta. Eso es lo que vende cualquier cosa: el testimonio personal de lo que uno está convencido. Podemos comunicarnos con una persona a un nivel muy profundo si estamos totalmente comprometidos y si creemos totalmente en el mensaje.

Cuando nos quedamos con lo esencial, el arte y la ciencia de predicar es sencillamente comunicarnos desde nuestra alma y corazón hacia los corazones de la gente. Hay que entregar un mensaje de liberación del alma que las libere, que las ponga en el sendero que conduce a su victoria y a su ascensión en la luz. Todas las demás cosas son como adornos. Si el sermón no comunica en ese sentido, es sencillamente como disparar al aire. No ocurrirá nada.

Otra clave que he aprendido sobre escribir sermones es confiar en la enseñanza del maestro que dice que no debemos permitir a otras personas que pongan su atención en algo que se está construyendo o formando, para que sus energías, pensamientos y matrices mentales no influyan en ello ni lo afecten, ni lo retrasen ni lo aborten. Cuando estaba componiendo un sermón o una conferencia para los maestros, o una tarea que me había dado Madre, lo mantenía como una alquimia. No dejaba que nadie lo viera hasta que estaba terminado.

En todo el tiempo que trabajé con Madre, ella nunca me pidió una copia por adelantado de un sermón o de nada que fuera a presentar con ella o en su nombre. Ella respetaba la ley de la alquimia y confiaba en mí. Nunca me limitó el tiempo en el estrado. Aquellos tiempos con Madre fueron muy valiosos para mí.

Comentario:

Madre y Gene dieron conjuntamente once sesiones sobre «El arte y la ciencia de predicar», desde enero a marzo de 1992. Las sesiones duraban de media cuatro horas. Durante ese trimestre, Gene también dio diez conferencias sobre el Viejo y el Nuevo Testamento. Hubo muy pocas personas con quienes Madre compartió el estrado de esta forma en Summit University y durante las conferencias, especialmente en años posteriores. Era una indicación de la confianza que tenía en Gene.

A menudo yo tenía la tarea de presentar a Gene a los estudiantes de Summit University antes de que comenzara sus conferencias, que solía escuchar. Era evidente que Gene estaba muy cómodo en el púlpito. Claramente le encantaba enseñar y predicar, y a los estudiantes les encantaba escucharle.

Gene tenía todos los elementos de un buen predicador. Tenía un estilo característico y conectaba de corazón con su audiencia. Presentaba las enseñanzas con exactitud, sin dejar que su ego se entrometiera, y hablaba con el poder del Espíritu Santo. En tales ocasiones, no era difícil ver que tenía un impulso acumulado de otras vidas.

Sin embargo, con todo eso, Gene era muy humilde respecto de sus logros. Al reflexionar en esa época de enseñanza en Summit University, dijo: «Si Dios me puede utilizar a mí, puede utilizar a cualquiera. Yo no tengo nada especial. Tengo que decir que soy consciente de ello. Pero Dios puede utilizar hasta la más insignificante de las ramas. Me conozco mejor que nadie y siempre me sorprendo de que Dios pueda utilizarme. Dios puede hacer lo que quiera».

Una vez le pregunté si había sido un predicador anteriormente, puesto que, seguramente, una llama tan fuerte tenía que salir de algún sitio. He aquí lo que dijo:

Gene:

El teólogo protestante estadounidense Roger Williams fue un predicador itinerante de Rhode Island y el cofundador de la colonia de Rhode Island. Fue aprendiz en Inglaterra bajo Sir Edward Coke, un abogado que estaba en contra de Francis Bacon, encarnación inglesa de Saint Germain. Roger Williams era una persona fuerte con creencias y sentimientos apasionados. Tuve un sueño que me dejó una fuerte sensación de que se trataba de una de mis encarnaciones.

«He tenido un sueño», le dije a Madre, «y tengo una gran sensación de que fui Roger Williams en otra vida». Me miró a los ojos, y dijo: «Siempre me ha encantado Roger Williams». Y eso fue todo lo que dijo. No recuerdo el sueño pero fue muy dramático y me dejó impactado lo suficiente como para ir a preguntarle a Madre.

Roger Williams tuvo muchos paralelos con mi vida actual. Predicó sobre la «libertad del alma» y utilizó el púlpito para abogar por la libertad de los indios norteamericanos y los cuáqueros. La primera sinagoga judía se encontraba en Rhode Island. Fundó una Iglesia y después la abandonó, diciendo que Dios no podía ser confinado bajo un techo. Suena a algo que podría haber dicho yo. Los mismos hilos se mueven en vidas distintas.

Comentario:

La mensajera nunca le confirmó a Gene que hubiera estado encarnado como Roger Williams. En años posteriores rara vez habló a sus chelas de las vidas anteriores que habían tenido. Sin embargo, al preparar este libro para su publicación, escuchamos a otro chela decir, como una total coincidencia, que Madre le había dicho que Gene había sido Roger Williams y que le había dicho que no se lo dijera a Gene.

Un mensaje que sacamos de esto es que realmente no importa quién hayamos sido en otra vida. Ni rememorar glorias pasadas ni detenernos en errores anteriores nos ayudará en el aquí y ahora. Sin embargo, los impulsos acumulados de vidas pasadas, tanto positivos como negativos, proporcionan la materia prima con la que tenemos que trabajar en el aquí y ahora, y no es difícil ver estos impulsos acumulados como temas comunes de estas dos vidas.

Roger Williams nació en Londres, el veintiuno de diciembre de 1603. En su adolescencia fue aprendiz del famoso jurista Sir Edward Coke y más tarde se graduó de Cambridge, e hizo los votos sagrados en la Iglesia de Inglaterra. Sin embargo, se había convertido en puritano durante su época en Cambridge, por lo que no pudo pretender avanzar en la iglesia en Inglaterra.

Él y su esposa Mary viajaron a los Estados Unidos en 1630, donde tuvieron seis hijos. Fue recibido en la colonia de Plymouth, donde permaneció unos dos años. Según el gobernador Bradford, «sus enseñanzas estaban bien vistas».[29] (William Bradford encarnó después como Warren Carter, un piloto de la Segunda Guerra Mundial y luego ingeniero aeroespacial, quien se unió a The Summit Lighthouse y en 1987 ascendió.)

Más tarde Williams se mudó a Salem, donde fue asistente de un pastor. No tardó mucho en convertirse en una figura controversial en el estado de Massachusetts. Poco después fue exiliado de Salem por difundir «opiniones diversas, nuevas y peligrosas» que cuestionaban a la Iglesia.

En 1636, Williams y doce de sus seguidores establecieron la colonia de Rhode Island y Providence Plantations, que proporcionaban refugio a las minorías religiosas. Era lugar de reunión para personas de todas las clases que eran perseguidas por sus creencias, como los baptistas, los cuáqueros y los judíos. Williams simpatizaba con la condición de los indios norteamericanos y Rhode Island aprobó la primera ley de Norteamérica que convertía la esclavitud en algo ilegal.

Williams era una figura controversial en las colonias norteamericanas y un temprano proponente de la tolerancia religiosa y la separación de Iglesia y Estado. Uno de sus temas principales era que las personas debían tener total libertad de opinión sobre temas religiosos. Lo llamaba «libertad del alma». Era un tema que, claramente, se iba a repetir en vidas posteriores.

Mantenía que el Estado no debía involucrarse en hacer cumplir los primeros cinco mandamientos de los diez existentes, los que hablan de la relación entre Dios y el Hombre, sino que tenía que limitarse a aquellos que tenían que ver con las relaciones entre las personas: asesinato, robo, adulterio, etcétera.

Era un punto de vista radical en aquel momento, cuando la gran mayoría de la gente creía que cada país debía tener una Iglesia nacional y que los disensores debían ser obligados a someterse. Por ejemplo, durante gran parte de la vida de George Washington, la Iglesia Anglicana fue la iglesia establecida del estado de Virginia y por ley, los ciudadanos estaban obligados a asistir a los servicios y a pagar los diezmos.[30]

Rhode Island fue el primer estado de la historia moderna en el que existía una separación entre Iglesia y Estado y una libertad de religión completa. Se temía que la libertad que Williams proponía condujera sólo a la anarquía y el caos, pero la colonia de Rhode Island se convirtió en un experimento esencial de la libertad de religión que demostró que este principio podía perdurar. Ciento cuarenta años más tarde, las ideas que Williams anticipó se convirtieron en algo fundamental para la constitución de los Estados Unidos y la Primera Enmienda, que garantizaba la libertad de religión a todos los ciudadanos.

Nos reconocemos a nosotros mismos e incluso unos a otros, vida tras vida (el establecimiento del rumbo y los rasgos de la personalidad), pareciendo la esencia o el espíritu inequívocos. Williams fue, algunas veces, un predicador itinerante, como Gene en sus años como conferencista y, después, como ministro regional.

Estatua de Roger Williams en el ala del Senado del Capitolio de los Estados Unidos.

Williams comenzó en la Iglesia de Inglaterra, pero la abandonó al creer que su condición ya no se podía arreglar. Su búsqueda de una verdadera iglesia terminó llevándole al Puritanismo, al Congregacionismo y a los baptistas. Fue cofundador de una de las primeras iglesias baptistas de los Estados Unidos, pero también se marchó de ahí. «Dios es demasiado grande para ser alojado bajo un techo», dijo. Gene también fue de iglesia a iglesia, buscando la verdad más alta.

Después Williams tuvo la opinión de que la iglesia establecida por Jesucristo se había perdido cuando el emperador Constantino asumió el poder e hizo del cristianismo un instrumento del imperio romano. Buscó el día en que «los apóstoles son enviados por la Gran Cabeza de la Iglesia»[31] y se establecería una nueva Iglesia como la verdadera iglesia de Jesucristo el mundo. Quizá tenía una percepción interior de la Iglesia Universal y Triunfante, que los Dos Testigos establecerían cuatrocientos años después, apóstoles ordenados de Jesús que establecerían su Iglesia en la tierra.

Gene cree que estuvo presente en la fundación del luteranismo. Si eso es cierto, podemos ver una progresión interesante de vida en vida. Dos protestantes creían, como Williams, que la Iglesia Católica se había desviado. Con un idealismo mal dirigido, trataron de restablecer la Iglesia de Jesús retrocediendo a lo que creían que era la enseñanza verdadera y original de Jesús, tomando sólo la Biblia como su autoridad.

Williams, sin embargo, llegó a darse cuenta de que los esfuerzos humanos para establecer una verdadera iglesia no pueden funcionar. Sólo un apóstol enviado por Dios podía fundar una iglesia así. En eso llevaba razón. Williams había desarrollado la suficiente sabiduría, y quizá humildad, como para darse cuenta de que él no podía hacerlo. Por tanto, después de cierto punto en su vida, no quiso pertenecer a ninguna iglesia.

Esto se puede ver desde distintos puntos de vista. Puede que hubiera un poquito de orgullo, no estuvo dispuesto a pertenecer a ninguna organización exterior que no fuera perfecta según sus estándares. Quizá no estaba dispuesto a reconocer que Dios podía trabajar incluso a través de instituciones humanas imperfectas.

Por otro lado, quizá era necesario para él no formar parte de ninguna iglesia existente. Predicaba un estado cristiano que fuera independiente de iglesias y, quizá, tuvo que dar el ejemplo en su propia vida de cómo ser un buen cristiano aunque no se esté afiliado con ninguna denominación. Quizá tenía que ser completamente independiente para que las personas pudieran confiar en que no tenía objetivos personales de favorecer a una iglesia por encima de la otra.

Roger Williams está considerado como uno de los mayores defensores de la libertad religiosa en la historia de los Estados Unidos. Una estatua suya de mármol del escultor Franklin Simmons se puede encontrar en el ala del Senado del Capitolio de los Estados Unidos. En su mano tiene un libro con las palabras:

LIBERTAD
DEL ALMA
1636

De gira otra vez

Gene:

Otra tarea de principios de la década de 1990 fue ir de gira otra vez. Madre propuso todas las giras a las que fui. Algunas veces ella decidía exactamente los lugares que debía visitar. Otras veces, esas decisiones las hacían personas que planificaban las giras.

Íbamos de gira por una región para entregar el mensaje, la historia de la Revolución Venidera en Conciencia Superior. Hacia los planes con tres meses de antelación. Teníamos que recaudar los fondos, contactar con los grupos de estudio y centros de enseñanza para pedir su ayuda y reservar los lugares donde se iban a dar las conferencias. Equipos de trabajo salían con anterioridad para poner posters. Los Guardianes de la Llama de cada ciudad asistían a las conferencias, vendían libros y ayudaban con las inscripciones.

Nuestro equipo de gira lo formaban normalmente tres personas, y estábamos fuera entre seis y ocho semanas cada vez. Éramos un grupo unido mientras viajábamos en un único vehículo y pasábamos casi veinticuatro horas al día juntos. Algunas veces eso suponía una intensa iniciación. Muchas veces era una experiencia hermosa, pero algunas veces era un infierno.

Cada vez que dábamos una conferencia, hacíamos nuestro trabajo espiritual con Astreas y otros decretos para limpiar las energías y preparar el campo energético. Siempre me interesó el hecho de que se podía sentir la pesadez y, justo antes de la conferencia, la luz y la energía descendían. Sentir el aura de los maestros alrededor de nosotros duraba todo el tiempo de la conferencia y luego, precisamente cuando ésta terminaba, ¡boom!, se marchaba, y el karma volvía descender. Se podía sentir.

A Madre le gustaba que la mantuviéramos informada de cómo iban las cosas, por lo que la llamaba con regularidad. Le decía cómo eran las energías y con qué teníamos que lidiar, así como las historias y las cosas maravillosas que sucedían. Con frecuencia ella hacía una invocación por nosotros en el acto, mientras escuchábamos alrededor del teléfono. Se podían sentir las energías negativas disiparse inmediatamente en respuesta al llamado. Estas cosas eran tangibles. Es una de las cosas tan grande sobre la experiencia de ir de gira por Madre: nunca te quedaba la duda de si la gira era de los maestros y si el patrocinio del Gurú estaba ahí. Nunca, nunca te dejaban abandonado. El llamado verdaderamente obliga a la respuesta de una forma tangible, casi se puede tocar.

Con una perspectiva amplia, sentíamos alegría y felicidad al saber que las personas eran liberadas para encontrar las enseñanzas. Una vez, alguien se me acercó en el Retiro Interno, y dijo: «Recuerdo una conferencia en una noche fría, húmeda y con lluvia en la zona de Midlands de Gran Bretaña. Sólo había cuatro personas, pero yo fui una de las cuatro, ¡y aquí estoy!». Cosas así me solían pasar.

A menudo los maestros eran muy selectivos con quienes permitían venir a los eventos. Siempre hacíamos llamados para que la puerta estuviera abierta para aquellos a quienes los maestros deseaban ver ahí y que la puerta estuviera firmemente cerrada para dejar fuera a quienes los maestros no querían. Sin embargo, algunas veces teníamos oposición. Una vez en Australia, un hombre se acercó antes de la conferencia y me dijo que era una encarnación de Saint Germain (cosa que por supuesto no era posible). Yo seguí con la conferencia.

Siempre me daba una gran alegría ir de gira. En un sentido era como un impulso divino, un deseo de entrar en contacto con cada alma que está a la búsqueda de alguna verdad y darle las buenas nuevas. He experimentado que no hay mayor gozo en la vida que dar la verdad que libera a la gente.

También hay un impulso por saldar karma. A menudo se piensa, incluso en esta Iglesia, que si una persona tiene cierto dharma que implica un servicio prominente, es debido a su logro. No forzosamente. Puede tratarse de una responsabilidad kármica. Madre me envió a cuatro giras de conferencias en Gran Bretaña en un espacio de diez años. Eso me dice que o bien yo tenía un montón de karma allí, o bien había razones espirituales de peso para que los maestros me hicieran ir tantas veces.

El Arcángel Gabriel dijo en nuestro curso de Summit University que algunos de nosotros teníamos la responsabilidad de entrar en contacto con miles, algunos con decenas de miles y otros con millones de personas debido a nuestro karma. Cuando oí eso, sabía que se trataba de mí y sabía que en mi caso, serían millones de personas.

Me inclino a creer que tuve que desempeñar ciertos roles y responsabilidades al ser mi responsabilidad kármica por haber desviado a la gente del sendero en el pasado. Si es así, entonces estoy agradecido por la oportunidad y el privilegio que mi Gurú y mi Dios y los maestros me han concedido de saldar ese karma.

Comentario:

Empecé a formar parte del personal de The Summit Lighthouse poco después de Pascua de 1989. Poco más de un año después, me asignaron como miembro de un equipo de una de las giras de Gene. Durante los siguientes años, fui de gira con él en muchas ocasiones.

¡Qué tiempos aquellos! Solíamos tener a tres miembros en cada equipo. Además de Gene y yo, podría estar Tani Bowman, Patrick Danahy u otro miembro del personal. Planificábamos el viaje con todo detalle, coordinábamos con los grupos que íbamos a visitar por el camino, cargábamos nuestro vehículo (lleno hasta los topes) e íbamos a recoger el dinero para nuestros gastos diarios de Wanda, que entonces trabajaba en el departamento de contabilidad. Nuestra mensajera nos daba la bendición en el altar y con eso estábamos listos para salir.

Éramos guerreros viajeros y esto era el gran viaje americano. Salíamos del Retiro Interno para estar fuera entre seis y ocho semanas cada vez, regresando a tiempo para la siguiente conferencia trimestral. Cada gira era en una región distinta, donde visitábamos a todos los grupos de la zona y todas las ciudades principales. Cuando era posible, también visitábamos a los fieles Guardianes de la Llama que no vivían cerca de algún grupo.

Un equipo para poner posters iba delante de nosotros y Gene, en cada parada, iba a los medios, que un equipo de trabajo en la sede central había organizado. Cambiábamos de localidad cada dos o tres días, quedándonos a menudo con Guardianes de la Llama de la zona que nos abrían sus casas. Estos amados miembros eran, y son, la espina dorsal de nuestro movimiento.

Vaya calendario que teníamos cuando íbamos de gira. Llegábamos a una ciudad por la mañana o por la tarde, dependiendo de la duración del viaje desde la anterior parada. Solía haber dos o tres entrevistas para Gene en la radio, la televisión o los periódicos locales. Si había tiempo en el programa, nos reuníamos con la junta del grupo de esa localidad. Luego íbamos en automóvil a la sala de conferencias o al salón del hotel para prepararlo todo.

Había tres fases en nuestra bien preparada operación. Primero, el montaje: descargábamos el vehículo y montábamos la mesa de inscripciones, la venta de libros, el proyector de diapositivas, el equipo de audio visual y todo el salón de la conferencia en unas dos horas. Llevábamos todos los libros y los folletos gratuitos que necesitábamos en el vehículo. La segunda fase era la conferencia. Gene hablaba durante dos o tres horas y después de la conferencia, vendíamos libros y hablábamos con los nuevos estudiantes que se encontraban ahí. La fase final era el desmontaje. Volvíamos a empaquetarlo todo en cajas y las cargábamos en el vehículo, a menudo con ayuda de nuestros miembros locales. Luego nos íbamos todos a cenar. Después regresábamos al hotel o a la casa del miembro que nos estuviera alojando.

Al día siguiente yo contaba el dinero de las ventas de libros y las donaciones, hacia inventario, hacía el pedido para reponer lo que se había vendido y escribía los informes. Después, normalmente pasamos tiempo con el grupo de la localidad. Nos reuníamos con la junta, quizá durante la cena, y con toda la comunidad por la noche. Averiguábamos lo que estaba ocurriendo con el grupo, les ayudábamos a resolver los problemas, hablábamos de cómo hacer el trabajo de seguimiento con los nuevos estudiantes que habían sido contactados e impartíamos la visión de su misión en esa ciudad.

Al día siguiente nos volvíamos a subir en nuestro vehículo y otra vez de viaje, en dirección a la siguiente ciudad para volver a montar esa noche y volver a repetirlo todo.

Al mirar atrás, parece un programa agotador; y en algunas cosas lo era. Pero nos sostenían los maestros y los llamados que Madre hacía por nosotros.

Cada pocos días, llamábamos a Madre por teléfono. Gene la ponía al día sobre el progreso que hacíamos y le contaba las historias de la gira que a ella le gustaba tanto escuchar. También le explicábamos cualquier desafío que tuviéramos. Podía surgir energía de toda clase como oposición y Madre hacía llamados por nosotros al teléfono. Esto era en los tiempos anteriores a los teléfonos móviles y recuerdo perfectamente como Gene, yo y nuestro tercer miembro del equipo nos apiñábamos en una cabina telefónica de un pueblecito de carretera del centro de los Estados Unidos, con los oídos apretados contra el recibidor para poder oír a Madre haciendo sus invocaciones por nosotros, enviándonos la luz que necesitábamos para continuar.

Gene cuidaba bien de su grupo. Siempre cuidaba de nuestras necesidades, asegurándose de que dormíamos y comíamos lo suficiente. Él es un anecdotista y nos entretenía contándonos historias. También tiene un gran sentido del humor, y nos reíamos y divertíamos mucho en medio del duro trabajo.

Gene se encontraba muy cómodo yendo de gira. Le encantaba llevar el automóvil y lo hacía casi todo el tiempo. Con Gene al volante, decretamos y cantábamos mientras viajábamos por los Estados Unidos. Las mañanas a menudo nos encontraban desayunando en algún restaurante económico, con Gene leyéndonos los titulares del último periódico y contándonos su evaluación del estado del país. También escribía sus informes (a mano) para Madre y la junta en la sede central.

Y cuando ya regresábamos, Gene solía empezar a planificar su siguiente gira.

Recorríamos mucho terreno. En una docena de giras en esos tres años, cruzamos todo el país una y otra vez para llevar el mensaje de libertad del Maestro Ascendido Saint Germain. En una ocasión, calculamos que habíamos visitado casi todos los grupos de estudio y centros de enseñanza de los Estados Unidos.

Fue una época emocionante en nuestra organización. Para mí, aún más, fue una época inestimable de preparación y aprendizaje. No sólo aprendí sobre la expansión y cómo organizar una conferencia de primera clase para los maestros ascendidos, sino que también vi como trabajaba Gene con los miembros y los grupos. Vi como aconsejaba a la gente, cómo llevaba sus entrevistas con los medios, cómo identificaba la energía y manejaba la oposición a la misión y cómo se mantenía optimista y guardaba un espíritu positivo sin importar lo que sucediera.

Sobre todo, vi cómo eran sus relaciones con otras personas. Gene tenía un gran amor y respeto por los trabajadores en los campos del Señor, los centros de enseñanza y grupos de estudio de nuestra organización. Él sabe cuál es el precio que la gente paga por guardar la llama en una ciudad. Sabe cómo apoyar a la gente y animarla a que dé el siguiente paso de compromiso en el sendero espiritual. En muchas ocasiones le vi en un rincón tranquilo, hablando honestamente con un hermano o una hermana, con la mano sobre su hombro. Después, alguien decidía empezar un grupo o formar parte de la junta, que tenía una vacante; o responsabilizarse de la expansión o del trabajo de seguimiento; o lo que hiciera falta. Resultaba difícil decir que no a Gene cuando te ponía la mano en el hombro.

Al viajar con Gene mientras llevaba el automóvil por todas esas millas y más millas de carretera, llegué a saber qué pensaba de los asuntos importantes de la vida de un devoto en el sendero espiritual. Aprendí cómo resolvía los problemas y cómo evaluaba a la gente desde el corazón. Al lado de Gene, aprendí a ser ministra.

Gene preparándose para marchar a una gira de conferencias, marzo de 1991

De gira con Neroli en San Louis, visitando el Gateway Arch

Los desafíos de la dieta

Gene:

Un día, en 1991, después de haber terminado una gira de expansión, Madre me llamó al estrado durante una presentación que estaba dando sobre la espada del Arcángel Miguel. Quería demostrar el uso de la espada, por lo que me la pasó alrededor mientras hacía llamados por mí. Entre los llamados, llegó a decir: «¡Libérale de las cosas que ha tenido que comer cuando estaba de viaje y que no forman parte de su dieta!». Toda la conferencia fue grabada y después reproducida en las sesiones de Summit University. Hizo reír a la audiencia entonces y aún me gastan bromas por eso.

Madre me conocía y sabía cuáles eran mis costumbres. Al final de cualquier conferencia teníamos un apetito voraz. Normalmente habríamos comido muy temprano para tener tiempo para montar la conferencia y, además, teníamos que lidiar con bastante energía debido a la reacción violenta a raíz de la conferencia. Encontrábamos un restaurante que estuviera abierto y cenábamos alrededor de las diez y media de la noche, justo antes de acostarnos, que probablemente no era lo mejor. En Inglaterra había pocos sitios abiertos a esa hora, por lo que comíamos en muchos restaurantes indios. Me encanta la comida india.

No recuerdo que Madre me hablara mucho de mi dieta (pero hablaba con Wanda). Creo que lo he olvidado subconscientemente. La dieta nunca me interesó realmente. Comer lo que me gustaba era una antigua costumbre y quizás un poco de karma. ¿Quién sabe? Quizá me morí de hambre en otras encarnaciones.

Encontré las enseñanzas pasados los cincuenta años de edad y es difícil cambiar las costumbres alimenticias de toda una vida. Seré honesto, nunca estuve motivado. Podría ser rebelión: «¡Nadie me va a decir lo que tengo que comer!». Quizás es algo sobre lo que puedo tener un poco de control y autoridad en mi vida. Soy como todo el mundo. ¡Si quiero, puedo justificar cualquier cosa!

Wanda:

Madre me dijo que vigilara la dieta de Gene desde el principio de nuestra relación. Me dijo que tenía que vigilar lo que comía para que comiera lo que debía. Madre había visto a su propio esposo, Mark Prophet, fallecer de una muy grave apoplejía a la edad de cincuenta y cuatro años, la misma edad que tenía Gene cuando tuvo la suya. Creo que ella veía lo que le podía esperar a Gene y trataba de ayudarle a evitarlo mejorando su dieta, igual que ayudó a Mark a mejorar la suya.

Estaba muy preocupada por lo que había dicho Madre. Pero también sabía que la comida era importante para Gene y que le resultaba difícil cambiar. En ese sentido, para mí era un verdadero desafío. Gene comía lo que quería, y ya está. Intenté explicarle los elementos de una buena dieta, pero no le interesaba. Traté de explicar a Madre que no podía controlar lo que comía Gene, especialmente cuando estaba de gira. Pero ella parecía hacerme responsable, y me metía en problemas por «no cuidar de él».

Que Gene no comiera bien no era nada nuevo para mí. Años después, cuando viajamos juntos, Madre me volvía a decir: «¡Wanda, vigila lo que come!». Y yo pensaba: «Madre, no sabes lo que me pides». Claro que no se lo decía, pero lo pensaba. Gene se reía y me decía: «¡Sí, siempre me vigilas la dieta con mucho cuidado!». Él sabía que yo vigilaba, pero también sabía que no podía hacer que comiera lo que no quería.

Y yo pensaba: «Pues yo vigilo, pero de poco sirve porque no me hace caso». Gene me dice que él siempre es «obediente» conmigo y que lo aprendió al principio de casarnos, pero de hecho, siempre comió lo que quiso. Es de comer patatas con carne y salsa, eso es lo que comían en su familia. El problema es que sus alimentos favoritos son los que menos le convienen. Yo me informaba sobre la alimentación y le contaba lo que había investigado, pero él decía: «Un estudio dice una cosa y otro dice lo contrario. ¿A cuál vas a creer?».

Gene dice me esfuerzo con valentía para que haga lo correcto. Pero soy realista y ya no estoy para agarrar rabietas si Gene no come lo que yo quiero. Intento que coma algo de verdura de vez en cuando. «¿Te comes un pedazo por tu esposa?», le digo. Y a veces lo hace. Pero luego dice: «No sigas».

Gene:

Una de las partes más sensibles de nuestra relación ha sido la comida. Wanda tiene mucha fuerza de voluntad y yo también, por eso algunas veces es una lucha.

La comida para mí es como un consuelo. Me gusta que la comida tenga buen sabor. En cuanto al ejercicio, cuando atravieso momentos difíciles me muevo de la silla a la cama y permanezco sedentario. Mis viejas rodillas de *football americano* me dan problemas.

Wanda me predica mucho y creo que se ha perdido su vocación. ¡Habría sido una buena predicadora!

Gran parte de las dietas que tenía nuestra organización no las acepté. Me sometía a esas dietas de entonces porque el Gurú nos lo pedía, pero no parecían afectarme en nada. En un sentido, sé que la preocupación de Madre por mi dieta surgía porque me amaba mucho. Quería que viviera tanto como fuera posible. Por eso hago concesiones ocasionalmente y como un poco de zanahorias y brócoli.

Cuando era ministro luterano solía decir que cada persona tiene su propio camino hacia el infierno. Con eso quería decir que todo el mundo tiene sus cosas con las que lucha, cosas que pueden derrumbar o hacer desencarnar a la persona. Cada chela tiene su propio sendero a seguir. Todo el mundo tiene su punto vulnerable. A otros chelas de Madre yo les decía que no siguieran mi ejemplo con la comida.

Comentario:

Nuestra mensajera a menudo exhortaba a sus estudiantes a que comieran una dieta equilibrada para poder tener una larga vida de servicio. Ella decía que la buena salud es una clave para tener éxito en sendero espiritual y para conseguir la victoria de la ascensión. Si vivimos más tendremos más oportunidades de saldar el karma necesario para tener la oportunidad de ascender. Y si el cuerpo es fuerte, tiene salud y está en equilibrio, uno se encuentra en una posición mucho mejor para servir y cumplir con su misión cada día. En la Conferencia de la Libertad de 1995, Madre observó:

> La dieta correcta puede mejorar la salud física así como el crecimiento espiritual. Yo misma recomiendo y sigo con gran alegría la dieta macrobiótica, que es la dieta de los adeptos orientales. Cuando se entiende su práctica adecuadamente, la dieta macrobiótica produce equilibro y armonía para el cuerpo, la mente y las emociones. Aunque la dieta macrobiótica es excelente, requiere una adaptación individual sustancial. Para mantener una dieta saludable hace falta conocimientos de nutrición y la sintonía con las necesidades propias.[32]

El amado Lanello nos ha pedido que tengamos un cuerpo fuerte y purificado como recipiente del Cristo vivo:

> ¡Si estáis encarnados, defended vuestra vida! Expandidla, aumentadla, multiplicadla, fortaleceos y dad vuestra vida a los decretos para Dios y el servicio que seáis capaces de reunir. Nunca sabréis cuánto equilibrio sostenéis para el planeta. Nunca sabréis cómo cada gota de vuestra sangre, cada grano de arena en el reloj cuenta para vuestra victoria. ¡No acortéis la oportunidad de la victoria, que no es una simple victoria sino una victoria compleja y llena de maestría!
>
> Por tanto, alargad la duración de vuestra vida y seguid las advertencias con respecto a la dieta. Los que comen demasiado,

se atiborran y no afrontan sus impulsos acumulados de glotonería de vidas anteriores también reducen su instrumentación mientras aún tienen buena salud y corren el riesgo de caer presas de enfermedades.

El cuerpo fuerte y purificado es el mejor recipiente para el Cristo vivo. Que sea fuerte en lo físico. Que el cuerpo de los deseos sea fuerte, deseando por siempre a Dios y buscando prudencia y modestia, cuidado y, ciertamente, el corazón contrito.

Éstas, amados, son nuestras palabras para vosotros. Que este cuerpo pueda ser el templo del Dios vivo durante muchas décadas futuras, digo; y lo digo a cada uno de vosotros, porque aún os queda mucho para graduaros con todo el logro de vuestra maestría divina. Que no sea nada menos, amados.

¡Dadle al mundo algo y alguien a quien recordar! ¡Dadle el regalo de vuestro corazón para que recuerden! Necesitarán esos recuerdos, creedme, amados, en los días en los que deban permanecer solos. Necesitarán el recuerdo de vosotros encarnados y de vuestra fortaleza, vuestra determinación y vuestro amor y fe infalibles.[33]

La curación del alma

Comentario:

El 21 de julio de 1992, la mensajera tuvo una reunión con todos los miembros de su personal. Habló de la importancia que tenía para los chelas curarse psicológicamente, particularmente de aquellos aspectos que surgen de las relaciones con los padres.

Las relaciones con el padre y la madre son arquetípicas en la conciencia y dan color a nuestras relaciones con los demás, especialmente con las figuras de autoridad allá donde nos las encontremos, tanto en el lugar de trabajo y en nuestras vidas espirituales. Si no hemos curado nuestras relaciones con los padres humanos, con frecuencia tendremos dificultades en nuestras relaciones con nuestros Padres celestiales, el Dios Padre-Madre y con el Gurú.

Madre habló del trabajo con el niño interno, que es el alma. En nosotros también hay arquetipos del adulto interno que sigue el modelo de los padres y los ejemplos que ellos establecieron para nosotros. Puede estar el adulto autoritario, el permisivo y el ausente, y el niño interno no amado al lidiar con estas cargas establece mecanismos de defensa y barreras.

Trabajar con el niño interno es una forma de curar el alma. Podemos aprender a ser un adulto interno bien equilibrado hacia nuestro niño interno, con la presencia sobre ese adulto del Santo Ser Crístico, el arquetipo más alto del adulto interno amoroso. Podemos traer consuelo y enseñanza al niño, o al alma, y al hacerlo ésta nos hablará desde el nivel del niño hasta que crezca y madure, convirtiéndose finalmente en ese Cristo.

Madre recomendó que los miembros del personal comenzaran un programa de trabajo con el niño interno bajo la dirección de profesionales en la comunidad. Al día siguiente, Gene le escribió una carta, que contenía los siguientes pensamientos:

> Sólo quiero decirte lo feliz que estoy por tener la oportunidad, junto con otros miembros del personal, de realizar trabajo en grupo con nuestro niño interno.
>
> Antes de mi última gira, tomé *Healing Your Aloneness (Cómo curar tu soledad*),* lo leí y me hice más consciente de los asuntos que me quedan sin terminar. Incluso pensé en pedir una excedencia para ir a Los Angeles y trabajar o bien con Chopich, o bien con Paul, para poder resolver la relación con mi niño interno, por la razón de que me siento estancado en un cierto nivel de mi desarrollo psicológico y con adicción al azúcar.
>
> Al haber pasado por dos años de profunda terapia a los treinta y cinco años de edad en un intento de salvar un matrimonio de diecisiete años, ya he experimentado el dolor, el trastorno emocional y las subidas y bajadas que tienen lugar cuando uno profundiza mucho en su psique, comienza a experimentar la profundidad del sentimiento y la emoción, etcétera. Afortunadamente, tuve una psicóloga de buen corazón, muy experimentada, que se llama Jeanne Wolff. Ella me aceptó incondicionalmente y bajo su amoroso cuidado, experimenté mi vida al nivel de los sentimientos cinco años cada vez, hasta la edad adulta. Abrió para mí todo un mundo de sentimientos.
>
> La Dra. Wolff me dijo una vez que tenía tantas cosas reprimidas que era sorprendente que no hubiera «golpeado a alguien» o «matado a alguien». Afortunadamente, me desahogué de gran parte de la agresión y la ira que sentía siendo un feroz defensa en el equipo de *football americano* de la universidad.
>
> Un aspecto que me parece que ha faltado para los miembros

* Margaret Paul y Erika Chopich, *Healing Your Aloneness: Finding Love and Wholeness through Your Inner Child.*

del personal es el elemento de curación y cuidado psicológico. Nos hacen falta psicólogos, pues ellos tienen otras responsabilidades. Aunque yo tengo una licencia estatal de California como consejero de matrimonios, niños y familias, siempre he sabido interiormente que mi ciclo de curación no se había completado.

Por tanto, después de haber apartado todo esto durante treinta años, es hora de resolver las cosas: la integración psicológica con mi niño interno, acabar con el no yo y fundir mi alma con mi Santo Ser Crístico.

Puesto que nunca pude satisfacer a mis padres, que constantemente me criticaban y me maltrataban (tanto verbal como físicamente), busqué validación en el mundo a mi alrededor mediante mis proezas atléticas y «siendo simpático». Tanto mi madre como mi padre eran muy queridos por la gente a quien servían y con quien trabajaban en el mundo. Sus «escenas» ocurrían en la privacidad del hogar, con una madre fría, retraída, que no me amaba (aunque seductora) y neurótica; y un padre iracundo y violento que perdía el control, me golpeaba sin misericordia y me gritaba con insultos en alemán, diciendo que, si no cambiaba, algún día «terminaría en un reformatorio».

He leído los libros sobre el niño interno. El mejor de todos, desde mi punto de vista, es *Healing Your Aloneness*. Me ha movido de verdad para volver a hacer el necesario trabajo del niño interno.

Aunque ya he perdonado mis padres en algunos aspectos, todavía me queda algo en lo que tengo que trabajar, en un profundo nivel de mis sentimientos, antes de poder soltarlo.

Con amor de tu chela,
Gene

Este fue el principio de un ciclo de tres años en el que Gene trabajó con sus aspectos psicológicos. Tuvo su culminación en 1995, cuando asistió a un taller sobre el niño interno de cinco días. Gene comenta sobre su experiencia y la curación que ello produjo a continuación.

Gene:

¿Cómo puede usted saber si está afrontando una capa profunda del no yo dentro de su ser? Por la fuerza que tenga aquello a lo que se enfrenta. No se puede caer en el desánimo cuando parece que no se hace camino y se siente con deseos de tirar la toalla. Está consiguiendo la maestría que su alma busca. Así, si su alma está luchando con algo, haga el llamado pidiendo iluminación sobre ese asunto. No se condene a sí mismo. Comience ofreciendo amor y aceptación incondicional.

Cuando trabajo con alguien o hago de consejero sobre sus experiencias en la vida, algunas veces relato algunas de mis experiencias personales, para que sepan que ellos no son los únicos, que no son raros. Entonces quizá sugiera ciertas cosas que ellos pueden hacer por su auto maestría, incluyendo oraciones y decretos específicos. Animo a la persona a que obtenga su auto maestría y la victoria, y le aseguro que puede ganar.

Haberme criado en un hogar disfuncional significaba que tenía algunas cicatrices bastante profundas en mi psique. El amor incondicional fue mi curación. Volví a vivir algunos de los momentos más dolorosos de mi vida durante la terapia con una psicóloga especializada en la curación del niño interno. Cuando la conocí, intuitivamente supe que me podía llevar adónde yo tenía que ir para curarme psicológicamente.

Había mencionado a Madre que deseaba hacer terapia con esta psicóloga. Madre respondió de forma positiva y me dio permiso para proseguir con esta curación. Me animó, incluso dándome una beca y el tiempo libre para asistir a uno de los seminarios como recompensa por enseñar en Summit University.

Después de un intensivo de cinco días con otras once almas,

experimenté una gran curación en lo más profundo de mi ser. Fui capaz de perdonar y amar a mis padres terrenales, mi padre y mi madre. Eso me liberó para poder amar de verdad a mi Padre celestial y a mi Madre celestial, encarnados en los mensajeros Lanello y Madre.

Siempre estaré agradecido a Madre por sintonizarse con mi más profundo dolor y anhelo de curación y la libertad del alma, y por darme su bendición y ánimos para conseguir curarme en los niveles más profundos de mi ser y mundo.

Wanda:

Yo sabía que la curación era profunda en cuanto Gene llegó a casa de ese seminario.

Gene nunca me dejaba enseñar una fotografía que él tenía con su padre, así como otras fotografías familiares. Como viejo luterano que era, el padre de Gene creía en «una paliza al día» como principio para criar a un hijo. Esta fotografía parecía recordar a Gene todo el sufrimiento y dolor de esa relación.

En cuanto Gene entró por la puerta, me dijo: «¿Dónde está esa foto con papá y yo?». Yo sabía exactamente dónde estaba porque sabía que algún día Gene querría enseñarla con las demás.*

Ahora la foto está en nuestro salón, en un sitio destacado entre las fotografías familiares. Después Gene bromeó: «En realidad no era una paliza al día. Sólo lo parecía».

Comentario:

Después de este taller del niño interno, Gene escribió a Madre sobre su experiencia y la ira que había tenido enterrada en su interior a causa de su difícil niñez. Ella respondió con una enseñanza profunda sobre la irá y sobre cómo resolverla eficazmente. También le advirtió sobre las perspectivas que muchos psicólogos tienen de que una forma sana de lidiar con la ira reprimida es expresándola.

---

* Esta fotografía está reproducida en la página 19.

Querido Gene, y a quien el tema pueda interesar:

... Quisiera destacar los siguientes asuntos sobre la ira:

Jesús ha dicho: «Pon la otra mejilla». Cuando la gente se ensaña con nosotros y nos trata sin misericordia, cuando nos hiere psíquicamente en el corazón de nuestra alma, en el ego, en la mente o en cualquier parte de nuestro ser, nos encontramos en el lado receptor de la ira. Algunas veces nos encontramos en el lado receptor de la ira durante vidas enteras y algunas veces nosotros somos los que la hemos descargado durante vidas enteras. Y ahora llegamos a esta vida en la que somos llamados a ascender y a transmutar la causa, el efecto, el registro y la memoria de la ira y de todas las ramificaciones marcianas que la acompañan.

Deseo recordarte la famosa historia que me contaron sobre Godfre.*... Estoy segura de que no se la inventaron ni la embellecieron. Godfre iba caminando por una de las calles principales de Los Angeles. Y se detuvo, se dio la vuelta enfrentando su creación humana, denunció esa creación humana, la ató y la desterró de su vida para siempre.

Antes de eso, la historia dice que Godfre, enfadado, golpeó a un hombre. Y en cuanto hubo golpeado al hombre, se le paralizó el brazo con el que le golpeó. Su ira expresada contra otra persona le regresó instantáneamente. Esto es así porque había alcanzado cierto nivel iniciático en el sendero por el cual cualquier karma en el que incurría, inmediatamente le regresaba. No hay ninguna espera a que dé la vuelta a la Tierra o a que pasen diez mil años antes de poder lidiar con ello. El karma es instantáneo para los que han saldado el cien por cien de su karma, o casi.

Esto, pues, es un ejemplo de la ley del karma y de cómo actúa en las vidas de la gente que desobedecen las leyes de Dios que prohíben la emisión de cualquier clase de discordia, desde la

* Godfre Ray King, mensajero de Saint Germain en la primera mitad del siglo veinte.

discordia leve hasta la ira, la violencia, el asesinato; incluso si sencillamente asesinamos el alma de otra persona con el abuso de la Palabra hablada. El lenguaje soez, por supuesto, es el lenguaje de los demonios.

Existen muchas historias en las vidas de Gautama Buda, Jesucristo, Lao Tzu, etcétera que tienen que ver con el Gran Tao y el flujo de dar y recibir. Quisiera destacar que Jesús y Juan el Bautista dieron intensas reprimendas a los saduceos y fariseos. Dar una intensa reprimenda con control Divino, emitiendo el fóhat de los chakras para desafiar y consumir el mal es lícito.

En todos los casos en que Jesús realizó curaciones, se enfrentó a alguna forma de ira que había infestado a la persona. Puede que la persona hubiera tenido su propia ira y sus propios problemas, pero lo que tenía la vibración de la ira era la propia enfermedad o los demonios a los que echaba. Jesús le dijo a Satanás: «¡Quítate de delante de mí, Satanás!». Pero no descargó ira personal contra Satanás.

Job no descargó su ira contra Satanás. Dios envió a Satanás para poner a prueba a Job y, en todos los aspectos, Job pasó las pruebas. Por tanto, la familia y las posesiones que Satanás le había quitado, le fueron devueltas.

Mientras explico lo que él quiere que los chelas sepan sobre la ira, Saint Germain me recuerda que la ley de ganarse el pan cada día y la ética en el trabajo es el medio de expiar la ira, lidiar fuerte con problemas espinosos en la oficina, trabajando duro para dar un sermón, trabajar en los campos de petróleo, en las canteras, con calor, incluso en trabajos donde la gente recibe una paga muy escasa; todas y cada una de esas personas resuelven así su ira.

Algo ganamos al realizar el trabajo repetitivo. Por ejemplo, cuando era pequeña teníamos en el jardín un montón de ladrillos. Mi padre quería que los lleváramos hasta la cima de la colina, donde iba a construir un camino de ladrillos. Así que me pagó un penique por cada ladrillo que llevara de un lado a otro del jardín, subiendo la colina, hasta llegar a la casa.

Agarré mi pequeña carretilla y averigüe la mejor forma de subir esos ladrillos. Y todas las noches le decía cuántos ladrillos había llevado, y él me pagaba un penique por ladrillo. Hacía muchas cosas repetitivas como cuidar del jardín, limpiar la casa, fregar los platos. Después he hecho trabajo repetitivo todos los días desde que entré en The Summit Lighthouse, en 1961.

La vida tiene cierta uniformidad, en lo cual yace su familiaridad y su consuelo. El sol se pone y el sol también sale, la luna pasa por sus ciclos, etcétera. Nos podemos identificar con los ciclos de la naturaleza y con nuestros cuerpos y estar en paz con ellos.

Pero creo que donde hay faena rutinaria, por llamarlo así, ese es el medio que Dios provee para que expiemos la ira. Por eso vemos a los prisioneros encadenados juntos para trabajar en las carreteras, etcétera; o en épocas anteriores, construyendo la Gran Muralla de China, los grandes templos de los incas, las pirámides. Esos esclavos no hacían nada sino trabajar desde que tenían cinco años de edad hasta que se caían muertos. Y si no hacían su trabajo bien, sus capataces los azotaban.

Ese era un medio de expiar la ira. Era una penitencia forzada. Nos salimos de una Era de Oro debido a la ira. Por tanto, la faena rutinaria es un medio para la expiación de la ira: el karma.

Oiremos a la gente decir que no le gusta su trabajo, que lo hace sólo porque extrae dinero, de lo contrario no lo haría. Por eso Saint Germain inventa una sociedad basada en el sistema de libre empresa, por el cual si queremos comer y tener buenos muebles, y si queremos tener mejor comida que el vecino, si queremos subir en el mundo, tenemos que trabajar. Y cuanto más trabajamos, más llegamos a donde queremos llegar.

Por tanto, el sistema de libre empresa produce alegría y regocijo al trabajar y recibir los frutos de nuestro esfuerzo. Y con el fruto de ese esfuerzo, podemos salir y comprarnos un Mercedes, o una casa, meterlo en el banco o invertirlo. Lo hemos ganado. De esta forma, el sentido de satisfacción por lo logrado es lo que desplaza a la ira.

La ira es verdaderamente el núcleo de la frustración que dice: «No hay nada que pueda hacer por el destino que tengo. No puedo cambiar. Estoy estancado». Podíamos decir eso cuando éramos niños pequeños, pero no lo podemos decir cuando somos adultos y vivimos en el hemisferio occidental. En los Estados Unidos, podemos cambiar nuestras circunstancias; podemos prepararnos con las capacidades que requiere el trabajo, trabajar y conseguir algo de lo que enorgullecernos.

Nuestro orgullo por la excelencia de nuestro trabajo es la disipación de la ira. Ya no tenemos nada por lo que estar enojados porque tenemos los medios con los cuales nos hemos ganado nuestra justa recompensa.

No, no es lícito descargar la ira. Es lícito ir al gimnasio y golpear un saco de boxeo. Pero es mucho mejor hacer algo productivo. Cuidar de niños retrasados. Empezar una campaña en favor de una «zona sin odio» en Montana, etc., etc....

Jesús se separaba de las multitudes y rezaba. Podemos llegar a la conclusión de que Jesús se separaba para llevar todas las cosas que tenía que enfrentar ese día o en los días siguientes a una resolución. Puedo ver a Jesús con el flujo en forma de ocho, con el nexo en su corazón, procesando la ira (incluso la ira humana) dándosela a la Presencia YO SOY y al Cuerpo Causal y recibiendo a su vez la energía purificada.

Jesús era demasiado inteligente como para descargar su ira. No dirigió terapias psicológicas, ni tampoco Gautama Buda, para que la gente no descargara su ira. Dirigió terapias psicológicas basadas en material anecdótico con las que uno podía verse a sí mismo en un asno, en un simio o en un elefante, y ver la naturaleza altanera de los hombres y lo peligroso que puede ser descargar la ira...

Incluso en el momento de la traición y el arresto en el jardín de Getsemaní, Jesús reprendió a uno de sus discípulos que, iracundo, desenvainó su espada y golpeó a un siervo del sumo sacerdote, hiriéndole en la oreja. Jesús le corrigió, diciendo: «Vuelve la espada a su lugar: porque todos los que tomen espada, a espada perecerán. El que a espada mata, a espada muere. ¿O piensas que no puedo ahora rezar a mi Padre, y Él me daría más de doce legiones de ángeles?».[34]

Gautama Buda y Jesucristo son nuestros ejemplos a seguir. Los seguimos porque sus enseñanzas nos ayudan a saldar el karma de la ira sin reincidir en más de lo mismo. En vez de golpear un cojín o dar puñetazos a un saco de boxeo, nosotros salimos a los campos. Aramos, sembramos, cosechamos. Alcanzamos equilibrio en los elementos. Interiorizamos la belleza de la naturaleza y con regularidad sudamos la ira por nuestros poros mediante la faena física, saliendo al aire libre, trabajando en la granja, etcétera, y dejando que el sol consuma el fuego de la ira con sus rayos curativos.

Nosotros tenemos un caminar superior con Dios. Me duele pensar que alguien pueda considerar necesario decir palabrotas para expiar la ira. Tendrán que saldar ese karma en esta vida.

Yo sé que mis padres fueron injustos conmigo. Mi padre era alemán, mi madre era suiza. Mi madre dijo a los Guardianes de la Llama que vinieron a visitarles desde Nueva York: «Nos portamos mal con Betty Clare.» Esos estudiantes me dijeron lo que había dicho mi madre. Y sabes que hasta ese momento jamás se me había ocurrido que mis padres se habían portado mal conmigo, porque pensaba que la vida era así. Me daba tanta alegría servir a mis padres, cuidar del jardín, limpiar la casa, limpiar con pala la nieve, limpiar las hojas y quemarlas, etcétera.

En esa casa había mucha ira. Mi padre pronunció una maldición contra mí. Fui a la casa de mi vecino, llamé a mi practicante de Ciencia Cristiana, rezamos y rompimos la maldición.

La ira es una trampa, Gene. No es una cura. Nos podemos sentir bien cuando descargamos la ira. Pero, ¿adónde va? ¿Fuiste a hacer dos horas de llama violeta después de decir palabrotas?

¿O te bañaste en una cuasi libertad, que en realidad puede ser una ilusión porque nada desaparece a menos que lo transmutemos con la llama violeta?

Los mensajeros no respaldan la ira de ninguna manera, como medio para alcanzar un fin. Para consumir la ira hay que seguir las palabras de Jesús: que os améis los unos a los otros como yo os he amado. Jesús amaba a Judas. Jesús no era tan distinto a nosotros. Era un ser humano de carne y hueso con un corazón. Podía llorar. Y podía alegrarse en la gloria de Dios.

Si el fuego sagrado de Dios con todos sus rayos y aspectos en todos los decretos que tenemos no es un recipiente para la curación total, entonces te tengo que decir que la terapia psicológica te puede conducir a la entrada, pero seguirás sin entrar.

Incurrirás en un karma grave si descargas tu ira como medio para resolver los problemas con tus padres. ¿Amas a tus padres más cuando descargas tu ira sobre ellos por lo que te hicieron? Debes decir: «Padre, perdónalos, porque no saben lo que hacen. Agradezco que me trajeran al mundo y porque ahora estoy aquí. Y ya no soy un chiquillo. Soy un hombre. Llevo en el sendero muchos años y ya no tengo que retroceder hacia esos momentos porque Cristo vive en mí. Cristo es mi Yo Verdadero».

Como he dicho antes, cada vez que permitas que pase por ti una gran corriente de ira, habrás hecho un canal para que los demonios sigan a la ira hasta que cierres ese tubo y ninguna cosa mala pueda volver a entrar.

Me alegro de que te sintieras amado como un niño en ese taller. Me alegro de que recibieras amor humano y el amor de un psicólogo. Ahora, Gene, es hora de ser un hombre y de recibir el amor de Dios y de dar el amor de Dios, incondicionalmente.

Ya no eres un muchacho. Llevas el manto de ministro de esta Iglesia y te pido que des ejemplo. Y si necesitaras hablar otra vez de la ira hacia tus padres, hazlo con tu psicóloga o conmigo.

Curemos nuestra ira siguiendo los pasos del Buda y de Padma Sambhava, de Jesús y de Maitreya. Todos los ataques de Mara hacia nosotros y los Budas y Bodisatvas son porque Dios nos está poniendo a prueba para ver si descargamos nuestra ira o si enviamos un amor tan sobrecogedor que los demonios se convertirán o quedarán consumidos.

Esta es mi respuesta a tu carta y mi enseñanza sobre el tema.

Todo mi Amor por tu Victoria.
Madre

Gene tuvo una niñez difícil, y también su Gurú. Ella describe lo que significaba vivir con un padre iracundo y alcohólico en sus memorias, *In My Own Words (Con mis propias palabras)*. Muchos portadores de luz han tenido experiencias parecidas. Con frecuencia ello es consecuencia del karma, el deseo que tiene el alma de saldar cualquier resto de karma en la última encarnación. Algunas veces las almas de luz eligen encarnar en hogares de oscuridad para traer luz a esos lugares, para enseñar con palabras y el ejemplo un camino superior.

Estas experiencias también pueden servir para el crecimiento del alma, la prueba de fuego a través de la cual el alma vence a la oscuridad del mundo y forja su victoria. Puede servir para instigar el «descontento divino» del que habla Gene, que empuja al alma hacia su búsqueda espiritual.

Sea cual sea la causa subyacente de tales circunstancias, a menudo hay que pagar un precio. Si el alma aún no ha alcanzado la maestría total sobre estas cosas, el posible dolor se puede interiorizar. Se dice que «el tiempo cura todas las heridas», pero no siempre es así cuando éstas están en el alma y en la psique. Tales heridas pueden durar toda una vida, como descubrió Gene, y si no las resolvemos, pueden arrastrarse incluso hasta una vida futura.

Por eso buscamos la curación del alma. Pero aún en esto, Madre destaca la gran verdad, que todas las curaciones vienen de Dios. Podemos buscar ayuda en los psicólogos y los profesionales. Podemos pasar por el proceso del trabajo del niño interno. Pero es importante no quedarnos estancados ahí.

Algunas personas trabajan durante años en sus aspectos psicológicos, aparentemente haciendo pocos progresos de verdad para su alma. Tenemos que recordar que la verdadera meta no es trabajar *con* nuestros aspectos psicológicos, sino *superarlos*. Podemos entrar en un ciclo necesario de curación, pero en última instancia la única solución a la condición humana es convertirnos en el Cristo, el Hijo o Hija de Dios, que es nuestra verdadera realidad.

También es importante no incurrir en más karma durante este proceso. Es importante recordar la advertencia de los maestros de no expresar la ira como medio de afrontar la ira reprimida. La psicóloga con la que trabajó Gene era partidaria de esta teoría y Gene descubrió por experiencia personal que «descargar la ira, aunque produce un alivio temporal, no soluciona el problema».

Gene sabía por su experiencia con la terapia a la que se sometió a sus treinta y cinco años de edad lo difícil y doloroso que podía llegar a ser el trabajo interior de curar los propios aspectos psicológicos. Aun así, sabía que la curación no estaba completa y tuvo el valor de retomarla. A la edad de sesenta y seis años, cuando muchas personas piensan en jubilarse, mudarse a Florida, empezar *hobbies* o pasatiempos divertidos y dejar atrás las luchas de la vida, Gene continuó su búsqueda de la libertad del alma.

La presencia de los Budas

En 1994 la Mensajera inauguró el nuevo curso de Summit University, tercer nivel, «Escrituras sagradas del mundo». Durante el verano de 1994 el tema fue el Budismo. Los estudiantes estudiaron las conferencias de la Mensajera sobre el Budismo y exploraron los senderos ortodoxo y místico del Budismo, incluyendo las enseñanzas paralelas de Gautama Buda y Jesucristo.

Madre pidió a Gene que fuera el instructor de este curso. Gene enseñó a partir de los textos de notables eruditos del Budismo y dio conferencias sobre el origen y la expansión del Budismo, así como sobre las principales escuelas de Budismo, como la Theravada, la Mahayana, el Budismo Tibetano y varias sectas de Budismo japonés, incluyendo el Zen.

Esto era el principio de otro ciclo en la vida de Gene en que la presencia de los Budas salió a relucir. Una señal al respecto fue un regalo que la mensajera dio a Gene para su cumpleaños, en diciembre 1994.

Wanda:

Cuando Gene iba a cumplir sesenta y ocho años, descubrí que en su vida jamás había tenido una fiesta de cumpleaños, ni siquiera de niño. Pensé que era hora de que tuviera una, así que organicé una fiesta sorpresa. Empecé a llamar a gente, y llamé a Madre y se lo conté. «Bueno», dijo ella, «seguro que debe tener una fiesta», y dijo que asistiría.

Gene no tenía ni idea de la fiesta, era toda una sorpresa. Iba a tener lugar en la nueva casa de James y Carla Healy, en North Glastonbury, y Gene creía que íbamos a celebrar la compra de la casa de los Healy.

La estatua de Padma Sambhava que la mensajera dio a Gene cuando cumplió sesenta y ocho años

Gene entró por la puerta y todo el mundo cantó «cumpleaños feliz». Se conmovió tanto que lloró. Tenían todos los atavíos para la fiesta que Gene no tuvo nunca, ¡hasta los gorritos y los silbatos!

Entonces Gene abrió el regalo que Madre le había dado, una hermosa estatua dorada de Padma Sambhava, el regalo de cumpleaños del Gurú. Hoy día está sobre nuestro altar y ha sido siempre un tesoro para nosotros, y aún lo es.

Gene:

En aquel momento no me di cuenta de la importancia de que Madre me diera esa estatua. Tengo en el corazón un fuerte vínculo con el Budismo y creo que tengo un lazo con este maestro. Estos lazos son antiguos y todos estamos conectados.

En aquel momento no sabíamos que Madre había estado encarnada como la principal discípula de Padma Sambhava, Yeshe Tsogyal. Unos cuantos años antes, yo le había dado un libro sobre Yeshe Tsogyal, que ella leyó y que le gustó. Por supuesto, en aquel momento yo no sabía que se trataba de una encarnación suya. Quizá ella lo supiera.

Comentario:

Madre nos ha dicho que sentía una cercanía especial al maestro ascendido Padma Sambhava, que colocó el manto de Gurú sobre ella en 1977. Él fue el que le dio el nombre de «Guru Ma», que significa el Gurú que es Madre.

Padma Sambhava fue el fundador del Budismo Tibetano. Su nombre significa «el que ha nacido del loto». Yeshe Tsogyal fue su discípula más cercana y la madre del Budismo en el Tíbet. Los budistas creen que ella logró el estado búdico en una vida.

En un dictado de noviembre de 1981, Gautama Buda dijo que Madre y otros devotos habían encarnado en los Himalayas en los tiempos de Padma Sambhava y que éste la había ungido para que fuera «quien le representara en esta hora del Retiro Interno».[35] Ella nos ha dicho que es un llamado antiguo nacido de un amor profundo.

Leer sobre la vida de Yeshe Tsogyal nos da una nueva comprensión de la misión y del carácter de la mensajera. Encarnó en Occidente en esta vida, pero su carácter es muy parecido al de los Gurús de Oriente. De hecho, antes de esta encarnación, recibió la opción de encarnar en los Himalayas, donde habría guardado la llama con un pequeño círculo de chelas a su alrededor, desconocida en el mundo exterior.

Ella eligió, sin embargo, venir a Occidente para realizar una misión pública. Aquí podía entrar en contacto con miles y con millones de personas. También tendría que afrontar el peso de la oposición que conlleva ser una figura pública.

Gene dijo una vez de Madre, con lágrimas de gratitud en los ojos: «Ella me ha rescatado». Todos aquellos a quienes ella rescató están muy agradecidos de que estuviera dispuesta a pagar el precio y eligiera venir a Occidente para encontrarlos.

Madre también pidió a Gene que diera sus conferencias sobre el Budismo a una gran audiencia en la conferencia de Año Nuevo, a finales de 1994. Durante esa conferencia dio dos discursos, uno sobre «Gautama Buda, la Luz de Oriente», y otro sobre «Los senderos paralelos de Jesús y Gautama». Otra vez Madre le pidió que volviera a dar una conferencia sobre Budismo, en la Conferencia de Pascua de

1995, en la que dio tres conferencias más sobre el sendero del Budismo. La mañana después a la tercera conferencia, Gene escribió a Madre sobre su experiencia.

Amada Madre,

Quiero contarte la curación que ha tenido lugar en niveles muy profundos de mi ser durante la Conferencia de Pascua. Como sabes, he dado tres conferencias sobre los aspectos más elevados de la enseñanza de Gautama: «Budismo Mahayana», «El sendero del Bodisatva» y «Budismo Tibetano». Para esta conferencia revisé y fortalecí mis primeras presentaciones de Summit University.

Después de hacer llamados intensos a todos los Budas, Elohim, Arcángeles, Chohanes, Señores del Karma y a ti y a Lanello, etcétera, me he encontrado en un estado de conciencia superior. Mi Ser Crístico posado sobre mí y la emisión del ángel de llama violeta anoche también me ha llevado a un nuevo punto de paz y entendimiento.[36] Siento amor divino fluyendo a través de mi ser. Quizá la larga noche oscura del alma o del espíritu se esté acabando.

En mis conferencias sobre Budismo, he sentido el Espíritu Santo otorgarme poder, la presencia de los Budas, especialmente de Padma Sambhava. (Hasta cuando escribo su nombre en este momento, se me saltan las lágrimas.) No fue ningún accidente que tú, Edward y otros me dierais una estatua de Padma Sambhava por mi sesenta y ocho cumpleaños.

Recuerdo el verano pasado cuando, al ir terminando mi conferencia sobre el Budismo Tibetano, cité una *Perla de Sabiduría* de Padma Sambhava que me conmovió tanto, que apenas pude terminar de leerla. Y entonces recordé, como lo hice ayer, que él dijo que era la puerta abierta a todos los demás grandes maestros ascendidos. ¡Y es cierto! Al presentar sus enseñanzas del *Libro tibetano de la gran liberación,* aproveché mis antiguas corrientes de percepción espiritual. Casi podía sentir su tangible presencia, su poder, su sabiduría, su amor. Fue muy conmovedor.

Ahora sé que tengo que acelerar rápidamente en un sentido espiritual. No sé cuánto tiempo más seguiré en esta escena terrenal. Hay tanto que hacer y que lograr y hay tan poco tiempo. El dictado de Victoria[37] fue una confirmación total de lo que he estado pensando y sintiendo, y que estaba muy vivo en mi conferencia sobre el Budismo Tibetano. En cierto sentido, mi alma anhela el hogar, aunque sé que debo terminar lo que sea necesario para cumplir mi misión contigo y con los maestros ascendidos.

Curiosamente, recuerdo el día en que fuiste ungida como Gurú por Padma Sambhava; yo había escrito un poema, dedicándotelo antes de tu unción. Se llamaba, «Sólo amor». El poema también estaba dedicado al amor de mi vida, mi queridísima Wanda. Y tú estabas saludando a la gente que estaba en fila y nos saludaste, uno a uno. Y tenías una apariencia de puro gozo en el rostro. Wanda pidió un abrazo (poco característico) y tú respondiste. Recibió una carga de energía tal que casi la tumba. Aún hoy me habla de ello.

Después de debatir conmigo mismo, en el último momento decidí compartir este poema con mis hermanos y hermanas durante la conferencia sobre el Budismo Mahayana. Era la expresión de mi corazón hacia ti y los maestros ascendidos, y parecía correcto y apropiado hacerlo.

¿Dónde estoy ahora? Mi corazón tiene un profundo deseo de desechar los últimos impulsos mundanales de mi conciencia. He de acelerar. Queda poco tiempo. Tengo que terminar mi misión y lo haré, por la gracia de Dios. Hay otra faceta, enterrada profundamente, de la que me tengo que ocupar antes de que mi curación psicológica sea completa. No estoy seguro. Pero sé esto: mi compromiso contigo y con la Hermandad se ha fortalecido grandemente gracias a mis experiencias espirituales de esta conferencia de Pascua

Mi agradecimiento hacia ti es profundo, Madre; tu valor, tu dedicación a la verdad, tu gran amor por mi alma y la de todos tus chelas. Tenemos días emocionantes por delante mientras nos preparamos para recibir a los viejos amigos del Sendero que están a punto de encontrar su camino de vuelta al hogar.

Te amo en la llama del Buda y la Madre Divina.

Tu chela,
Gene

Junto con esta carta había una copia de «Sólo amor».

SÓLO AMOR

¡Oh, amantes de la vida y amantes del hombre;
oh, amantes de Dios y del plan puro de la naturaleza!
Oídme, canciones mías de esperanza, gozo y amor,
enviadas del corazón de Dios con alas de paloma.

El amor abre la puerta y libera a los hombres; en el eterno
amor de Dios, está la cósmica llave de la vida.
Sólo en el amor está el sello del plan de Dios,
una vida vivida en el amor es la meta del hombre-Dios.

Sólo el lazo del amor une al corazón de todos los hombres,
la llama pura de la verdad a toda la vida imparte
el gozo y la esperanza que responden a la más profunda necesidad
de la vida con una chispa de amor puro en la etérea semilla;

La fuente de toda vida en el corazón de la rosa,
chispa divina en el fuego estelar en la galaxia irradia
una luz de pura alegría en la sonrisa de un niño,
vaina germinal del roble en la naturaleza primigenia.

Pues el amor es la chispa en el centro y núcleo de la vida;
el amor es la estrella polar a la que todos nos remontamos,
en momentos de libertad se inspiran nuestros corazones,
por el Espíritu Santo de Dios nuestros seres son encendidos

Con libertad y esperanza y valor y alegría,
transformados por los rayos del amor en aleación de
    llama dorada.
Sólo amor, pues, en nuestra llamada del clarín;
¡oh, amantes de luz, reuníos todos!

Proclamad al mundo con llamas del corazón encendidas,
el gozo del nuevo nacer, la otorgación de la victoria del amor.
¡Levantaos, levantaos, oh, amantes de la vida!
Pasad por la antorcha vuestras cargas y luchas.

La victoria del amor espera, para ganar vuestra corona,
en el amor está vuestra libertad, para empezar una nueva vida
de canalizar la lluvia de luz y energías,
redimiendo todo cuanto vive con la ardiente flor del amor;

El blanco loto de la verdad, del amor, la sabiduría y el poder
sella todos los corazones en la hora de la eternidad.
Cuando toda la vida cante con gloriosa cantinela,
«¡Gracias Dios, YO SOY libre! YO SOY en el hogar de nuevo».

El término de la misión

Gene:

En 1995 comencé a sentir de nuevo la urgencia del llamado para terminar la misión de ayudar a nuestro país a defenderse contra los misiles balísticos. Era un llamado interior. En la década de 1980 había tenido un buen comienzo, pero nunca llegamos al punto en que el país tomara la decisión de desplegar las defensas contra misiles. Por tanto, lo tuve guardado en mi corazón desde entonces.

En la conferencia de julio de ese año, sentía el fuego de Saint Germain y El Morya en los temas candentes de nuestro tiempo, incluyendo la necesidad de anular el tratado ABM de 1972 y de desplegar la defensa estratégica, la guerra contra las drogas entre nuestros jóvenes y la disminución drástica del nivel educativo en los Estados Unidos.

Consecuentemente, reuní a un grupo de fuertes chelas en dos reuniones de desayuno para pasar a la acción en lo que concierne a estos temas. De esas reuniones surgió una nueva organización llamada Ciudadanos por unos Estados Unidos Fuertes. Éste era un nombre genérico bajo el cual podíamos luchar en todos estos asuntos, pero decidimos que nos íbamos a concentrar principalmente en la defensa estratégica.

Una junta de gobernadores de veinticuatro miembros fue nombrada y contratamos a un asesor para desarrollar un plan de negocios y una propuesta financiera para un programa de tres años que pudiéramos presentar a las industrias del área de defensa y a otros grupos que querían ver a los Estados Unidos bien defendidos contra los misiles balísticos.

Por consiguiente, en una reunión de nuestro equipo de planificación, analizamos lo que debía ser nuestro nicho en esta batalla continua. La Fundación Heritage, del Centro para la Política de Seguridad de Frank Gaffney y de High Frontier ya habían dado información a los círculos del Congreso. Sin embargo, en aquel entonces no existía ninguna organización de base que proporcionara el músculo y el ímpetu político para ganar la batalla, no había grupos de coalición que pudieran movilizarse para apoyar la lucha y no había ninguna estrategia concertada respecto de los medios de comunicación. A partir de mi experiencia con Californianos por unos Estados Unidos Fuertes y la Coalición para la Proscripción de los Soviéticos, sabía lo que se podía lograr con un equipo pequeño y dedicado que llenara ese vacío.

Dada la naturaleza de la tarea que tenía asignada como miembro del personal, sabía que mi involucración personal en esta organización tendría que ser en mi tiempo libre y que cualquiera implicación a gran escala en el futuro tendría que depender de la decisión de Madre y los maestros. Sin embargo, a medida que desarrollamos nuestros planes en 1995, comencé a sentir la llamada a marcharme de la sede central y a conducir esta lucha personalmente. Hacia finales del año, escribí una carta a El Morya, a Saint Germain y al Consejo de Darjeeling, y otra al Consejo Kármico, pidiendo una indicación clara sobre cuál era la voluntad de Dios en mi vida.

Hablé con Madre sobre esto después de la conferencia de Año Nuevo. «Creo que tengo que ir a terminar la tarea para conseguir que este país esté defendido contra los misiles», le dije. Le dije que tenía que hacerlo. No pedí su permiso ni su bendición, pero sentí su apoyo. «Es tu misión», me dijo. El apoyo de los maestros lo afirmaron después El Morya y Saint Germain en dos dictados distintos.

Por tanto, en enero de 1996 viajé a la ciudad de Washington una vez más, esta vez con Wanda acompañándome. Aunque sabíamos que estaba ordenado por Dios, era todo menos fácil. El automóvil en el que llegamos era una furgoneta Chevy Astro de 1987, que contenía nuestra ropa y un par de lámparas. Teníamos mil dólares en el banco y ningún medio tangible ni visible para mantenernos.

Ahí fue cuando Wanda y yo adoptamos el lema «¡sin miedo!». Le dije a Wanda: «Saint Germain y los maestros siempre han cuidado de nosotros si hacemos su voluntad». No podíamos tener miedo y además debíamos depender completamente de Dios.

Ciudadanos por unos Estados Unidos Fuertes nos mantuvo en Washington durante cuatro años. Era un grupo pequeño pero muy comprometido con los asuntos de la libertad y la defensa contra misiles. Y Dios proveyó para todas nuestras necesidades: alojamiento, transporte y comida. Trajo a la gente que nos ayudó y nunca tuvimos que levantar la voz sobre este asunto.

En los empeños anteriores había aprendido lo importante que es contar con la gente adecuada, por eso reuní a gente buena de verdad para este grupo. La mayoría era gente sólida, pero incluso ahí cometí una equivocación. Seleccioné a alguien para que fuera mi tesorero que nunca realizó sus funciones.

No hacía los informes requeridos por el gobierno. Durante mucho tiempo nunca supe que no había hecho esos informes. Cuando lo descubrí, tuve que arreglarlo todo. Finalmente arreglé la situación después de bastante tiempo y trabajo.

El 14 de octubre de 1996, El Morya hizo un comentario sobre la continua falta de preparación de los Estados Unidos y la importancia de hacer llegar este mensaje a la gente:

> Mirad a la antigua Unión Soviética, ampliamente preparada para la guerra nuclear, no demasiado preparada en sus ejércitos pero con un potencial enorme para destruir este país. Como sabéis se han eliminado muchos misiles en este país y por eso América la vulnerable aún es América la vulnerable. Así Gene Vosseler y otros han ido, y continuarán haciéndolo, para seguir diciendo que los Estados Unidos no están protegidos.[38]

Saint Germain habló de nuestra misión el 2 de enero de 1997, haciendo referencia a las amenazas al país. Encomió a «nuestro representante, el reverendo Gene Vosseler y su amada Wanda, por su gran servicio prestado a nosotros y a los Estados Unidos... Sabed que lo que han hecho ellos, vosotros, uniéndoos a ellos, también lo podéis hacer».[39]

Gracias a Dios y a los fervientes esfuerzos de dos dedicados voluntarios, fui entrevistado en 160 programas de radio con una cobertura de más de 4.000 estaciones, tanto nacional como internacionalmente, llegando a unos 70 millones de personas según las estimaciones.

Visitamos treinta y seis campus universitarios por todos los Estados Unidos para entregar nuestro mensaje de libertad del alma y para advertir de los peligros que el país enfrentaba. Mis conferencias no sólo trataban de la necesidad de una defensa contra los misiles balísticos, también desenmascaraban a la élite de poder y las transferencias tecnológicas que los militares hicieron hacia la China roja y la antigua Unión Soviética. Por supuesto, los profesores marxistas siempre estaban ahí para debatir conmigo.

En un campus universitario, los profesores de las clases de economía y ciencia política dijeron a sus estudiantes que vinieran a la conferencia y les dieron créditos por asistir, y asistieron a dos clases enteras. En San Antonio (Texas), el profesor de economía trajo a 150 de sus estudiantes y se quedó a toda la conferencia. Wanda estaba al lado de la puerta cuando los estudiantes iban saliendo, y decían: «No lo sabía. No sabía que esto estaba ocurriendo».

Encontramos a las almas más hermosas que se pueden llegar a conocer en los campus universitarios. Fue una lección de humildad para nosotros sentarnos a cenar con ellos. La profundidad y su conocimiento y entendimiento de la verdad, así como su compromiso con los verdaderos valores, me conmovieron.

En cada conferencia me tomaba cinco minutos para hablar directamente a sus corazones y les lanzaba un desafío, si elegían un sendero en la política y el servicio político, que dedicaran sus vidas a la verdad, a defender con fuerza sus principios, a defender con fuerza sus convicciones; que no les hicieran hacer nada ni que les sedujeran los poderes ni las ventajas añadidas ni los beneficios adicionales ni la cerveza gratuita.

«Lo esencial es defender con fuerza y con honestidad quiénes sois y lo que sois», les decía. «Sois almas hermosas. Tenéis la bendición de

Dios porque defienden la verdad.» Estos jóvenes necesitan nuestras oraciones porque se enfrentan a muchas fuerzas contrarias a la libertad a través de profesores liberales, la corrección política, el multiculturalismo, la diversidad y toda clase de rarezas que se enseñan en las universidades actualmente.

Una de mis experiencias más memorables de aquella campaña fue un discurso de quince minutos sobre la defensa contra misiles balísticos ante dos mil personas en la Conferencia para la Acción Política Conservadora (CPAC) de 1996. Todos los principales conservadores del país estaban presentes y el discurso se transmitió por la cadena C-SPAN. Después, durante la conferencia, me reuní durante media hora con el futuro candidato presidencial Steve Forbes. Uno de los objetivos era convertir la defensa contra misiles en un asunto clave de la campaña presidencial de 1996.

Al año siguiente, yo era miembro del comité de planificación de CPAC y se me pidió que coordinara y participara en el panel sobre la defensa contra misiles. A esta conferencia asistieron doce senadores, cinco congresistas, tres anteriores candidatos presidenciales, un gobernador y un montón de activistas políticos importantes. Un hombre se acercó a nuestra mesa durante la conferencia y nos hizo un comentario interesante. Me dio la mano, y dijo: «Usted y yo somos hermanos en nuestra alma». Sosteniendo en el aire nuestro folleto, *¡Indefensos! Los argumentos a favor de la defensa contra misiles,* dijo: «Esto es lo mejor que he leído sobre el tema de la defensa». Ese hombre era Sven Kraemer, un antiguo miembro del Consejo de Seguridad Nacional del presidente Reagan.

Hicimos algunos contactos importantes en Washington. Wanda y yo asistimos a la Conferencia Conservadora Internacional de 1997, en la que Margaret Thatcher, anterior primer ministro de Gran Bretaña, era la oradora principal. Le dije a Wanda que le diera una copia de *¡Indefensos!* a la Sra. Thatcher. El sitio estaba abarrotado, pero Wanda hizo un llamado de ayuda a los ángeles. Cuando abrió los ojos, se encontró frente a ella. Wanda le dio el libro y la Sra. Thatcher dijo: «Dile a Gene que tiene que dar este libro a todo el mundo». Por eso, después de eso, en cada conferencia importante a la que asistíamos, Wanda se aseguraba de que todos los asistentes tuvieran una copia de *¡Indefensos!* También dimos copias a todos los miembros del Congreso.

Me hice miembro del Círculo Interior Senatorial Republicano, lo cual me dio acceso a senadores clave, como el líder de la mayoría Trent Lott, John Ashcroft y Strom Thurmond. Esto me dio acceso a conferencias telefónicas de alto nivel sobre muchos asuntos clave. También me dio grandes oportunidades de hablar personalmente con senadores clave sobre el tema de la defensa contra misiles.

Una reunión a la que asistíamos semanalmente Wanda y yo se celebraba en la sala de reuniones de Grover Norquist. Asistían congresistas, miembros del personal, candidatos, jefes de comités de acción política y grupos activistas sin ánimo de lucro, y yo daba con bastante frecuencia informes sobre la defensa contra misiles, igual que Frank Gaffney del Centro para la Política de Seguridad.

A una reunión asistió una mujer que representaba el Eagle Forum de Phyllis Schlafly. Wanda le dio una copia de *¡Indefensos!* La mujer dijo: «Esto es increíble. Phyllis Schlafly me pidió que encontrara a Gene Vosseler porque quería que Gene hablara en una de nuestras conferencias». Wanda dijo: «Aquí está, sentado a mi lado». Gracias a Dios, di un discurso sobre defensa contra misiles a más de 150 estudiantes de todo el país en una conferencia del Eagle Forum. Wanda creía que fue el mejor discurso que jamás había dado.

En la batalla a favor del despliegue de las defensas contra misiles, se produjo un punto de inflexión cuando Corea del Norte disparó un misil que aterrizó en el océano Pacífico. Eso fue la llamada de atención de un estado canalla, que provocó que el Congreso votara abrumadoramente a favor del despliegue.[40] Ahí fue cuando supe que mi misión había terminado y que era hora de volver al Retiro Interno para continuar con el discipulado.

Tengo que decir que sin el apoyo de los maestros ascendidos, sin el apoyo de oración de los miembros del personal y de los Guardianes de la Llama, sin la certeza de la presencia de Madre y Lanello, no podría haber hecho lo que hice. Cada vez que hacía un programa de radio, cada vez que hacía un programa de televisión, cada vez que me ponía a dar una conferencia, pedía el poder y la luz del Todopoderoso y pedía el manto de Lanello y Madre. Siempre podía sentir la emisión de luz cuando hacía el llamado. Y en cada ciudad donde teníamos una buena asistencia de Guardianes de la Llama, el mensaje remontaba el vuelo porque ellos sostenían el equilibrio de la conferencia.

Creo que la elección del momento lo es todo. Morya es conocido por su sentido del momento. También Madre tenía un sentido del momento impecable. Algunos proyectos, cuando parecían estar muy muertos, volvían a ser revividos. Era todo una cuestión de hacer las cosas en el momento adecuado. Los ministros regionales eran un ejemplo de eso.

Cuando terminé el ciclo de enseñar en Summit University, era el momento de regresar a Washington para terminar el trabajo sobre el despliegue de la defensa estratégica. Madre lo sabía, los maestros lo sabían y yo lo sabía. El Morya y Saint Germain me dieron su bendición. Y esa es la gran diferencia. Si hacemos las cosas según nuestros tiempos, no tenemos la bendición, no tenemos el patrocinio y no tenemos el manto para terminar el trabajo.

Hay un manto que está conectado con estas cosas y cuando regresé, las cosas estaban aún mejor que la primera vez. Aunque volví a tener el patrocinio del general Danny Graham, la segunda vez yo tenía el patrocinio, más grande, de los maestros. Aunque la primera vez tuve el apoyo de los maestros, no es el mismo patrocinio; la segunda vez el grado de patrocinio era mayor. No se puede superar el patrocinio de Saint Germain y El Morya.

También sabía que cuando nuestro ciclo en Washington se terminará, sería el momento de regresar a Montana. Así, he visto ese sentido del tiempo interno manifestado en mi vida y en la vida de la mensajera.

Comentario:

La campaña de Gene por la defensa de los Estados Unidos se emprendió en tres frentes. Era una campaña de base, que viajó de un lado a otro de los Estados Unidos. Se realizó en los medios de comunicación, la televisión, la radio y los periódicos. Y se realizó en los pasillos del poder de la ciudad de Washington.

Una de las cualidades excepcionales de Gene es su capacidad de trabajar eficazmente en todos esos escenarios. Gene es realmente un hombre para todas las estaciones, como se ha dicho de su amado El Morya cuando estuvo encarnado como Tomás Moro, canciller de Inglaterra, amigo de reyes y príncipes, escritor y erudito, devoto amigo y padre, dispuesto a defender la verdad sin importarle el precio a nivel personal.

Un viejo amigo que trabajó con Gene en algunas de sus campañas describió las cualidades de Gene como líder tal como las había visto:

> Gene no veía ningún problema en promover la Iglesia y recaudar fondos para la misión, pero le resultaba difícil hacerlo para sí mismo. Como persona, no se engrandecía ni se promovía a sí mismo. Puede manejar a gente como Ted Koppel porque lo hace desde su pasión. No da una apariencia a un grupo de gente y otra apariencia a otro.
>
> Lo que se ve de Gene Vosseler es lo que hay. Trataba a todo el mundo de igual forma. Si era un refugiado asustado y maltratado en las calles de Los Angeles que no hablaba inglés y que no sabía cómo mantenerse en este país, Gene Vosseler era su amigo inmediatamente. La gente entendía a Gene intuitivamente y él expresaba la misma presencia compasiva a los humildes con los que trabajaba así como a cualquiera a quien conocía. Le

Hablando sobre la defensa contra los misiles balísticos en el CPAC, 1996

Gene y Wanda en el CPAC, 1996, con Henry Kriegel (izq.) y Charlton Heston (der.)

Gene con el senador, y futuro Fiscal General de los Estados Unidos, John Ashcroft, 1998

resultaba fácil y natural porque Gene era Gene. Podía estar con senadores y congresistas en la ciudad de Washington, y seguía siendo Gene.

> Aquí había un ministro de la Iglesia que podía dirigir a un grupo de personas a nivel de base, que se podría relacionar con gente de la capital con la misma facilidad. No hay mucha gente capaz de dirigir a un movimiento de hombres.
>
> Gene tenía una capacidad natural de liderazgo con una amplia variedad de gente. La gente que podía oír a Gene hablar y sentir el Espíritu Santo no era solamente la de nuestra Iglesia. Eran los refugiados etíopes, los vietnamitas, la gente de la Iglesia Ortodoxa armenia, todas esas personas eran representantes de todo el mundo y estaban en los Estados Unidos porque creían en la libertad.
>
> Cuando recaudábamos fondos para la misión de Gene, acudíamos a esos luchadores por la libertad, gente de las comunidades de refugiados. «¿Gene va a dar una charla?, decían. «Te voy a dar un cheque.» Se produjo un movimiento popular de base subyacente.
>
> Gene era un portavoz muy natural, que se sentía cómodo y tenía la capacidad de hablar a la gente humilde de una forma en que podían entenderle, así como debatir con Ted Koppel en el programa *Nightline* con una audiencia de millones de personas. Para él no había diferencia.
>
> Gene era, y es, una personalidad muy poco habitual. Podía jugar muchos papeles diferentes. Era muy sincero y muy real. Nada era porque pensara que tenía que comportarse de cierta forma por ser ministro. Era por quién era y por quién es.

No importa quién seamos, reyes o mendigos, Gene siempre es el mismo. Se reunía con la gente de cualquier nivel de la sociedad y a todos los trataba igual: con amor, una sonrisa y un genuino interés por lo que tenían que decir.

De camino a casa

Gene:

Al final de mi segundo ciclo de campaña por la defensa contra misiles, Wanda y yo regresamos a Montana. Mi idea de tener ministros regionales volvió a surgir, y esta vez se dio. Varios ministros regionales fueron nombrados. Yo acepté un puesto de consejero ministerial para los estudiantes del Programa de preparación ministerial de la Iglesia.

Este puesto duró dos años y después, en enero de 2002, acepté el puesto de ministro regional para un territorio de siete estados: Texas, Oklahoma, Nuevo Mexico, Luisiana, Colorado, Kansas y Arkansas. Cada año Wanda y yo viajábamos durante ocho meses. Hacíamos giras de conferencias en primavera y en otoño y visitábamos todos y cada uno de los grupos de estudio y centros de enseñanza de la zona. Yo ofrecía apoyo y consejo, bendecía, bautizaba, casaba, daba la bienvenida a los comulgantes nuevos y me reunía con los jóvenes, los ancianos, las familias, las juntas y las comunidades de los grupos de estudio y los centros de enseñanza.

Durante esta época también tuve el privilegio de servir dos años más en la Junta Directiva de la Iglesia (había dimitido de la Junta en 1996 para empezar la campaña por la defensa contra misiles). También serví en el Consejo de los Ancianos y en el Consejo Ministerial. La mensajera se había retirado en 1999, una época de difícil transición para la Iglesia.

En 2007 terminé mi tarea como ministro regional y regresé a vivir a Bozeman, en Montana, cerca de la sede central de la Iglesia. Trabajé con el departamento de recaudación de fondos y me asignaron la creación de un boletín mensual, la dirección de talleres sobre la administración de fondos y testamentos y la comunicación con los miembros. Me tomaba el tiempo de agradecerles personalmente sus diezmos y contribuciones.

En 2010 me jubilé y, de forma gradual, fui dejando el trabajo para la Iglesia. Seguí formando parte del Consejo Ministerial y el Consejo de los Ancianos hasta octubre de 2010.

Continúo muy interesado en los asuntos relacionados con la libertad y me mantengo al día en las noticias y el estado del país y su economía. Comencé la Operación Victoria de Saint Germain[41] en 2009 para informar y concienciar a los Guardianes de la Llama sobre el tema de la economía en los Estados Unidos y en el mundo, y para fomentar las oraciones, los decretos y el trabajo espiritual con el fin de darle la vuelta a la situación desesperada que enfrentamos hoy.

Gene, Wanda y Madre en su oficina en la época en que se retiró

5ª PARTE
LA MISIÓN Y EL FUTURO

Wanda, Gene y otros chelas con la mensajera (inferior derecha) en la época en que ella se retiró. El futuro de la misión y la organización estaba entonces muy presente en los corazones y mentes de todos.

El pastor conoce a sus ovejas

Las enseñanzas de Jesús fueron pervertidas y se perdieron en gran medida en los últimos dos mil años. El resultado de eso es que las almas en los Estados Unidos han perdido sus amarras espirituales y van por ahí vagando. Buscan a un Mesías, un salvador, alguien que tenga las respuestas, un líder político, un presidente del país, un líder de la comunidad, alguien, cualquiera que pueda tranquilizarlos y decirles lo que quieren oír. Aceptarán al tirano, y así ocurre, sólo para descubrir que el tirano les decepciona. Es la mentalidad de las ovejas.

La comparación del Nuevo Testamento sobre la gente que es como ovejas tiene varios niveles de comprensión. Hay personas con mentalidad de oveja, que es la moralidad del esclavo. Estas personas son distintas a las personas capaces de sostenerse sobre sus propios pies, mirar a Dios a los ojos o mirar a su hermano o hermana a los ojos y defender aquello en lo que creen y lo que saben que es cierto, sin importar el precio que haya que pagar. Si quiere saber cuál es mi psicología personal, esa es en resumidas cuentas. Puedo cometer equivocaciones, y lo hago, pero son equivocaciones con la conciencia limpia.

La moralidad del esclavo es cuando las personas hacen cualquier cosa que les dicen, sin importar qué sea. No pueden pensar por sí mismas y nunca lo han hecho. El mundo exterior considera que nuestra alianza espiritual con la mensajera es de la misma manera que la moralidad del esclavo. Pero hay un mundo de diferencia y esa diferencia es la relación Gurú-chela.

El Gurú es una persona que se ha realizado a sí misma, que es libre en Dios y que tiene el manto para ordenar y conducir. La forma de civilización más elevada es la civilización de oro en la que las personas que tienen el logro más grande son los líderes: el rey-sacerdote o el rey-filósofo, los que tienen el mayor logro espiritual, intelectual, social, psicológicamente y en todos los niveles. Buscamos y trabajamos hacia una era de oro en la que los líderes son los que tienen el logro más grande y todo el mundo comparte la alegría, la maravilla de la hermosura de la vida en su manifestación más elevada.

Seguir a un líder así no es esclavitud de ninguna manera y aquí es donde hay algunas cosas de las ovejas que son buenas: son dóciles y siguen bien al líder. Pero la oveja necesita al pastor. Desafortunadamente, con mucha frecuencia reciben falsos pastores de todas clases, desde Deepak Chopra a Eckhart Tolle, pasando por Rajneesh. Todos los falsos instructores parecen tener las respuestas que las ovejas buscan y por eso las ovejas los aceptan. Prometen mucho, pero cumplen poco.

El verdadero pastor ama a sus ovejas y anima a todas las ovejas individualmente a que crezcan hasta alcanzar todo el potencial del Hombre-Cristo, la realidad Divina de quienes son en realidad. El verdadero pastor siempre quiere que las ovejas suban más alto de lo que lo hizo él. Yo vi esa cualidad de la mensajera, una y otra y otra vez. Tenía la marca del verdadero pastor. Siempre evocaba lo mejor de uno y no se conformaba con nada menos que lo mejor.

Guru Ma tenía estándares altos y muchas veces me propuso que hiciera las cosas lo mejor que podía. Conocía mi alma. Esto no ha cambiado realmente desde que mi gurú ascendió en octubre de 2009. Es una relación que continúa interiormente hasta el día de hoy.

Madre me hacía hacer cosas que nunca pensé que haría. «Gene, quiero que escribas una carta para recaudar fondos para este proyecto.» Y yo me sentaba a escribir una carta. Y cuando se escribía una carta para ella, la revisaba con gran detalle y uno era iniciado en el proceso.

No había nada comparable a escribir algo para Madre. Tenía que estar perfecto; y quiero decir, perfecto. Cualquier error pequeño o diminuto, sin importar lo pequeño que fuera, ella lo encontraba, ya fuera de gramática, de un concepto o cualquier cosa. El alto estándar representaba su dedicación a la misión. Pero también entendíamos que los errores eran una manifestación de algo de lo que teníamos que deshacernos en nuestra conciencia.

El verdadero pastor también protege a las ovejas. Madre defendía a nuestra organización contra muchos casos legales que se presentaron contra nosotros. Eso me hace ver con cuánta seriedad se tomaba este desafío de proteger a sus ovejas. Cuando estamos dispuestos a ir a un juzgado para defender a la comunidad y al manto contra los ataques del mundo, estamos protegiendo a las ovejas. Ella nunca titubeó por un momento. Siempre tuvo el valor del manto de la mensajera y el valor de sus convicciones. Se mantuvo firme ante la realidad de quién era y el conocimiento de que representaba a los maestros ascendidos. Esa clase de amor y compromiso el mundo no lo entiende.

El pastor conoce a sus ovejas. Con cualquier cosa que publicaba, con cualquier cosa que hacía, Madre siempre intentaba llegar a su audiencia: los 144,000 de Sanat Kumara, los 10,000 de Lanello o los chelas de Morya. No era necesariamente para el hombre de la calle, aunque podría serlo. Ella sabía cómo hablar a las almas. Conocía la psicología de las almas y podía entender a cualquiera en el punto en el que se encontraba, lo cual, en mi opinión, demostraba una gran maestría.

Madre también conocía las almas de aquellos que servían en su personal. Sabía que tenía a ángeles caídos en la organización, incluso en la junta, algunas veces, y sin embargo, los amó y guardó el concepto inmaculado por ellos. A esto lo puedo llamar sólo amor divino.

Es distinto al concepto humano de amor empático. Cuando estas personas cruzaban la raya, ella lo sabía y los amonestaba. Y el juicio descendía. El problema con las almas que están interiormente comprometidas con la oscuridad es que no pueden soportar la luz y al final, tienen que atacarla. Al atacar la luz, su juicio desciende.

Si tomamos a toda la gente que ha circulado por esta Iglesia a lo largo de los años, es una larga lista. Con algunas de estas personas nos sentamos, partimos el pan y servimos juntos. Para mi es algo inconcebible. ¿Cómo se pueden comprometer las Enseñanzas de los Maestros Ascendidos? Porque para mí se trata de eso. Y ellos saben que lo sé, y no les gusta.

El Gurú me ayudó a entender este concepto del bien y el mal. Yo tenía un tipo de relación distinta con ella. No conozco todas las razones. Quizá fue nuestro amor y devoción por Jesús y Saint Germain lo que nos unió fuertemente.

Yo nunca conocí a Mark Prophet. Le tengo todo el respeto y fui capaz de enseñar a partir de sus conferencias durante Summit University. Fue algo que me aportó mucha iluminación porque vi la sabiduría y la maestría Divina en la forma en que Madre y Mark presentaban las enseñanzas. Era algo único.

Mark y Madre eran brillantes en su mente y en su percepción espiritual. El alma más elevada que jamás he conocido este planeta fue Elizabeth Clare Prophet. Me conquistó desde el primer día.

Llevando la antorcha

Quisiera hacer sonar una nota de advertencia y precaución para aquellos chelas que llevarán la antorcha de la misión de los dos mensajeros hacia el futuro. Ahora que el Gurú se ha ido a los reinos superiores y no está físicamente con nosotros, es posible que nuestra organización pase por lo que enfrentaron la Teosofía y el movimiento YO SOY. Cuando el Gurú o líder carismático se marcha de la escena, algunas veces los que quedan a cargo con la responsabilidad de continuar con la misión entran en un estado en el que en ellos ya no arde la misión y las cosas tienden a estancarse.

Uno de los grandes peligros es que los líderes pueden pensar que saben más que el Gurú y enredan con las enseñanzas por los márgenes. Luego, al poco tiempo, enredan no sólo por los márgenes, sino con los conceptos básicos de las enseñanzas. Todos los consejos que los padres primitivos de la Iglesia convocaron fueron una forma de introducir la falsa doctrina en la Iglesia. Los maestros nos han advertido repetidamente de este constante peligro, sobre el que hemos de estar alerta para protegernos de él.

Voy a exponer brevemente la historia de la Iglesia. En el siglo IV un puñado de hombres se reunió en un consejo eclesiástico en Nicea y reunieron unos cuantos documentos que, decían ellos, obligaban a las almas de los hijos de la luz. Esos documentos decretaban que los hijos de la luz eran pecadores por naturaleza. No siendo esto suficiente, quisieron apretar los tornillos del control, por lo que crearon la Inquisición y torturaron a las almas para su supuesta salvación.

Eso aún no fue suficiente, por lo que decidieron vender el perdón de los pecados aún antes de que se cometieran. Eso hizo que un monje de Alemania se enfadara y provocó una rebelión llamada la Reforma. Pero tiró las frutas frescas con las podridas; tiró a la Virgen María y a todos los santos. Así, se estableció una Contrarreforma. Finalmente declararon al Papa infalible en los asuntos de doctrina.

Esta breve explicación de la historia de la Iglesia nos muestra cómo las enseñanzas originales de un avatar o Ser Crístico pueden llegar a pervertirse, cambiarse o perderse.

¿Cómo se pierden las enseñanzas? Se pierden por incrementos, por grados; un poquito por aquí, un pedazo o dos por allá. Simplemente no hay más que quitar algún paso o enseñanza pequeña pero importante para que la enseñanza se salga de su curso gradualmente. Luego, en las décadas y los siglos siguientes, se encontrará muy desviada de su curso. Eso es lo que sucedió en las eras de oro del pasado. La mayoría de las enseñanzas se pierden por incrementos. Así fue como se perdieron las verdaderas enseñanzas de Jesús. Así es como las cosas acaban cambiándose.

La doctrina de la corrección política –la preocupación de que algo que se dice o escribe pueda ser controversial o pueda ofender a alguien– siempre es la prueba a la que nos enfrentaremos. En la ortodoxia es una pregunta continua. ¿Con cuánta fuerza predicamos, especialmente si tenemos a un miembro contribuyente adinerado que pudiera estar a favor de algo que no está bien? ¿Lo señalamos? ¿O hacemos la vista gorda porque no queremos perder esos ingresos?

Existen razones de todas clases para comprometer la Palabra. Con el fallecimiento de nuestra mensajera en octubre de 2009, nos encontramos en un punto crítico en el liderazgo de nuestra organización. Existe la tendencia por parte de cualquier líder de tratar de que las enseñanzas sean más populares. Podríamos pensar que la mejor perspectiva es hacer a un lado las exigencias más estrictas del sendero espiritual para que éste sea más aceptable a la mayoría. Por ejemplo, podríamos racionalizar: «Bueno, el aborto no es un problema tan grande, la mitad de la gente piensa que está bien, por tanto, minimicemos la postura de los maestros con respecto al aborto». La tendencia humana es la de comprometer o diluir las enseñanzas. Esta es una posibilidad que siempre nos acompañará.

Los verdaderos chelas de los maestros ascendidos jamás deben permitir que la Palabra se comprometa de ninguna forma o manera con respecto a la entrega original. Mark y Madre rechazaron grandes donaciones en más de una ocasión porque venían con condiciones.

Desgraciadamente, algunas personas no se dan cuenta de la necesidad de conservar la pureza de las enseñanzas porque no entienden su importancia. El hecho de que en esta actividad tengamos una serie de libros llamada *Las enseñanzas perdidas de Jesús* nos dice que se trata de un tema que preocupa a la Hermandad de la Luz. Las enseñanzas se han perdido en el pasado y eso podría volver a suceder si no tenemos cuidado.

Madre defendía estas enseñanzas, su misión y su manto ferozmente. Cualquier cosa que comprometa al Gurú o a la enseñanza del Gurú es un grave error, cargado de karma. Madre desafió la mentira en casi todas las facetas de la vida. No existía nada a lo que no tuviera el valor de dirigirse. Nunca reorientó sus velas ni lo hizo con la verdad por temor o favor hacia nadie ni nada. Manejó una gran energía de oposición hacia su misión que venía de muchos puntos, incluidos los ángeles caídos que tenían sus oportunidades de redención al servir como miembros del personal. Jesús dijo que no todos los que dicen «¡Señor! ¡Señor!» entrarán en el Reino del Cielo.

Muchas veces hay reticencia a asumir esa parte de la misión de la mensajera. Es comprensible. ¿Cuánta gente conocemos a la que le guste decir la verdad impopular? Cuando lo hacemos nos atacan, menosprecian, degradan, demonizan en algunos casos e incluso, simplemente, ridiculizan; y muchas veces el ridículo es lo más difícil de manejar. Madre lidió con todas esas cosas, pero en última instancia no le importaba realmente lo que la gente pensara de ella. Era honesta con su misión y con los maestros que la patrocinaban.

Madre fue el mayor ejemplo que he conocido de alguien que no estaba apegada a los resultados. Era profeta y hacía lo que hacen los profetas. Decía la verdad independientemente de lo que eso costara.

Decía la verdad y que las astillas caigan donde caigan, por citar a El Morya. Jamás la vi echarse atrás cuando se trataba de un tema de principios, lo cual es una afirmación increíble de por sí.

Era verdaderamente el Gurú. Y cuanto más envejezco, más la aprecio. El que tuviera algo de luz y estuviera asociado de cerca con ella, no podía sino quedar impresionado. Para el que tuviera algo de luz, las cosas que ella decía se convertían en una parte de él, y lo cambiaba. Muchas personas cambiaron muchos de sus conceptos erróneos en un instante al escuchar a Madre decir la verdad. La iluminación del Espíritu Santo entró en ellos y cambiaron para siempre. Yo lo sé. Fui uno de ellos.

La componenda por amor a la popularidad, o incluso por el aparente éxito de la misión, siempre es una posibilidad con la que hay que tener cuidado. Otra posibilidad sería la de seguir el ejemplo de la Iglesia Católica Romana, volvernos aún más rígidos y hacernos más autoritarios.

En los puestos de autoridad, el poder corrompe y el poder absoluto corrompe absolutamente, como dijo Lord Acton. Creo en eso completamente. Ningún movimiento religioso es inmune a este hecho. Tiene que haber mecanismos de equilibrio en la composición de cualquier estructura organizativa para evitar que esto suceda.

Los mecanismos de equilibrio necesarios ya están incluidos en los artículos y estatutos de nuestra organización. El papel principal del liderazgo de la Iglesia, incluyendo la Junta Directiva y el Consejo de los Ancianos, es el de proteger las enseñanzas dadas por los maestros ascendidos a estos Dos Testigos, Mark y Madre, para proteger la pureza de la Palabra.* Es un llamado alto y noble. Si usted siente este llamado, entonces solicite poder servir en el Consejo de los Ancianos. Pero

* Cuando El Morya estableció el Consejo de los Ancianos, encargó a sus miembros la defensa espiritual de la organización. El 3 de febrero de 1985, dijo, «Los Ancianos de la Iglesia pueden estar formados por los que están en posición de tomar decisiones, dar consejo, defender a la Iglesia, ser su portavoz y determinar la seguridad de la Palabra, de la Obra, del chela, del personal y de la Mensajera». (*Perlas de Sabiduría*, vol. 28, nº. 11, 17 de marzo de 1985). Gene fue uno de los tres nombrados por El Morya en este dictado para que fueran miembros del consejo. En 1996 el consejo se reorganizó bajo los artículos y estatutos revisados y Gene fue elegido como miembro del consejo en ese momento.

recuerde, será puesto a prueba.

Al igual que la estructura, también hay que tener personas que sean espiritualmente conscientes y que protejan la misión como nos fue dada por los mensajeros y los maestros ascendidos. La eterna vigilancia es el precio de la libertad y la seguridad. Lo mismo es cierto con respecto al mensaje y la misión espirituales.

En la mayoría de organizaciones hay demasiado «pensamiento de grupo». El pensamiento del grupo *(groupthink)* ocurre cuando un grupo de personas tiende a pensar de la misma forma sobre un tema colectivamente, hasta el punto de ignorar la evidencia de lo contrario. En estos tiempos son raros el hombre o la mujer que verdaderamente saben lo que piensan. Yo lo solía ver en el ámbito político cuando trabajé fuera del personal. Ahora lo veo en el ámbito espiritual.

Quizá lo más importante de lo que hay que ser consciente es la falta de pensamiento crítico, porque si las personas no tienen la capacidad de analizar verdaderamente y de pensar bien sobre una situación, seguirán llegando a las conclusiones equivocadas. Les manipulará cualquiera que conozca las herramientas de manipulación y de control mental.

Al ir hacia adelante, podemos hacerlo de varias formas. Hay un número de personas que creen que deberíamos ser simplemente una editorial, como la Teosofía. Esa organización publica muchos libros, pero están muertos a efectos prácticos en lo que respecta al crecimiento de su organización.

La otra dirección que podríamos tomar es la de asumir completamente el manto de la mensajera y la Hermandad y continuar con la misión. El Morya nos dijo en nuestro trigésimo tercer aniversario que la parte incumplida de nuestra misión es la expansión, salir con todas estas enseñanzas a todo el mundo sin favoritismos, sin recortarlas, sin modificarlas de ninguna manera. Que las palabras de la mensajera y la Hermandad se entreguen a la gente tal como fueron dadas.

Hay que mantener el dinamismo y eso llega a través del poder del Espíritu Santo y la obediencia a la misión como la delinearon los mensajeros y la Hermandad. Si no continuamos con la misión y si no continuamos con las enseñanzas en su esencia más elevada, esta Iglesia llegará a ser como la Teosofía y el movimiento YO SOY, viviendo en el pasado, estática en el tiempo y el espacio, y moribunda en su mayor parte.

Necesitamos una renovación en el despertar del Espíritu Santo para despertar a la gente hacia lo que hicieron los primeros apóstoles después de que Jesús abandonara la escena. Con el poder del Espíritu Santo, convirtieron a miles de cientos de miles de personas. Los discípulos huyeron con terror de la cruz, a excepción de Juan el Amado, la Virgen María, María Magdalena y unas cuantas mujeres fieles. Pero después, pasaron de ser discípulos cobardes a ser guerreros del espíritu que llevaron el Evangelio a todas las tierras conocidas y regiones del mundo. La mayoría de ellos tuvieron muertes de mártires; y la mayoría de ellos recibieron el poder del Espíritu Santo y fueron hombres y mujeres encendidos con Dios.

Los ángeles caídos tienen gran interés en conservar el control que tienen sobre los niños de la luz y los hijos e hijas de Dios. Su fracaso ocurre sólo cuando se les desenmascara, cuando se habla la verdad y los santos facultados por el Espíritu Santo realizan el trabajo que Dios les ha confiado.

La misión es esencialmente la misma que en los tiempos de Jesús. El Evangelio de Marcos dice:

> Y les dijo: Id por todo el mundo y predicad el evangelio a toda criatura.
>
> El que creyere y fuere bautizado, será salvo; mas el que no creyere, será condenado...
>
> Y el Señor, después que les habló, fue recibido arriba en el cielo, y se sentó a la diestra de Dios.
>
> Y ellos saliendo, predicaron en todas partes, obrando con ellos el Señor, y confirmando la palabra con señales que les seguían.

El Evangelio de Mateo contiene las siguientes palabras de Jesús:

> Por tanto, id, y enseñad a todas las naciones, bautizándoles

en el nombre del Padre, y del Hijo, y del Espíritu Santo; enseñándoles que guarden todas las cosas que os he mandado.

«Enseñándoles que guarden todas las cosas», es decir, la misión; y esa misión tiene que ser recuperada. Si no se recupera, no quiero pensar en las implicaciones. Si tenemos verdaderos guerreros del espíritu, inspirados divinamente, no hay nada que esta Iglesia y sus líderes no puedan realizar. Sin ellos, está destinada a fracasar.

¿Tengo esperanza? Siempre tengo esperanza mientras haya dos o tres guerreros del espíritu totalmente dedicados a la misión que se levanten y atraigan y magneticen hacia las Enseñanzas de los Maestros Ascendidos a las personas que están ávidas, hambrientas y listas para ello.

Mi esperanza para el futuro puede parecer contraria a todas las apariencias externas. Porque si miramos al mundo en el que vivimos actualmente y las decisiones que toman los líderes gubernamentales, espirituales y educativos, las personas normales dirán: «¿Para qué? Tiremos la toalla. Es demasiado tarde, ya está todo dicho y hecho».

Es muy importante que cualquier organización mantenga claras sus prioridades. Es fácil emprender esta o aquella gran idea humana que resulta atractiva para nuestra mente carnal. Siempre tendemos a buscar cuál será la siguiente cosa que lo solucione todo: algún elixir, remedio o idea mágica que le dé la vuelta a las cosas. Esto puede ser una fantasía egocéntrica de algún líder que posee las actuales riendas de poder y algo de persuasión.

No hay nada que sustituya la realización de la misión. Es la misión, la misión, la misión; esa es la clave. La misión tiene que estar perforada en nuestro corazón, nuestra cabeza y nuestra mente. De otro modo iremos dando tumbos en las arenas movedizas del mundo desde ahora hasta la eternidad.

Una llamada a la acción

Sermón

A principios del siglo veinte, tuvo lugar en China lo que se conoce como La rebelión de los boxers. Eran tiempos de gran persecución hacia los cristianos chinos. Y muchos fueron decapitados cuando se negaron a renunciar a su fe.

Todo lo que tenía que hacer el cristiano era retractarse, gruñir algo que significara «me retracto» y su vida era perdonada. Pero fieles a su Señor, se negaron, y miles murieron a manos del verdugo.

En nuestra época de fácil componenda y fácil moral, podemos imaginar una situación distinta si eso sucediera hoy día. Podríamos decir que, posiblemente, el cristiano común, enfrentado con la misma clase de decisión de retractarse de su fe y salvar la vida, pudiera decir algo así: «Espere un momento. Creo que puedo hacer una declaración que sea aceptable para todos».

El espíritu de componenda en la fe, la moral, tan prevalente en el cristianismo y la ortodoxia organizada, no era el espíritu de la Iglesia primitiva, donde el martirio era bien común, donde los cristianos eran entregados como alimento a los leones, crucificados o incluso quemados en la estaca.

Los historiadores nos dicen que en una ocasión fueron crucificados 500 cristianos bocabajo, bordeando la Vía Apia que conducía a Roma. Se ha dicho que la sangre de los mártires es la semilla de la Iglesia. La prueba de ello queda ampliamente ilustrada por el crecimiento de la

Iglesia primitiva, incluso con la persecución más amarga.

A partir de un pequeño grupo de dedicados cristianos, mujeres santas, hombres santos, el cristianismo se extendió como el fuego por todo el mundo mediterráneo. Como podemos ver ahora, el poder real de aquel día no estaba en la Roma imperial con sus legiones, su majestuosidad, su poder. No estaba en los líderes religiosos ortodoxos con su pompa y su fausto. Estaba en un pequeño grupo de hombres y mujeres encendidos con Dios y llenos del Espíritu Santo que estaban dispuestos a enfrentar un mundo hostil con un mensaje de verdad, las cosas que habían presenciado, las cosas que habían experimentado, las cosas que habían visto con sus propios ojos.

Habían sido testigos de la vida, las enseñanzas, la muerte, la resurrección de su Señor y Salvador Jesucristo. Sus bocas no podían ser tapadas por ninguna persecución ni nada que se enfrentara a ellos.

Proclamaban esta verdad independientemente de las privaciones, independientemente del sufrimiento, independientemente de lo que se les hiciera. Sufrían maltrato físico. Si lee la historia del apóstol Pablo, es una tremenda historia de persecución.

Por supuesto, Pablo había sido un perseguidor de cristianos. Inicialmente era conocido como Saúl. Había sido educado por un prominente fariseo de la época, Gamaliel, y mientras observaba el vestido de aquellos que apedrearon a Esteban, el primer mártir cristiano, no hizo nada. Cuando se convirtió en cristiano, Pablo también fue golpeado. Fue apedreado. Fue encarcelado. Naufragó. Fue mordido por una serpiente. Experimentó casi todo lo que se puede experimentar en lo que se refiere a persecución, dificultades y sufrimiento.

La hostilidad de los líderes religiosos de la ortodoxia de aquel tiempo era muy tangible. Iba más allá de la expresión verbal o las preguntas trampa o los insultos o la clase de calumnias y mofas que algunas veces experimentamos hoy. Esteban fue apedreado hasta la muerte. Sin embargo, dio un sermón poderoso y elocuente antes de ser lapidado. E incluso cuando estaba siendo apedreado rezó a Dios para que no les cargara con el pecado, suplicando por las almas de aquellos que ignorantemente tomaron parte en su muerte. Estoy seguro de que esto impactó a Saúl, quien más tarde llegó a ser el gran apóstol Pablo, el misionero que tenía la gran misión de llevar el mensaje de Jesucristo al mundo gentil.

En su libro *Los evangelios gnósticos,* Elaine Pagels se refiere a los textos originales de aquel período para encontrar los detalles de lo que ocurrió en realidad. Ella habla tanto de Tácito como de Suetonio, el historiador de la corte imperial. Los dos compartían un total desprecio por los cristianos y mencionaban a ese grupo principalmente como un objeto de persecución.

> Al contar la vida de Nerón, Suetonio informa en una lista de las cosas *buenas* que hizo el emperador, ese «castigo infligido a los cristianos, una clase de personas con tendencias hacia una superstición nueva y maléfica».[42] Tácito añade a sus observaciones sobre el incendio en Roma:
>
> > Primero, pues, se arrestó a aquellos de la secta que confesaron; después, según las revelaciones, grandes números fueron condenados, no tanto por el delito de incendiar, sino por su odio hacia la raza humana. Y el ridículo acompañó su final: fueron cubiertos con las pieles de animales salvajes y desgarrados hasta la muerte por los perros; o fueron fijados a las cruces y, cuando faltó la luz del día, fueron quemados para servir como antorchas en la noche. Nerón había ofrecido sus jardines para el espectáculo...[43]
>
> Tácito interpreta las acciones de Nerón como la necesidad de tener un chivo expiatorio.[44]

La persecución continuó durante siglos, culminando en la persecución más brutal que los cristianos experimentaron jamás, que ocurrió en los años 284 a 305 d.C.

Curiosamente, las configuraciones astrológicas del presente son muy parecidas a las que había cuando aquellas persecuciones tuvieron lugar. Y muchos de aquellos que realizaron las persecuciones están encarnados actualmente. Es muy posible que hayamos experimentado unas cuantas ondas y flechas de algunos de ellos.

¿Cuál era esa magnífica obsesión que dio a aquellos cristianos primitivos el poder, el amor de enfrentarse a todo un mundo, un mundo hostil muy parecido al que tenemos hoy día, en el que hablar de la fe propia abiertamente podría significar persecución y muerte?

Creo que el apóstol Pablo capturó el espíritu de los cristianos primitivos cuando dijo: «Por lo cual estoy seguro que ni la muerte, ni la vida, ni ángeles, ni principados, ni potestades, ni lo presente, ni lo por venir, ni lo alto, ni lo profundo, ni ninguna otra criatura nos podrá separar del amor de Dios que es en Cristo Jesús Señor nuestro».[45]

Su valor y confianza estaban basados en una relación vital y viva con su Señor y Salvador Jesucristo. Y así, tenían el valor de desafiar al mal y la oscuridad de su época, igual que nuestra mensajera lo tiene al desafiar los males sociales de nuestro tiempo.

Los males sociales de aquella época eran considerables: infanticidio, degeneración sexual, codicia desenfrenada, materialismo grosero y guerras. Y aquellos primeros cristianos se enfrentaron a la hipocresía y la maldad de los gobernantes en altos puestos tanto del Estado como de la iglesia con un mensaje del juicio de Dios, con el espíritu de los profetas del Antiguo Testamento. Estaban dispuestos a ser tontos por Cristo. Y con el poder del Espíritu Santo, curaron a los enfermos, resucitaron a los muertos y convirtieron a miles de personas a la fe viva en Jesucristo.

Los primeros cristianos, por tanto, eran testigos poderosos de la verdad porque estaban inspirados por el Espíritu Santo; realizaban con obediencia su tarea espiritual, el gran encargo que les dio su Señor.

Y así la Iglesia Militante difundió su mensaje sobre Jesucristo como la esperanza y salvación del hombre. Y hoy somos parte no sólo de la Iglesia Militante, sino también de la Iglesia Triunfante.

Los Hechos de los Apóstoles son una historia de dinamismo, de heroísmo, de fe y de un amor sobrecogedor que hoy aún contiene las claves cósmicas para nuestra victoria. Quiero compartir con ustedes cinco claves sacadas del libro de Hechos que hacen patente el dinamismo espiritual y la rápida expansión de la Iglesia primitiva.

La primera era la promesa de Jesús a sus apóstoles. La segunda era la tarea espiritual que Jesús dio a sus discípulos. La tercera era su preparación para recibir al Espíritu Santo. La cuarta era la promesa de Jesús cumplida el día de Pentecostés. Y la quinta era la respuesta al mensaje de Pentecostés. Estas cinco claves están recogidas en los primeros dos capítulos del libro de Hechos. El día en que nosotros sigamos estas cinco claves que los maestros nos dan en este libro de Hechos, probablemente será el día de la gran regeneración espiritual, no sólo de nuestra compañía de creyentes sino de todo el planeta.

La promesa de Jesús a los apóstoles fue muy directa: «Mas recibiréis poder cuando haya venido sobre vosotros el Espíritu Santo...».[46]

Eso es una promesa. «Recibiréis poder. No seréis impotentes. No voy a enviaros a enfrentarlos a un mundo hostil como bebés en el bosque, como Alicia en el país de las maravillas. Os voy a enviar con poder.» Y el poder es el poder de Dios de enfrentar el mal, de predicar el mensaje de la verdad, de llevar los corazones de los hombres hacia una relación correcta con su Señor y Salvador.

El poder del Espíritu Santo aún es la clave para la conversión de las almas. La razón por la que nos falta poder hoy es por nuestra propia falta de compromiso, nuestra falta de dedicación, nuestra falta de renuncia, nuestra falta de consagración para ser la plenitud de la voluntad de Dios en manifestación.

«Y me seréis testigos, a la vez, en Jerusalén, en toda Judea, en Samaria, y hasta lo último de la Tierra.»[47] La tarea espiritual es ser testigos de la verdad. Bien, ¿y qué significa ser testigo? El diccionario Webster dice que *testigo* significa «atestiguar un hecho, una afirmación, evidencia, testimonio; una persona que vio y dio cuenta de primera mano de algo; una persona que testifica en un juzgado; testificar sobre las creencias religiosas o la fe».

Por tanto, la tarea espiritual que recibieron los discípulos, los apóstoles, era la de ser testigos, testigos de lo que habían experimentado, lo que habían visto, lo que habían sentido y aquello que creían que era su fe. Habían sido testigos de la vida de Jesús. Habían visto sus milagros. Habían oído su enorme enseñanza, las Bienaventuranzas, el Sermón de la Montaña. Lo habían visto curar a los enfermos y resucitar a los muertos. Lo observaron en acción. Él les enseñó. Él los preparó. Y luego los mandó a su misión.

Jesús les dio esta tarea de ser testigos de lo que habían experimentado, de lo que habían visto. Es lo más poderoso que se puede dar. Todo el mundo debería estar preparado para dar testimonio de las enseñanzas y al hacerlo, tiene que dar su testimonio de la mensajera, de la relación Gurú-chela, de cómo encontró este sendero. Estamos llamados a ser testigos de la verdad que conocemos, que hemos experimentado al utilizar la llama violeta y observar las capas de oscuridad pelarse.

La tarea que Jesús dio a sus apóstoles y sus discípulos era la de ser testigos, y les dijo dónde había que hacerla. Comenzar en vuestro lugar de origen, Jerusalén. Después expandid el círculo: Judea, Samaria, ensanchadlo un poquito, y hasta los confines de la Tierra.

Esa es nuestra misión hoy día. Y ello no va a depender de unas cuantas personas del personal que vayan viajando por ahí, de gira. Dios nos llama a que seamos sus portavoces. La mensajera y los maestros dicen en casi todos los dictados que estamos llamados a ser esos testigos. Estamos llamados a hablar. Ya no podemos seguir en silencio. Los maestros dependen de nosotros.

Si nosotros no lo hacemos, nadie lo va hacer. Somos sus manos, sus pies. Y la misión del Señor está ante nosotros. Y si no hay nada más que yo pueda comunicarles hoy en este pequeño mensaje, entonces diré esto: la responsabilidad descansa sobre nosotros. La responsabilidad final recae sobre ustedes y sobre mí, porque hemos recibido tales grandes riquezas y bendiciones, la relación con el Gurú vivo, la relación con los maestros a quienes podemos invocar y de quienes podemos sentir su presencia, su luz y su energía.

Como aquellos primeros discípulos, hemos de ser testigos. Hemos de ir y predicar este Evangelio a toda criatura viva, «bautizándolos en el nombre del Padre, del Hijo y del Espíritu Santo: enseñándoles a observar todas las cosas que os he mandado». Y la promesa: «He aquí, yo estoy con vosotros todos los días, hasta el fin de la era».

¿Qué compartimos? Compartimos las enseñanzas. Compartimos

el testimonio. Cuando somos gente encendida con Dios, llena de Dios, contactaremos a los corazones y las vidas de los hijos e hijas de Dios que están esperando ser contactados. Están ahí. Esta tarea espiritual que Jesús dio a sus discípulos y a los apóstoles es la misma a la que nos enfrentamos hoy.

Si no nos preparamos para la misión, no vamos a tener éxito. Si no sabemos cuál es la meta de la misión, no vamos a tener éxito. Si no sabemos qué recursos podemos ordenar e invocar para la misión, vamos a estar desarmados para la clase de energías de las que ha hablado Madre. Y las experimentaremos al ir de un lugar a otro, de pueblo en pueblo.

Muchos de ustedes están llamados a esa misión, estoy seguro. Cuando dirigimos un grupo de estudio, estamos llamados a ser ministros, no sólo para ese grupo de estudio, la ciudad, la localidad en la que vivimos, sino para toda la zona colindante. Somos responsables de todas esas zonas con las que hay que entrar en contacto o donde están las almas de luz esperando esta Palabra y con quienes tenemos karma.

¿Cómo se prepararon los apóstoles, las mujeres santas para su misión, para recibir al Espíritu Santo? Dice así: «Todos éstos perseveraban unánimes en oración y ruego, con las mujeres, y con María la madre de Jesús, y con sus hermanos». Nos dicen que su número era de 120.

¿Cómo se prepararon? Eran «unánimes». ¿Qué es eso? La Comunidad del Espíritu Santo. ¿Qué tenemos aquí actualmente? La Comunidad del Espíritu Santo. Unánimemente estamos en un lugar, esperando el poder del Espíritu Santo, pidiendo el poder del Espíritu Santo, escuchando la Palabra de vida, haciendo las preparaciones necesarias que nos permitan realizar una misión como líderes de esta Iglesia. Ellos se prepararon siendo unánimes y estando en un lugar. Conocían la importancia de la comunidad. No lo hicieron en solitario. Lo hicieron juntos.

«... en oración y ruego.» La experiencia me ha enseñado que lo más difícil en la vida es la oración. Probablemente sea porque para encontrarnos en el verdadero espíritu de la oración, hay que doblar la rodilla. Hay que reconocer el hecho de que Dios está en nosotros y que Dios es el que actúa en todas las cosas que hacemos y en todo lo que decimos. Y podemos avergonzar o glorificar a Dios por lo que decimos y por lo que hacemos.

Para ser llenados con el poder de Dios es necesario ser hombres y mujeres de oración. Ya sea oración hablada en el poder del decreto, ya sea oración en silencio, o en meditación. En los Evangelios se informa una y otra vez de que Jesús se separaba cuando estaba cansado o desanimado (sí, se cansaba y se desanimaba), se separaba y oraba. Y enseñó a los discípulos el Padrenuestro.

Nos preparamos para nuestra misión con oración y súplica. Cuando vamos de viaje, de gira o damos conferencias, no podemos arreglarnoslas con menos de tres o cuatro horas de decretos al ir a la ciudad siguiente y tener que lidiar con la energía de esa ciudad. Tenemos que nombrar a las almas que se nos han confiado. Vemos que cuando nombramos a las almas que están en la lista de gente que se han interesado, ello marca toda la diferencia. También nombramos a los Guardianes de la Llama. Tenemos que pedir el poder de la oración de nuestro grupo.

A menos que estemos juntos y en armonía, no tendremos un grupo lleno de poder. Si hay conflicto o si en el grupo de estudio hay los juegos de los egos de todas clases, el Espíritu Santo no nos bendecirá. Armonía de un corazón, una mente, un alma en un grupo que trabaja junto es la clave. Y cuando esa clase de energía y fortaleza lo ciñe todo por debajo, podemos desafiar cualquier cosa.

Los discípulos prepararon sus templos corporales. Prepararon sus corazones, sus mentes y almas con oración y súplica. Esa era la preparación para recibir al Espíritu Santo.

¿Jesús mantuvo su promesa? ¿Se cumplió la promesa? Se cumplió de una forma dramática el día de Pentecostés. El segundo capítulo del libro de Hechos nos habla de ello. Al oír estas palabras podemos imaginar la escena y sentir la llama de la experiencia de aquellos discípulos y la gente que estaba entre la muchedumbre.

La historia comienza volviendo a observar que eran unánimes y estaban en un lugar. La Comunidad, la Sangha del Buda, estaba reunida.

> Y cuando se cumplieron los días de Pentecostés, estaban todos unánimes en un mismo lugar.
>
> Y de repente vino un estruendo del cielo como de un viento recio que corría, el cual llenó toda la casa donde estaban sentados; y se les aparecieron lenguas hendidas, como de fuego, asentándose sobre cada uno de ellos. Y fueron todos llenos del Espíritu Santo, y comenzaron a hablar en otras lenguas, según el Espíritu les daba que hablasen.
>
> Moraban entonces en Jerusalén judíos, varones piadosos, de todas las naciones debajo del cielo. Y cuando esto fue divulgado, se juntó la multitud; y estaban confusos, porque cada uno les oía hablar en su propia lengua.
>
> Y estaban atónitos y maravillados, diciéndose unos a otros: He aquí, ¿no son galileos todos estos que hablan? ¿Cómo, pues, les oímos nosotros hablar cada uno en nuestra lengua en que hemos nacido? Partos y medos, y elamitas, y los que habitamos en Mesopotamia, en Judea y en Capadocia, en el Ponto y en Asia, en Frigia y Panfilia, en Egipto y en las partes de Libia que está más allá de Cirene, y romanos extranjeros, tanto judíos como prosélitos, cretenses y árabes, les oímos hablar en nuestras lenguas las maravillas de Dios.
>
> Y estaban todos atónitos y perplejos, diciéndose unos a otros: ¿Qué significa esto? Mas otros, burlándose, decían: Están llenos de mosto.

Cuando el Evangelio se predica de verdad, se reciben varias respuestas. Algunas personas se sorprenden. Otras, se confunden. Otras personas responden y entran al sendero. Y otras, ridiculizan y se mofan.

¿Con cuánta frecuencia sufre esta iglesia la condenación del mundo, la mofa y el ridículo? ¿Con cuánta frecuencia ha soportado la mensajera, con el poder de su llama Crística, los dardos cuando el ridículo y la condenación del mundo llegan sin parar?

Hace falta alguien que esté totalmente centrado divinamente en la llama del Cristo vivo para seguir permaneciendo con la llama de la alegría, dando el mensaje de la verdad sin que importen los desafíos, sin que importen las acusaciones, sin que importe lo que diga la gente en los programas de televisión o lo que digan los fundamentalistas. Independientemente de lo que le arrojen, ella defiende la verdad. Y lo sabemos, y esa es una de las mayores razones por la que estamos aquí.

Como testimonio personal, puedo decir que cuando entré en este sendero, escuchar la Palabra de Dios proclamada sin cambiar la dirección de las velas, sin responder con evasivas, sin intentar atraer la popularidad dando un mensaje de dulzura y luz como hace tanta religión de la Nueva Era; el hecho de que decía la verdad sin temor ni favoritismos era lo que llevó mi corazón hacia el suyo y me permitió realmente confiar en la Madre Divina encarnada.

Por eso verdaderamente tenemos la bendición de tener a un Gurú vivo con nosotros. Tenemos la bendición de tener los maestros ascendidos, quienes pronuncian la palabra de vida a través de ella. Y tenemos mucho más que los discípulos o los apóstoles de aquellos tiempos antiguos. Tenemos la llama violeta. Tenemos más enseñanzas. Nos han traído otra vez las enseñanzas perdidas de Jesús a nuestros corazones gracias al poder del Espíritu Santo y a una mensajera viva que se comunica como un vehículo puro de luz. Y así, hoy tenemos todo esto, mucho más de lo que tenían incluso en la Iglesia primitiva.

El día de Pentecostés hablaron a la gente en el lenguaje que la gente conocía y entendía. ¿Y no es ese el llamado de la mensajera y de los maestros? Tenemos que encontrarnos con la gente en su nivel. En esta organización no podemos ser un *Johnny One-Note.* No podemos ser simplemente como los fundamentalistas, expertos a prueba de texto. No podemos simplemente recitar versos bíblicos pensando que esa sea la respuesta a todos los problemas.

Tenemos que estar bien fundamentados en las enseñanzas. Debemos alimentarnos con el Espíritu del Señor, con la ley de la vida de las enseñanzas de los maestros todos los días de nuestras vidas.

La promesa de Jesús se cumplió el día de Pentecostés. La palabra de Dios fue proclamada en varias lenguas. El Espíritu Santo descendió verdaderamente con poder como lenguas hendidas de fuego. Y Pedro predicó un magnífico sermón de «buenas nuevas».

Los grandes predicadores del Nuevo Testamento, Pedro, Jesús, Juan, Esteban, el apóstol Pablo, son para nosotros grandes modelos de claridad, de sencillez, de belleza, de verdad. El sermón de Pedro fue un testimonio. Se basó en las fuentes del Antiguo Testamento. Citó al profeta Joel. Me gustaría contar lo que Pedro tenía que decir.

> Entonces Pedro, poniéndose en pie con los once, alzó su voz, y les habló diciendo: Varones judíos, y todos los que habitáis en Jerusalén, esto os sea notorio, y oíd mis palabras. Porque éstos no están borrachos, como vosotros pensáis, siendo apenas la hora tercera del día.
>
> Mas esto es lo que fue dicho por el profeta Joel; y será que en los postreros días, dice Dios: Derramaré de mi Espíritu sobre toda carne; Y vuestros jóvenes verán visiones; Y vuestros ancianos soñarán sueños: Y de cierto sobre mis siervos y sobre mis siervas en aquellos días derramaré de mi Espíritu, y profetizarán. Y mostraré prodigios arriba en el cielo; y señales abajo en la tierra; sangre, y fuego, y vapor de humo:
>
> El sol se tornará en tinieblas; y la luna en sangre; antes que venga el día del Señor; grande y memorable; Y acontecerá que todo aquel que invocare el nombre del Señor, será salvo.
>
> Varones israelitas, oíd estas palabras: Jesús nazareno, varón aprobado de Dios entre vosotros con milagros y prodigios, y señales que Dios hizo por medio de Él en medio de vosotros, como también vosotros sabéis. A Éste, entregado por determinado consejo y presciencia de Dios, prendisteis y matasteis por manos de los inicuos, crucificándole; al cual Dios resucitó, habiendo soltado los dolores de la muerte, por cuanto era imposible ser retenido de ella.
>
> Porque David dice de Él: Veía al Señor siempre delante de mí: Porque está a mi diestra, no seré conmovido. Por lo cual mi corazón se alegró, y se gozó mi lengua; Y aun mi carne des-

> cansará en esperanza; Porque no dejarás mi alma en el infierno, ni permitirás que tu Santo vea corrupción. Me hiciste conocer los caminos de la vida; Me llenarás de gozo con tu presencia.
>
> Varones hermanos, permitidme hablaros libremente del patriarca David, que murió, y fue sepultado, y su sepulcro está con nosotros hasta el día de hoy. Pero siendo profeta, y sabiendo que con juramento le había Dios jurado que del fruto de sus lomos, en cuanto a la carne, levantaría al Cristo que se sentaría sobre su trono; viéndolo antes, habló de la resurrección de Cristo, que su alma no fue dejada en el infierno, ni su carne vio corrupción.
>
> A este Jesús resucitó Dios, de lo cual todos nosotros somos testigos. Así que, exaltado por la diestra de Dios, y habiendo recibido del Padre la promesa del Espíritu Santo, ha derramado esto que ahora vosotros veis y oís.
>
> Porque David no subió a los cielos; pero él mismo dice: Dijo el Señor a mi Señor: Siéntate a mi diestra, hasta que ponga a tus enemigos por estrado de tus pies.
>
> Sepa, pues, ciertísimamente toda la casa de Israel, que a este Jesús que vosotros crucificasteis, Dios le ha hecho Señor y Cristo.[48]

Eso es un resumen del testimonio del apóstol Pedro. «A este Jesús que vosotros crucificasteis, Dios le ha hecho Señor y Cristo.»

¿Cuál fue la respuesta a este mensaje tan poderoso predicado por Pedro con el poder del Espíritu Santo? Tres mil personas fueron convertidas en el acto y bautizadas. Este es el fruto de la obra de Dios en el apóstol.

Entonces se nos dice que «perseveraban en la doctrina de los apóstoles...». Estaban allí para recibir la doctrina de los apóstoles, las enseñanzas. Eso es lo que significa la sangha del Espíritu Santo: recibir las enseñanzas y después comunicar las enseñanzas, experimentar el amor de Dios y el flujo del poder de Dios en esta comunidad de luz y después ser testigos de esa verdad.

«...y en la comunión, y en el partimiento del pan, y en las oraciones.» ¿No es eso lo que hacemos aquí? Partimos del pan. Recibimos la cena del Señor. Comemos juntos. Vamos en compañía y rezamos juntos. Esto es comunidad.

Por tanto, entendemos que esta enseñanza es muy aplicable a nosotros actualmente. Es como si el mensaje nos fuera enviado con un haz dos mil años después. Es tan relevante que habla a nuestras almas. Algunos de nosotros incluso podríamos haber estado allí y haber experimentado la presencia de Jesús y los discípulos y las cosas que experimentaron. Pero tanto si estuvimos como si no, este mensaje es atemporal, eterno: la resurrección, Dios está aquí, la muerte no es real, la vida real, la vida es una continuación.

Tenemos este mismo entendimiento y deberíamos ser catapultados, como lo fueron los apóstoles, a compartir ese mensaje con el mundo. Y la forma en que lo hacemos, por supuesto, es alimentando nuestras almas con el pan de la Vida, alimentando nuestras almas con las enseñanzas de los maestros, para profundizar aún más en el amor y nuestra consagración al sendero.

¿Con cuánta frecuencia entramos en una conciencia de dejadez y rutina, y nuestro discipulado se vuelve chapucero, descuidando las cosas que sabemos que tenemos que hacer? Ir a una conferencia y escuchar un dictado es una experiencia que nos vuelve muy humildes. Nos bañan en al amor y la aceptación del maestro y, algunas veces, nos dan una bien merecida corrección. Nos marchamos sintiéndonos encendidos y diciendo: «Debo ser un testigo vivo de esta verdad. Debo desear con una intensidad de fuego esta verdad».

Sólo el fuego puede encender el fuego. Dice en uno de los versos favoritos de Mark Prophet que: «Quisiera fueses frío o caliente, mas porque eres tibio, y no frío ni caliente, te vomitaré de mi boca».[49] Y pienso cuántas veces me he vuelto tibio, cuántas veces me falta el fuego y el celo del Espíritu Santo. Y quizá algunos de ustedes puedan afirmar lo mismo.

Si sentimos pasión por la vida y por las almas y por la verdad, entonces el Espíritu Santo puede utilizarnos. Pero si somos tibios, ni fríos ni calientes, no podemos hacer mucho. Creo que la mayoría de la gente hoy día es mediocre hasta en sus pecados. Habría más esperanza si hubiera un poquito más de pasión en ese sentido, porque cuando cambian de dirección, ese fuego puede ser utilizado en dirección a Dios.

Nuestra Iglesia hoy sufre persecución. No hay ninguna duda. La experimentamos. La vemos. Los escribas, los fariseos y los saduceos que atacaban a Jesús, los apóstoles y los primeros cristianos están bien representados en los líderes religiosos y los fundamentalistas de la ortodoxia de todas las persuasiones. Los funcionarios del gobierno que hostigan a nuestra Iglesia hoy día prestan atención a los tiempos de la Roma imperial cuando existía una alianza impura entre la Iglesia el Estado, entre Caifás, Pilatos y Herodes, que resultó en la muerte de Jesús el Cristo.

La diferencia principal entre la actualidad y los tiempos de Jesús es que ahora no nos matan por nuestra fe, aunque muchos miles han sido martirizados por su fe en los países bajo el comunismo. Pero nosotros hemos de lidiar con el ridículo, la obstinación burocrática, la intimidación psicológica, todo ello orquestado en su mayor parte por los medios de comunicación, instrumentos de la élite de poder, con su inclinación secular y su moralidad contracultura.

Esto, repito, no es nada nuevo. La perspectiva histórica la revela Elaine Pagels en *Los Evangelios gnósticos:*

> En el verano de 177, Ireneo fue testigo de una creciente hostilidad hacia los cristianos en su propia ciudad, Lyon. Primero les prohibieron la entrada a los lugares públicos, mercados y baños. Luego, cuando el gobernador provincial se encontraba fuera de la ciudad,
>
>> la turba se desencadenó. Se dio caza y se atacó abiertamente a los cristianos. Fueron tratados como enemigos públicos, agredidos, golpeados y apedreados. Finalmente fueron arrastrados hasta el Foro... fueron acusados y, al confesar ser cristianos, fueron arrojados en prisión.[50]
>
> Un amigo con influencia, Vettius Epagathus, quien intentó

> intervenir en su juicio, fue callado a gritos: «El prefecto simplemente le preguntó si él también era cristiano. Cuando lo admitió, con la más clara de las voces, que lo era, «el prefecto le sentenció a muerte junto con los demás. Sus siervos, torturados para extraerles información, finalmente «confesaron» que, como los romanos sospechaban, sus empleadores cristianos cometían atrocidades sexuales y canibalismo. El relato de un testigo ocular informa que esta prueba puso a la población contra ellos: «Estas historias se esparcieron y todo el mundo nos lanzó su ira, tanto que incluso aquellos cuya actitud había sido moderada anteriormente por su amistad con nosotros, se pusieron furiosos e hicieron rechinar sus dientes contra nosotros».[51]

En cuando observamos los ataques contra esta organización, contra esta enseñanza, contra esta mensajera, somos conscientes de que nuestros amigos y los que pudieran inclinarse a mirarnos favorablemente sufren una enorme presión por parte de las personas de su entorno. Y aunque no nos han pedido que muramos por nuestra fe, el enemigo está comprometido hoy a herir al pastor, a dispersar a las ovejas y a destruir esta comunidad utilizando los medios de comunicación para inflamar al populacho contra nosotros y destruir nuestra credibilidad.

Mientras tanto, los órganos legales y judiciales del estado intentan chuparnos la sangre financieramente mediante requisitos burocráticos y demandas. Sabiendo cómo están las cosas, estamos advertidos. Estando advertidos, estamos preparados.

Nuestros amados maestros no nos dejan sin las enseñanzas que necesitamos para afrontar estos desafíos. El siete de julio de 1990, Godfre y Lotus dieron un dictado a través de nuestra amada mensajera titulado «El punto de la victoria». Se refieren al hecho de que hay que luchar y ganar la batalla. Hablan de defender el movimiento dando testimonio de las enseñanzas con Madre, estando ante el altar con Madre cuando ella decreta o ante los altares donde vivimos, prometiendo defender a este país y esta Iglesia.

Es una lucha hasta el fin, un esfuerzo conjunto de las huestes de la luz ascendidas y no ascendidas. La Iglesia debe crecer si hemos de ser eficaces. Y aunque sufrimos persecución, podemos ganar. El llamado sí obliga a la respuesta.

Nuestra misión hoy es la misma que en los tiempos de Jesús: predicar, enseñar, dar testimonio y ser y convertirnos en el Cristo vivo. El manto del pastor descansa sobre nosotros. Y la imperativa de Jesús aún resuena en nuestros oídos cada día: «Apacentad a mis ovejas».

Juan el Bautista explica la misión en su llamada a la acción, en un dictado del 1 de julio de 1990.

> Así, para poder tener, conservar y sostener el nuevo cielo y la nueva tierra en esta octava, es necesario tener una novia viva en todos vosotros, tener un testigo vivo, una Mensajera viva y la actividad y la acción continua de la Luz que es recibida, la Luz que es multiplicada, la Luz que se regocija en vosotros y vosotros que os regocijáis en la Luz. ¡Así es el nuevo cielo y la nueva tierra!
>
> Los que puedan dejar las cargas kármicas del pasado atrás podrán experimentar en su propio ser y mundo, conciencia y corazón este nuevo cielo, esta nueva tierra y conservarlos y sostenerlos mediante el caminar en este plano físico, mediante la iniciación de la crucifixión, hasta el descenso al infierno para predicar a los que están perdidos, a los que se han desviado o a los orgullosos rebeldes que permanecen en un estado de rebelión y no quieren ser convertidos.[52]
>
> No importa si vosotros convertís a aquel a quien predicáis. Sí importa que digáis la Verdad y que digáis el mensaje de salvación en «la lengua», como os ha dicho la Mensajera, y en la manera de entender del que escucha. Por tanto, que el corazón se comunique con el corazón. Este es el verdadero amor de Cristo hacia aquel a quien ama.
>
> Os pido, pues, que busquéis otro don de Dios, el octavo.[53] Son los nuevos chelas, los nuevos estudiantes de los Maestros Ascendidos, portadores de Luz del mundo entero, quienes no han

oído el mensaje del Maestro Ascendido Jesucristo. Os pido que los busquéis por diferentes caminos.

Buscadlos anunciando, en vuestros periódicos locales o en publicaciones que anuncian actividades espirituales, un grupo de meditación nuevo que se está formando para que puedan asistir a vuestra reunión y conocer el significado del Ashram de todo el mundo que no necesita que se firmen papeles, ni membresías en lo exterior, ni la no afiliación a otras organizaciones sino sólo la aplicación del corazón y sólo un mínimo de tiempo cada semana en el que unirse, cada cual desde su casa, a estos rituales de meditación[54] dados por El Morya para gloria de Dios en Cristo en todo hombre y mujer.

Así, amados, guiadlos amablemente de la mano y poco a poco, habladles de Saint Germain y dadles las enseñanzas de la mensajera sobre los pasos de la alquimia y la precipitación.[55] Porque a muchos les encanta el ritual, muchos aman la meditación y muchos ya conocen el poder de la visualización.[56]

Son consejos muy prácticos. Nos dice que no estemos apegados a los resultados. De nosotros se requiere que prediquemos la Palabra, que encontremos a esos nuevos chelas, que los llevemos de la mano amablemente, paso a paso, que desplegamos la enseñanza del sendero para ellos.

Para poder llevar a cabo esa llamada a la acción, necesitamos ser fuertes en el Señor. Y creo que el apóstol Pablo nos dio una clave cuando dijo:

No tenemos lucha contra sangre y carne, sino contra principados, contra potestades, contra los gobernadores de las tinieblas de este mundo, contra malicias espirituales en las alturas.

Por tanto, tomad toda la armadura de Dios, para que podáis resistir en el día malo, y habiendo acabado todo, estar firmes.

Estad, pues, firmes, ceñidos vuestros lomos de verdad, y vestidos de la coraza de justicia; y calzados vuestros pies con el apresto del evangelio de paz. Sobre todo, tomad el escudo de la fe, con que podáis apagar todos los dardos de fuego del maligno; y tomad el yelmo de la salvación, y la espada del Espíritu, que es la palabra de Dios.[57]

Pablo explica que el verdadero enemigo no es la carne ni la sangre, sino los ángeles caídos de otros planos. También nos habla de la preparación espiritual que es necesaria para que consigamos nuestra victoria.

Como instrucción añadida, los amados Godfre y Lotus ofrecen las siguientes palabras de corrección, consuelo y ánimo.

Querría que algunos de entre vosotros no racionalizarais vuestra involucración en empeños menores de todas clases simplemente porque contribuyen con algún bien a la sociedad. Pues podríamos implicarnos en causas nobles, haciendo bien a la sociedad o incluso unos a otros, durante siglos futuros y estar satisfechos de haber hecho un gran bien y haber ayudado a los demás hoy. Pero estos otros que desean ayudar y dar consuelo humano, benditos ¿dónde estarán cuando llegue su momento y tengan que pasar sus pruebas? ¿Encontrarán vuestras huellas? ¿Encontrarán vuestros registros? ¿Encontrarán la mortaja en el sepulcro, darán testimonio de vuestra resurrección y desearán hacer lo mismo?

La pregunta es: ¿Perdurará el planeta Tierra como una opción para una era de oro, existirá el planeta Tierra para cuando los Budas y Bodisatvas estén destinados a reencarnar en él en una era de oro, y existirá para vosotros mismos en vidas futuras? Porque veréis, si perdéis el tiempo haciendo costura, haciendo colchas y todas las demás distracciones, ¿haréis vuestra ascensión, en el análisis final, a pesar de todo?

¡Yo os digo que hace falta una gran cantidad de fuego en el cohete para impulsarlos hacia vuestra ascensión! Y ese fuego hay que ir acumulándolo todos los días hasta que los ojos brillen con un fuego que es santo y que no se ve en la mayoría de los lugares del planeta. Ha de ser un fuego que se acumule en los chakras, pues nunca se sabe cuándo os llamarán al Hogar. Y cuando se llame, todo vuelve a cero. Ya no podréis continuar con vuestras siembras ni con vuestras siegas. Lo que se ha terminado hasta ese punto es vuestro y si necesitáis una onza más de tiempo, no se os dará una onza más de tiempo. Según la Gran Ley, tendréis que reencarnar y si puede haber mitigación de la Ley, se producirá sólo por la gracia de Dios y su Hijo.

¡Yo digo, por tanto, que el fervor y el celo de Zaratustra sea con vosotros y el de Melquisedec, y el de todos los que han servido en este rayo blanco! Es hora de poner verdadera atención en Serapis Bey y su rigor, su severidad, y no eludirla, porque es por vuestro bien. Y vuestro bien es el bien de la Iglesia y el bien de los Estados Unidos; están entrelazados inextricablemente. Vosotros sois ciertamente los que habéis defendido la libertad en todas las épocas. Ciertamente sois los que merecéis el premio. ¡Sois ciertamente los que os lo habéis ganado![58]

Es un mensaje muy poderoso. Lo primero es lo primero. Tenemos que aclarar nuestras prioridades.

¿Perdurará la Tierra? Depende de nosotros. Debemos cubrir los fuegos diariamente para que los chakras giren, aceleren los fuegos y defiendan la libertad. Depende de nosotros el que nos pongamos manos a la obra y dejemos atrás todas las cosas menores.

Esa es la oportunidad y ese es el desafío que cada uno de nosotros afronta hoy. Por la gracia de Dios, con la ayuda divina de los maestros ascendidos y nuestra amada mensajera, conseguiremos la victoria. Recogeremos el premio, como nos lo prometió la Virgen María el 30 de junio de 1990.

¡Habéis ganado el premio! ¿No vais a valorar el premio y a defenderlo con vuestra Vida y Luz? *¡Amados, habéis ganado el premio!* ¡Y todos quieren quitároslo y destruir vuestro amor mutuo y el que sentís hacia Dios!

¿No entendéis que todas estas cosas menores se pueden resolver? ¡Podéis ser victoriosos en todos estos asuntos menores

> siempre y cuando no os olvidéis de que la fuerza siniestra de este planeta y más allá no dejará de intentar quitaros el premio! ¡El premio, amados!
>
> Habéis ganado un gran premio. ¿Y quién os ha declarado ganadores? ¡Pues vuestro Dios Padre-Madre y todas las huestes del SEÑOR![59]

Esa es la promesa de victoria desde el propio corazón de la Virgen María. Esa es la promesa del premio que podemos reclamar. Debemos reclamarlo convirtiéndonos en la plenitud del Cristo, convirtiéndonos en almas de fuego que verdaderamente enfrentarán al mundo de la oscuridad con el mensaje de la verdad, que encontrarán a sus hermanos y hermanas para traerlos a casa y para producir una era de oro para nuestro amado Saint Germain.

No podemos fallar, no nos atrevemos a fallar, no fallaremos. Afirmamos nuestra victoria ahora.

Apéndice A: Escritos

Claves para los ministros

Líneas directrices para predicadores y siervos ministrantes

1. Interiorice la verdad que se predica para que el mensaje no suene vacío.
2. Recuerde el valor que Dios pone sobre el alma individual. El buen pastor deja a las noventa y nueve ovejas a salvo en el redil para encontrar a la única que se ha perdido.
3. Predique las verdades eternas y las máximas, no las últimas novedades o lo que está de moda que es efímero y pasa.
4. No huya, acepte el sufrimiento y el dolor cuando se enfrente a tales instructores. Le será de ayuda sentir compasión por los apesadumbrados y oprimidos en la vida. (De una cantante se dijo: «Sería grandiosa si tan sólo hubiera sufrido un poco».)
5. Dirija su mensaje al hombre íntegro: corazón, mente, cuerpo y alma. Hable y utilice el lenguaje de la vida que se comunica en los niveles más profundos, desde las fuentes permanentes de la existencia humana.
6. Utilice el lenguaje pictórico, imágenes concretas en vez de abstracciones. Haga que sus sermones canten con vida, como los profetas del Antiguo Testamento, como Jesús, cuyas ilustraciones eran siempre muy concretas y explícitas. El pecado cardinal es aburrir cuando presente, al hablar de los temas majestuosos que inspiran al alma.
7. Sea usted mismo. Usted es un cáliz único del Espíritu Santo, de la

expresión creativa de Dios. Sea todo lo que usted es, un cocreador junto con Dios. Utilice las fuentes permanentes de su Santo Ser Crístico creativo. «Pedid y recibiréis.»

8. Estudie las enseñanzas en las horas de la mañana, cuando esté fresco. El mundo tiene muchas diversiones que pueden ocupar nuestro tiempo y nuestra atención. O bien se crece o bien se está estancado.
9. El secreto de una vida dinámica, espiritualmente llena de poder es la oración, la meditación y el decreto dinámico. Al descuidar cualquiera de estas cosas corremos peligro espiritualmente.
10. Haga siempre las cosas lo mejor que sepa. No descuide su preparación. Recuerde que con la práctica llega la perfección. No se apegue a los resultados. Usted siembra la semilla. Dios da la cosecha y el poder de conversión a través del Espíritu Santo.
11. Tenga presente a la congregación cuando escriba su sermón. De otra manera, hablará a las paredes. Para conocer las necesidades de la congregación, debe conocer a su audiencia. La mejor forma de conocerla es visitar a las personas en sus hogares.
12. Recuerde, un sermón sin ilustraciones es como una casa sin ventanas. Asegúrese de que sus ilustraciones iluminan su argumento, son breves y relevantes. Un buen sermón glorifica a Dios y edifica a su congregación.
13. Los que le escuchan merecen una honestidad total. Esté seguro de los hechos. La verdad tiene su propio peso. No hay que embellecer la verdad innecesariamente.

Cualidades de un ministro de los misterios sagrados

Como chelas de los maestros ascendidos, somos testigos de la verdad: de la Presencia YO SOY y el Santo Ser Crístico, de nuestra divinidad como dioses realizados al saldar nuestro karma mediante el servicio amoroso y la llama violeta. Nuestro mensaje es el de la liberación del alma mediante el uso de la Ciencia de la Palabra Hablada.

Con la bendición de la relación Gurú-chela y la ayuda de las huestes del SEÑOR, nos podemos convertir en seres libres en Dios, maestros del tiempo y el espacio y de la energía. Podemos levantar el planeta Tierra hacia una era de oro. Ese es nuestro llamado como hijos e hijas de Dios. Esa es nuestra misión sagrada. Esa es la meta de todo nuestro predicar, elevar la Tierra como una estrella divina de libertad y realizar nuestra ascensión en la luz.

¿Pero qué hay del propio predicador? ¿Qué clase de hombre o mujer debe ser un ministro? ¿Cuáles son las cualidades que un ministro de los misterios sagrados debería poseer? Al fin y al cabo, el ministro no puede divorciarse de su mensaje.

1. En primer lugar y principalmente, un ministro debe poseer una profunda fe en Dios y un gran amor hacia Él, y un gran amor hacia su prójimo. Sólo el fuego enciende el fuego. El ministro debe vivir todos los días con una profunda gratitud por el don de la vida y las llaves del reino.
2. La segunda cualidad es el altruismo espiritual, la disponibilidad de compartir los dones de Dios como una custodia sagrada con sus hermanos y hermanas. El amor por la verdad también es el amor por el hombre.
3. La tercera cualidad de la naturaleza de un verdadero predicador es la esperanza y la alegría. La mayoría de las personas viven, como dijo una vez Thoreau, «vidas de silenciosa desesperación». A nuestro mundo actual le falta esperanza y alegría, y a medida que desciende el karma, los corazones de los hombres fallan por temor.

La esperanza que se necesita no es un incontenible optimismo. La presencia en el planeta Tierra de las fuerzas que no son de la luz es claramente visible. Pero el verdadero profeta de Dios vive la vida con una sensación de superación victoriosa y con la perspectiva de la eternidad.

4. El predicador ideal (si tal cosa existe) aporta a su ministerio un cuerpo sano, como el «templo del Espíritu Santo». Su cuerpo, además de su corazón, mente y alma, está consagrado al servicio amoroso a Dios y Sus hijos.
5. El ministro debe poseer la cualidad del corazón conocida como compasión, la capacidad de sentir el sufrimiento de sus feligreses, sin salirse de su conciencia Crística hacia una vibración de empatía humana. La compasión es alimentada y encendida por el entusiasmo y por un amor que se traduce en la capacidad de inspirar, elevar y levantar a los que escuchan. Es el don del Espíritu Santo. Es la capacidad de conectar de corazón a corazón, de mente a mente, de alma a alma. Dios nos ha hecho los unos para los otros y su profunda comunión es la expresión noble de la Sangha, la Comunidad del Espíritu Santo. La experimentamos en su expresión más alta cuando partimos el pan con nuestro Señor y cuando lo hacemos unos con otros en la Sagrada Comunión.
6. Otra cualidad que dará poder a su prédica es el carácter, la integridad personal y la pureza de corazón. La verdad lo conquista todo, pero primero debe ser encarnada en la justicia de la conciencia Crística. Tenemos que vivir y ser lo que proclamamos.
7. La siguiente cualidad para un pastor de almas eficaz es la humildad, el estar libre de la preocupación hacia uno mismo. Dios primero, los demás después y uno mismo al final. Tenemos que olvidarnos del yo y no preocuparnos de quién recibe los merecimientos, ser modestos y mantenernos en un segundo plano, siendo amorosos y corteses con todos y relacionándonos con amabilidad con todas las almas, que son hijas de Dios. Los sermones tienen como objetivo edificar a los que escuchan y glorificar a Dios, no al ego del ministro.
8. Un verdadero predicador del corazón de Dios siente un amor

genuino y un respeto por las personas a quienes predica. Los falsos pastores tratan con condescendencia y, con frecuencia, avasallan a su rebaño. El dedo acusador señala con condenación en los círculos fundamentalistas. Desde su exaltada y elevada posición como *Herr Pastor,* las ovejas son castigadas como desgraciadas pecadoras que corren peligro ante los fuegos del infierno. Cualquier predicador digno de su nombre siente un amor profundo por las almas de las personas a quienes sirve. Eso se comunica y la gente lo siente. Las personas saben que son amadas por Dios porque experimentan ese amor a través del corazón de su pastor.

9. La siguiente cualidad del poder de un predicador es la seriedad de propósito, una seriedad natural y un respeto por lo sagrado. Existe la capacidad de entender a los apesadumbrados y oprimidos. Sin embargo, esta verdadera cualidad nunca repele a los desenfadados. No se trata de una seriedad falsa. Una vez conocí a un ministro luterano que podía llorar en un instante; y lo hacía. Siempre estaba solemne y con la cara larga. Y luego está el clérigo puritano, que es la otra cara del clérigo bufón. Los dos profanan todo lo que tocan.
10. Otra cualidad esencial es el humor. Mark Prophet tenía un sentido del humor delicioso. Un buen chiste en el momento adecuado puede distender una situación hostil. No nos podemos enfadar con alguien cuando nos reímos. El humor no se puede confundir con la frivolidad y nunca debe impedir el sentido innato que el ministro tiene de la dignidad y el decoro.
11. Ser totalmente honesto y no ser un manipulador con su rebaño es una marca esencial del verdadero pastor. La verdad puede ser dolorosa. Pero cuando nos desviamos de ella, perdemos credibilidad y nuestro mensaje suena como una campana rota.
12. La última cualidad a la que quisiera aludir como un beneficio para el predicador del Evangelio, o las buenas nuevas, es el valor. Si tiene miedo de los hombres y es esclavo de la opinión pública, ¡dedíquese a otra cosa! Tener el valor de sus convicciones, quedarse sólo si fuera necesario, condenar a un tirano diciéndoselo a la cara, estos elementos marcan el ministerio de Jesús y a los verdaderos profetas

del antiguo testamento. Con santa reverencia temían a Dios, pero no al hombre. Los encuentros de Jesús con los escribas y los fariseos lo demuestran. Él los llamaba «una generación de serpientes... sepulcros blanqueados, que por fuera, a la verdad, se muestran hermosos, más por dentro están llenos de huesos de muertos y de toda inmundicia». Debemos proclamar la verdad sin temor ni favoritismos, nunca reorientando las velas del barco para acomodar tendencias o modas prevalecientes, ni la denominada sabiduría convencional (que normalmente son estupideces). Esto significa caminar según la tradición noble de los verdaderos portavoces de Dios. Jesús era atrevido ante los hombres porque los amaba. Era su siervo hasta la muerte.

Diez cosas a evitar en el púlpito

1. Un tono papal; voz de predicador
2. Cualquier falsedad, exageración, hipocresía
3. Hablar con prepotencia o reprendiendo a la audiencia
4. Machacar un tema o hacer hincapié repetidamente en lo obvio
5. El habla floreada, el exceso de adjetivos o la «prosa púrpura»
6. Demasiados finales o clímax en el sermón
7. La emocionalidad, el sentimentalismo o el complejo de mártir
8. Utilizar las escrituras para demostrar argumentos como hacen los fundamentalistas
9. El uso de *demasiadas* ilustraciones o citas
10. Lo superficial, lo sensacional y lo estrambótico

Testigo del Gurú

Gene recibió la petición de dar un testimonio de su Gurú durante el servicio memorial de Elizabeth Clare Prophet en el Retiro Interno, el 8 de noviembre de 2009. Él lo llamó «El legado de Madre: del pasado al presente».

Mis amados hermanos y hermanas aquí presentes en la Corte del Rey Arturo así como los presentes en la transmisión por Internet de todo el mundo.

Con algún sentimiento de inquietud afronto la desalentadora tarea de explicar la importancia del legado de nuestra amada Guru Ma. Harían falta probablemente muchas horas para hacerle justicia y para explicar con profundidad todo el impacto de su vida y su misión en el planeta Tierra. Sin embargo, habiendo hecho esta salvedad y poniendo a un lado esa responsabilidad, deseo intentar contarles los puntos más importantes de su maravilloso legado que nos ha dejado a nosotros y a las generaciones que han de venir.

Primero querría decir, personalmente, que la Madre de la Llama es mi bendita Gurú, al igual que, estoy seguro, lo es de ustedes. La relación Gurú-chela es uno de los grandes pilares sobre los cuales se basa esta Iglesia. Yo entendí esa verdad de una forma singular, durante una de las primeras conversaciones que tuve con mi bendita Madre de la Llama, quien me dijo: «Al fin y al cabo, Gene, soy tu Gurú». Desde ese punto, mi vida iba a cambiar radicalmente.

Y a todos ustedes, que también han aceptado a Madre como su Gurú y el manto de discipulado, les pregunto, ¿no cambió su vida también de forma radical cuando pisaron el sendero de su Cristeidad y entraron en la liberación de su alma en la luz de su divina identidad? En esa pregunta retórica hay varias claves del legado de Madre.

1. Ustedes tienen una identidad divina.
2. Hay un sendero de Cristeidad personal.
3. Existe el sendero de liberación del alma que les puede conducir a su ascensión victoriosa en la Luz.
4. Cada uno de nosotros tiene una misión grande y santa que cumplir.

Déjenme que me extienda sobre estos puntos.

Primero, ustedes tienen una identidad divina. No son pecadores desgraciados como la actual ortodoxia proclama cada domingo en el Credo apostólico: «Somos pecadores e impíos por naturaleza». Ustedes son hijos e hijas del Altísimo, son niños de la Luz y poseen el potencial divino de realizar y ser la plenitud de su Ser Crístico divino. Tal era y es el mensaje de nuestra identidad Crística como lo enseña Guru Ma y como está ilustrado en la Gráfica de Tu Yo Divino, que cuelga por encima de este altar y en las capillas que ustedes tienen por todo el mundo.

Segundo, nuestra Guru Ma nos enseñó que existe un sendero espiritual que conduce a la realización Crística y que Dios, a través de los maestros ascendidos, nos ha dado claves y prácticas espirituales que pueden ayudarnos a saldar malhechuras kármicas del pasado. Podemos salirnos de la rueda del renacimiento y podemos conseguir nuestra victoriosa ascensión en la luz.

La primera de estas claves cósmicas es la Ciencia de la Palabra Hablada. Se trata de decretos hablados, afirmaciones que contienen claves fohâticas de luz y victoria que nos han dado nuestros hermanos y hermanas mayores, los maestros ascendidos. Estos poderosos decretos nos dan la aceleración y el ímpetu hacia la auto maestría, superando obstáculos y llevándonos hacia la victoria en el sendero espiritual. Nuestra amada Guru Ma era maestra de invocación y nos demostró y enseñó el arte de invocar la luz. Esta antigua ciencia se utilizaba hace miles de años en Lemuria. Ella nos volvió a traer esa Palabra perdida.

Luego está la llama violeta, el aspecto del séptimo rayo del Espíritu Santo que ese Dios de la Libertad, nuestro amado Saint Germain, nos da como una poderosa dispensación de Acuario. Este fuego de transmutación, purificación y perdón es el gran sanador cósmico de las pasadas equivocaciones y abusos de la energía de Dios y de la luz. Qué bendición más allá de todas las bendiciones la que viene del corazón de Saint Germain y los ángeles de llama violeta.

Y luego tenemos los milagrosos dones y dispensaciones de luz que los maestros ascendidos nos dan en sus dictados. Estas poderosas emisiones de luz y de sabiduría divina nos han bendecido profundamente. Al experimentar estas revelaciones divinas, parecía que estuvieran personalmente dirigidas a nosotros, a donde más lo necesitábamos. ¡Y así era! Siguen bendiciéndonos cuando las leemos en las *Perlas de Sabiduría* o cuando escuchamos las grabaciones del pasado. La Presencia electrónica del maestro surge de nuevo cuando nuestros corazones están listos para recibir la Palabra divina.

Hay mucho más que podría decir de la preocupación de Madre por nuestros niños y jóvenes, el sendero de los maestros del rayo rubí, Sanat Kumara y la misión de rescate de los 144.000,* el cumplimiento de la profecía del libro del Apocalipsis sobre los Dos Testigos. El tiempo no me permite contar algunas de las magníficas enseñanzas de Madre sobre la comunidad, la curación y el Espíritu Santo.

Sin embargo, sería un descuido no decir algo sobre la misión de nuestra Guru Ma y los maestros ascendidos, así como nuestra continua responsabilidad de terminar su misión. En mi opinión, el desafío crucial

---

* Hace mucho tiempo, en el momento más oscuro de la historia de la Tierra, los consejos cósmicos habían decidido que el planeta no tenía razón de ser, puesto que no había ni una sola alma que rindiera honor a la llama divina. En aquel tiempo, Sanat Kumara se ofreció para venir a la Tierra y guardar la llama por sus evoluciones. Le acompañaron en esa misión de rescate 144.000 almas de luz. Estas almas han encarnado en todas las tierras, razas y naciones, siendo los verdaderos pastores que buscan guiar a las evoluciones de la Tierra de vuelta a Dios. Entre ellos se encuentran Jesús, Gautama y Maitreya. En el Apocalipsis se los describe como los «siervos de Dios» que han de ser sellados en la frente, «ciento cuarenta y cuatro mil de todas las tribus de los hijos de Israel» (Apocalipsis 7:3–4). Algunos de ellos han perdido el rumbo y han quedado atrapados en el karma y la densidad de la Tierra. Jesús habló de la misión que hay de encontrar a estas «ovejas perdidas de la casa de Israel» (Mateo 15:24) y de devolverles el recuerdo de su misión y su llamado.

de nuestro tiempo y de este momento es terminar esa misión, y eso debería ser nuestra prioridad suprema y la más importante.

¿Qué es la misión?

Primero, encontrar y dar las enseñanzas de nuestra Gurú y de los maestros ascendidos a nuestros hermanos y hermanas de luz, los 144.000, que aún están atrapados en las miasmas y la oscuridad del mundo y sus jueces, los ángeles caídos. El Gran Encargo de Jesús a los discípulos después de su resurrección aún es actualmente nuestra llamada a la acción. Madre lo proclamó a los estudiantes de Summit University muchas veces.

«Id a todo el mundo y predicad el evangelio a todas las criaturas, bautizándolas en nombre del Padre, del Hijo y del Espíritu Santo, enseñándoles a observar todas las cosas que he ordenado. Y he aquí, YO SOY con vosotros siempre, hasta el final de la era.»

Ésas fueron las órdenes de Jesús entonces y lo son hoy día. Cada uno de nosotros está llamado a ser un testigo de la verdad que hemos experimentado y de la que hemos disfrutado. Dar testimonio de la verdad es uno de los requisitos para la ascensión.

El segundo aspecto de la misión es que Armagedón está aquí. Los portadores de luz se encuentran en una lucha a vida o muerte con las fuerzas de la oscuridad y el anticristo, que son los que quieren destruir nuestras cuatro libertades sagradas y todo lo que atesoramos, para poder establecer un súper estado en todo el mundo que negaría nuestra soberanía nacional y haría de todos nosotros esclavos de una élite de poder burocrática anti Dios.

Amigos, no nos encontramos en una iglesia normal y corriente y deberíamos asumir esa postura. Somos la Escuela de Misterios de Maitreya. Y uno de los papeles principales es pedir el juicio de los ángeles caídos cuyo tiempo ha llegado. Recuerden las palabras de San Pablo: «No luchamos contra la carne y la sangre, sino contra principados, contra poderes, contra los que gobiernan la oscuridad de este mundo, contra maldades espirituales en altos lugares».

Nuestra amada Gurú nos enseñó a batallar con las maldades espirituales en altos lugares y nos dio enseñanzas espirituales sobre cómo luchar contra el mal atrincherado. No sólo estaba bien informada sobre los asuntos sociales cruciales de nuestro tiempo, sino que tenía el valor de abordarlos sin importar el precio que tuviera que pagar a nivel personal. Desafió el mal del aborto, adoptó la postura a favor de una defensa física y fuerte de los Estados Unidos y desenmascaró la naturaleza de la conspiración de los ángeles caídos para destruir nuestra economía y forzarnos hacia un gobierno único en el mundo, por nombrar sólo unas cuantas de las causas que emprendió.

Ahora, al acercarme al final de estos comentarios, vuelvo a nuestro papel como chelas, cuando nuestra instructora y Gurú no está ante nuestra presencia.

El Morya hizo una poderosa afirmación en *The Opening of the Temple Doors (La apertura de las puertas del templo)*, en la cual se refería a la ascensión de Mark Prophet. Estas palabras también se pueden aplicar a Guru Ma.

> Os digo a todos vosotros, los que sufren por la pérdida de un querido amigo e instructor, y aquellos de vosotros capaces de regocijaros en su glorioso logro, que por haber ido al Padre, puede añadir el impulso de su cuerpo causal al vuestro para que también vosotros podáis hacer mayores obras que fueron prometidas a los discípulos de Jesús. Cada vez que un hijo o hija de Dios asciende, los que están listos para recibirla son bendecidos por la presencia del Espíritu Santo, el descenso del Paráclito; y la copa de la comunión de la jerarquía se comparte de nuevo con los hijos de Dios que aún habitan en el valle del devenir.
>
> Las palabras de despedida del avatar a los que se reúnen para recibir la victoria deben ser siempre: «Os conviene que me vaya: porque si no lo hago, el Consolador no vendrá a vosotros; pero si me marcho, os lo enviaré».[60] Simultáneamente, a medida que la llama que es el hombre se eleva para unirse a la Llama que es Dios, los contenidos de la copa del Santo Grial llueven sobre los que entienden la Ley y los que buscan su espíritu. El Consolador es la esencia de la Vida, del Espíritu Santo, que cumple la oración

de Jesús: «Padre, para que sean uno, así como nosotros somos uno.»[61]

Nuestra amada Madre era la verdadera guerrera del Espíritu de El Morya, una defensora de nuestro derecho de ser todo lo que estamos destinados a ser como hijos e hijas de Dios.

Así es como yo, como chela, veo el legado en el pasado, el presente y el futuro de nuestra amada Madre. Mucho más se podría decir sobre ella y llevaría muchas horas explicar todo lo que tengo en el corazón. Sin embargo, hay un último pensamiento que refleja a la perfección todo lo demás, y es el ser consciente del gran amor que Madre sentía hacia nuestras almas y el hecho de que sostuviera el concepto inmaculado para cada uno de nosotros y para nuestra victoria individual en este sendero.

Madre, te amamos y seremos chelas obedientes. Seguiremos tus pasos, hasta llegar al hogar.

¡Porque somos uno!

¡Somos Uno!

¡Somos Uno!

Amén, que así sea.

Apéndice B: Como los demás lo ven

Carta del Gurú

Jueves, 1º de abril de 1999

Querido Gene:

Con el Espíritu de Pascua, vengo a compartir el amor que siento por ti. YO SOY muy agradecida hacia ti por todo el trabajo que has hecho para la Gran Hermandad Blanca. Has entregado tu vida a estas enseñanzas. Mirar atrás para ver todas las conferencias que has dado es una experiencia sobrecogedora. Piensa en todas las almas que has tocado, a quienes has enseñado y llevado a los pies de los Maestros. Se me ocurren mil y un dones que tienes almacenados en tu Cuerpo Causal. Tu espíritu indomable de libertad te llevó a hablar la verdad.

Mi querida Wanda:

Has sostenido el equilibrio por Gene y por un incontable número de otras personas de todo el mundo. Tu dulzura y constante servicio serán un ejemplo para las generaciones futuras.

Con todo mi amor,
Madre

La respuesta de los chelas:

Amada Madre:

Acabamos de recibir tu amorosa nota de Pascua. Tu tierna expresión del amor que nos tienes nos conmovió a Wanda y a mí.

Te llevamos en el corazón y nunca podremos expresar completamente nuestra gratitud por todo lo que nos has dado espiritualmente, en nuestra amistad y en la dulce comunión.

Nuestros bancos de memoria están llenos de los tesoros que hemos compartido en nuestro mutuo amor y servicio a la Hermandad. (Sí, de vez en cuando asalto las puertas de Darjeeling.)

Con frecuencia estás presente en nuestros pensamientos y siempre en nuestras oraciones. Te amamos y te deseamos lo mejor para los días futuros. Sólo sentimos el hecho de no poder asistir a la celebración de tu cumpleaños, el 10 abril.

Con todo nuestro amor,
Gene y Wanda Vosseler

Amada Madre:

Gracias por tu carta del 1° de abril. Estoy conmovida y llena de humildad. El año pasado ha sido un año muy difícil para mí. Tanto, que una mañana me desperté a las 3:00 llamando a Saint Germain, «no sueltes mi mano». Estaba llorando y oí su voz decir con tono claro y firme: «¡Firme al timón!». Así que trato de recordar esa orden amable pero firme cuando las cosas se ponen difíciles.

Estoy tan agradecida por todo lo que he recibido de ti y de los maestros ascendidos. Gracias a Dios hice esa oración hace muchos años, la cual me llevó a los pies de los maestros ascendidos y a ti, su amada Mensajera. De eso hará veinticuatro años el próximo mes de julio. Estoy agradecida por los buenos tiempos y por los tiempos difíciles, pues han supuesto una liberación para mi alma.

Rezo por ti todos los días.

Con todo mi amor,
Wanda

Una vida bien vivida

Quizá el mejor testimonio que se pueda tener de una vida bien vivida sea la influencia sobre la siguiente generación. La hija mayor de Gene, Linda, escribió un testimonio a su padre en diciembre de 2009 y se lo envió. Verdaderamente le conmovió porque, como dijo, uno nunca sabe de verdad si nos estamos comunicando bien. Le complació en especial que ella dijera: «Una de las cosas que hiciste fue enseñarnos a pensar». «Y sin embargo», dice Gene con una sonrisa, «¡ella aún piensa que Jesús es el único camino!».

Las palabras sinceras y de corazón de Linda revelan otro lado del carácter de Gene: su papel como padre y la influencia que ha ejercido, no sólo sobre su familia sino sobre otras personas en su vida antes de que encontrara a los maestros ascendidos.

Cosas que me gustan y que me encantan de ti, papá
(Del pasado y del presente, pero sin ningún orden concreto)
(También incluyo los buenos recuerdos.)

1. Uno de mis primeros recuerdos es el de estar en el asiento delantero del automóvil, entre mamá y tú. Es un recuerdo vago. Pero recuerdo mirar por la ventana delantera. Era casi de noche. La carretera estaba bordeada de árboles. La nieve cubría los árboles, el suelo y la carretera. Creo que estaba nevando ligeramente. Todo tenía un tono azul cobalto/aguamarina. Recuerdo sentirme abrumada por la belleza. En aquel momento no supe lo que sentía, pero ahora lo sé. También sentí paz, estando entre mamá y tú.

2. Me encanta que siempre tuviste un sentido aventurero. Ir a

Sudamérica y Hawái eran aventuras. Recuerdo nuestros viajes de exploración en Hawái, aquellos en los que íbamos en automóvil al campo y nos turnábamos en decir a la derecha o a la izquierda; y qué aventuras teníamos cuando llegábamos a algún sitio por primera vez. Como el cangrejo en el riachuelo.

3. Me encantaba como me involucrabas en las acampadas siendo tan pequeña. Eras el capellán del campamento de los Boy Scouts. Me gustó mucho que me llevaras contigo a Camp Kokee. Todo el mundo me hizo sitio por ser quien eras. Mi amor por la naturaleza viene en parte de aquellos campamentos.

4. Me encanta como cuidabas de los niños en esos campamentos. Me encanta tu sentido de la aventura y lo que fuera que te hacía pasar las semanas en el campamento. Esos campamentos de verano me dejaron impactada para el resto de mi vida.

5. Me encantaba tu voz cuando cantabas. Me gustaba oírla desde los asientos de la iglesia.

6. También me encantaba tu voz normal, cuando hablabas.

7. Me gustaba estar cerca de ti cuando saludábamos a la gente después de la iglesia. Recuerdo cómo me metía debajo de esa cosa blanca que llevabas puesta sobre la otra cosa negra; no me acuerdo de cómo se llaman.*

8. Me encanta cómo te concentrabas en las personas con toda tu energía y ellas, por un momento, se sentían realmente especiales y veían que tú escuchabas de verdad.

9. Me encanta como solías invitar a los mormones a entrar cuando venían, para poder darles testimonio.

10. Me encanta la mente que tienes. Tu capacidad de pensar y de procesar las cosas para luego expresarlas verbalmente.

11. Realmente aprecio tu capacidad de expresar claramente tu postura. Tu capacidad de debatir tan eficazmente. Tu capacidad de reunir los hechos que necesitas para argumentar con eficacia. Tú nos enseñaste a hacer eso. Recuerdo repasar mentalmente todos mis argu-

---

* Sobrepelliz y sotana

mentos para ver de qué manera podía cambiar tu opinión sobre algo. Por ejemplo, me enseñaste a pensar detenidamente sobre cuáles eran mis posturas.

12. Me encanta que nos enseñaras a pensar por nosotros mismos. Me encanta (ahora) que nos dijeras que teníamos que pensar. Que reflexionáramos sobre las consecuencias que podían tener nuestras acciones. Seguir una línea de pensamiento hasta su inevitable conclusión. Recuerdo, cuando estaba casada, cómo escuchaba a Chuck intentar seguir nuevas líneas de pensamiento y de acción, y ser capaz de seguir la trayectoria de esos pensamientos hasta su inevitable conclusión. Cuando hay algo ligeramente desviado al principio, la cosa acaba totalmente desviada al final. Aún puedo recordar cómo nos decías que teníamos que pensar, pensar, pensar las cosas detenidamente. Gracias por eso, papá.

13. Me encanta que nos enseñaras a utilizar nuestras mentes. A pensar independientemente. A no ser ovejas ciegas que siguen a otras ovejas para caerse por un barranco.

14. Me encanta que nos enseñaras a ser individuos.

15. También nos enseñaste a llevarnos bien en sociedad.

16. Me encanta que quisieras proteger al más débil. Recuerdo cómo saltaste del automóvil para separar a dos tipos que se estaban peleando.

17. Me encanta que siempre hayas tenido el valor de vivir tus convicciones, aún con las consecuencias que esas acciones podían traer.

18. Me encanta que cuando éramos pequeños nos vigilaras para que estuviéramos limpios de películas y canciones, etcétera. Por ejemplo, no podíamos ver la película *The Parent Trap* porque supone una mala influencia para nosotros, que ya éramos revoltosos, y no nos dejabas ver las películas *Beach Party* porque era una mala influencia moral. Eso contribuyó a establecer la base para mí, que ahora vigilo la influencia que tienen los medios sobre Charlynn.

19. Me encanta (ahora) que no me dejaras formar parte de la organización de jóvenes mujeres Job's Daughters debido a lo que creían, ni de la Patrulla Civil del Aire porque era una mala influencia. Llevabas razón.

20. Me encanta cómo, cuando explicaba mi necesidad de tener amistades, sugerías que empezara un club con el YMCA. Lo hice. Fue una experiencia maravillosa, que me acompaña toda mi vida. En la escuela secundaria pasé todos los veranos como consejera del campamento, luego como directora de YMCA Camp Gaines en Sequoia Lake. También fue una influencia maravillosa para toda mi vida.

21. Me encanta que estuvieras implicado en organizaciones como el YMCA, organizaciones que marcan diferencias en las vidas de niños y adultos.

22. Me encanta que siempre quisieras tratar de producir cambios en este mundo. Siempre lo hiciste. Me encanta eso de ti.

23. Me encanta que siempre nos animaras a ser lo máximo que pudiéramos. Solías decir, «puedes llegar a ser lo que quieras». Siempre nos animabas a que hiciéramos las cosas lo mejor posible. No sé si utilizabas esas palabras, pero siempre sentía que tenía que intentar llegar a la excelencia.

24. Me encanta (ahora) que leyeras mucho. Con el ejemplo nos animaste a leer y a leer cosas profundas, algo que sigo haciendo. También leo ficción, buena ficción.

25. Recuerdo cómo escuchabas a alguien hablar por la radio, creo que era un predicador y creo que tú discutías con él. Estábamos en el automóvil. Yo ahora me veo hacer lo mismo. Pienso que nos enseñaste a analizar lo que escuchábamos para ver si era realmente cierto y si era exacto. Gracias por eso.

26. Me encanta que siempre tuvieras pasión por lo que creías (aunque yo no estuviera de acuerdo). No eres tibio. Me encanta que actúes cuando crees en algo. Por ejemplo, a mí me has enseñado a hacer lo mismo.

27. Me encanta que estés dispuesto a sacrificarte y a sacrificar posesiones por aquello en lo que crees.

28. Me encanta que seas parte integral del Centro de Recursos para Ancianos San Francisco, allá en Montana. La necesidad es grande. Vives los últimos años de tu vida como has vivido el resto.

29. Me encanta que hayas buscando la verdad espiritual toda tu

vida. No me gusta dónde has aterrizado, porque va contra la Biblia, pero me encanta que lo hayas buscado. Me has dado ese ejemplo.

30. Me encanta tu corazón de ministro, el corazón que quiere compartir la verdad que has encontrado.

31. Me encanta tu lengua del ministro, la lengua que busca formas de transmitir esta verdad.

32. Me encanta tu poesía, tan hermosa y expresiva.

33. Me encanta tu lado pastoral, la parte del pastor que vigila a su rebaño.

34. Me encanta tu sentido del humor irónico, que ya no se ve tanto, pero aún está ahí.

35. También me gusta tu sentido del humor travieso.

36. Me encanta (ahora) cómo solías decir «demasiados jefes y pocos valientes» cuando te sentías asediado por tus cinco hijos.

37. El montón de papel de barras de caramelo que había debajo de tu asiento del automóvil estaba muy gracioso.

38. También resultaba encantador cómo venías a comerte una cucharada de masa de galletas de chocolate cuando las hacíamos.

39. Me encantaban las tradiciones navideñas de nuestra familia y como las manteníamos.

40. Me gustaba que tuviéramos grandes celebraciones, muchas veces invitando a mucha gente.

41. Nos enseñaste a cuidar de otras personas, a recogerlas, a marcar una diferencia en sus vidas.

42. Aguantaste la gran variedad de mascotas que tuvimos a lo largo de los años, hasta el punto de volverte alérgico a los arañazos del gato.

43. Te gustaba la música y muchas veces la ponías. Me encantaba escuchar los álbumes de melodías de Broadway y otras canciones.

44. A través de la Iglesia Luterana también me llegó a gustar la música, la comunión y algunos de los rituales que tenían significado.

45. Aceptaste la vida con vigor a lo largo de los años. Eso me gusta.

46. Eres un excelente juez del carácter de las personas.

47. Tienes mucha sabiduría.

48. El tiempo te ha templado.

49. Tienes un excelente vocabulario y lo utilizas. Ahora yo también lo tengo, Charlynn lo tiene y Jamie también lo tiene. Todos tenemos una gran capacidad verbal.

50. En estos tiempos quieres construir y alentar. Aprecio eso de ti.

51. Tienes un lado juguetón, burlón y travieso. Siempre lo tuviste. Cuanto más envejezco, más lo aprecio.

52. Creo que has amado la vida.

53. Tienes conciencia política, eres astuto y hablas bien.

54. Utilizas el conocimiento que tienes y, repito, tratas de marcar una diferencia política y socialmente. Nos diste un buen ejemplo. Quisiera tener la influencia que tú has tenido.

55. Eres como las aguas profundas, en vez de como un estanque superficial.

56. Demuestras un sentido de las cosas intuitivo así como un conocimiento mental.

57. Tienes carisma. Aún recuerdo a aquellas señoras de la oficina de Fish and Game donde yo trabajaba, cayéndose ante tu carisma y atractivo, aunque tuvieras veinte años más que ellas y ellas supieran mucho del mundo y estuvieran hastiadas.

58. Eres inteligente.

59. Piensas con rapidez y tienes agilidad mental

60. Eras muy atlético. Estaba orgullosa de tus logros en esta faceta y en las otras facetas de la universidad en las que eras excelente.

61. Amas y atesoras a Wanda y dejas claro que los demás también deben hacerlo.

62. La honras con tus palabras y tu amor.

63. En estos tiempos actuales eliges la amabilidad. Me encanta eso de ti.

64. Sabes apreciar la buena comida.

65. Creo que también aprecias las cosas buenas de la vida.

66. Tienes clase y te puedes manejar en los círculos de la alta sociedad si lo necesitas.

67. Heredé tu capacidad de dormir en cualquier parte por un periodo corto de tiempo, sintiéndome más fresca al despertar. Gracias

por eso.

68. Me encantaba ir al mercado contigo los domingos, después de la iglesia, comprar la bebida que quisiéramos, volver a casa a comer sándwiches, chips y requesón.

69. Me encantaba que todos juntos hiciéramos juegos. Me gusta como mamá y tú siempre se las arreglaban para darnos regalos de Navidad. Me gustaba que siempre tuvieran un gran regalo para la familia para que todos pudiéramos compartir y jugar.

70. Me encanta que nos dieras una visión más amplia, de que somos algo más que simples ciudadanos de una localidad, también somos ciudadanos de los Estados Unidos y del mundo, y deberíamos pensar y actuar de acuerdo con eso.

71. Me encanta que no nos transmitieras prejuicios de ningún tipo; bueno, quizá tengamos un prejuicio contra la gente ignorante. En cualquier caso, a la gente le cuesta mucho superar sus prejuicios innatos.

72. Me encanta que nos animaras a estar abiertos a la sabiduría y el crecimiento.

73. Me encanta que quisieras curarte en lo personal y que animaras a tus hijos a hacer lo mismo.

74. Te amo porque Dios te hizo.

75. Te amo porque Dios te hizo ser mi padre.

76. Te amo porque Dios ha puesto en mi corazón amor por ti.

77. Te amo porque eres mi papá.

Gene Vosseler
Cronología

1926	11 de diciembre: nacido en Rising City (Nebraska)
1930	La familia se muda a Emerson (Nebraska)
	La familia se muda a Longview (Washington)
1941	La familia se muda a San Diego
	Estudia en Hoover High School, en San Diego
1944	Presidente de la clase de último año
1944	Septiembre: Universidad de Midland, Fremont (Nebraska)
	Ganador de letras universitarias en *football,* baloncesto, atletismo y golf
	Premio Petrow Memorial al atleta excelente
	Presidente del cuerpo estudiantil
	Se gradúa B.A. Cum Laude
1948	Se inscribe en el Central Lutheran Theological Seminary, Fremont (Nebraska)
1948	3 de octubre: se casa con Harriet Luchsinger de Columbus (Nebraska)
1950	Pastor en la iglesia St. Paul´s, Missouri Valley (Iowa)
1951	Junio: se gradúa B.D., ordenado como ministro luterano
1953	Marzo: misionero luterano, Georgetown (Guyana Británica)
1955	Regresa a San Diego
1956	15 de marzo: se instala como pastor, Iglesia Luterana St. John's, Kailua (Hawái)
1959–64	Capellán, batallón de ingenieros 227, Guardia Nacional del ejército de Hawái, llegando al rango de capitán

1960	Seleccionado por Windward Oahu Jaycees como Joven del Año
1960–63	Presidente, sucursal de Windward Oahu del YMCA
	Miembro de la Junta Metropolitana del YMCA de Honolulu
1961	Seleccionado por la Cámara de Comercio de Honolulu como Padre del Año en el campo de la religión
1961–64	Decano y director de la Iglesia Luterana de América en Hawái
	Miembro de la Junta Estatal para la Salud Mental, Hawái
1965	Ministro luterano del campus en las universidades Fresno State y Fresno City
1966	Dimite de la Iglesia Luterana
1967	Administrador, First Unitarian Church, Sacramento
1968	Julio: ordenado ministro unitarista, Starr King Unitarian School for the Ministry
1968	Ministro unitarista, Sunnyvale (California)
1969	Febrero: Ejecutivo Jefe, instituto San Hidalgo (programas educativos vocacionales para las minorías)
	Agosto: muerte de Cheryl Lynn
	Licencia de Consejero para matrimonios, niños y familias, Estado de California
1972	Director ejecutivo, Placer County Community Action Council
1975	Director de Jóvenes del Verano de los Condados de Sacramento y Yolo (California)
1976	Director Ejecutivo, Consejo Comunitario de los Condados Stockton y San Joaquin
1977	Encuentra las Enseñanzas de los Maestros Ascendidos
	8 de abril: primer dictado de Gene, del Arcángel Uziel
	Septiembre: se casa con Wanda Davidson
	Octubre: asiste a Summit University
	Diciembre: entra a formar parte del personal de la Iglesia Universal y Triunfante (C.U.T.)
1978	Relaciones Públicas precediendo a las giras de conferencias de la mensajera
	Funda Amigos de la Libertad

1979	Ungido por Jesús para predicar
1981	Mayo: gira de conferencias por las Islas Británicas, Sudáfrica, Rhodesia, Australia, Nueva Zelanda y Filipinas
	Septiembre: deja de ser miembro del personal de C.U.T.
	Asesor de Desarrolló Económico, Comité de Revitalización de Hollywood
1982	Director, Californianos para unos Estados Unidos Fuertes
	Fundador, Coalición para una Paz Verdadera, organización de refugiados de países comunistas
	Asesor, Instituto Internacional de Los Angeles
1983	Marzo: sufre una apoplejía
	Coordinador Nacional, Coalición para la Proscripción de los Soviéticos, elemento fundamental de la retirada soviética de los Juegos Olímpicos de 1984 en Los Angeles
1984	Coordinador de publicidad para el Centro de Desarrollo de Negocios Armenios
	27 de abril: ordenado ministro en C.U.T.
1985	Cabeza de la Oficina del Coordinador Nacional, C.U.T.
	3 de febrero: nombrado al Consejo de los Ancianos por El Morya
1987	Asesor superior de Americans for the High Frontier
1989	Miembro del personal en la Comunidad de Glastonbury, C.U.T.
1989–96	Miembro de la Junta Directiva, C.U.T.
1991	Cabeza de la Oficina de Ministerio, C.U.T.
1996	Fundador de Ciudadanos para unos Estados Unidos Fuertes, dirige la campaña nacional para la defensa estratégica
1997–99	Miembro de la Junta Directiva, C.U.T.
2000	Asesor del Programa de Preparación Ministerial, C.U.T.
2002	Ministro Regional, C.U.T
2007	Miembro del Equipo para la Recaudación de Fondos, C.U.T.
2010	Se retira del servicio como miembro del personal y del Consejo de los Ancianos

Notas

1. La doctrina del pecado original está explicada en *The Path of the Universal Christ (El sendero del Cristo Universal),* sección 10: "Esta doctrina, como la ha enseñado la Iglesia Católica Romana, afirma que como resultado de la caída de Adán, todos los miembros de la raza humana nacen con un defecto moral hereditario y están sujetos a la muerte.

   "*Catholic Encyclopedia (Enciclopedia católica)* dice que el término pecado original designa 'una condición de culpabilidad, defecto o debilidad que se encuentra en los seres humanos históricamente, antes de tener la opción libre entre el bien y el mal. Este es un estado de ser antes que un acto humano o su consecuencia'. Debido a su mancha inherente de pecado, ningún hombre es capaz de alcanzar ni su decencia ni su destino sin un acto salvador de Dios. Esto se logra, según la Iglesia Romana, mediante la muerte y la resurrección de Jesucristo.

   "Debemos desafiar esta doctrina del pecado original en la que creen tantos millones de personas de la Tierra. Desengañemos a los portadores de Luz de la idea de haber nacido en pecado y de no poder elevarse más. Porque hasta que no desafiemos esta mentira, estaremos sujetos a la carga de su condenación."

   Es irónico que los líderes del protestantismo, incluso con un declarado deseo de estar libres de lo que consideraban errores de la Iglesia Católica, aceptaran plenamente la errónea doctrina del pecado original, que no se puede encontrar en ninguna parte de la Biblia.
2. *Honolulu Star-Bulletin,* 2 de noviembre de 1963.
3. El Arcángel Uziel con Clara Louise, 8 de abril de 1977, "You Must Open the Heart Chakra of America" ("Debéis abrir el chakra del corazón de América"), en Mark L. Prophet y Elizabeth Clare Prophet, *The Masters and Their Retreats (Los maestros y sus retiros)* (Gardiner, Mont.: Summit University Press, 2003), págs. 375–76.
4. Las cuentas Rudraksha reciben su nombre de Rudra, nombre de Shiva, que significa "el que gime" o "el que grita". La tradición cuenta que cuando Shiva vio en qué desastre se econtraba el mundo, "gimió y gritó". Sus lágrimas cayeron al suelo y de ellas creció el árbol Rudraksha. Rudraksha en realidad

significa los ojos o lágrimas de Shiva. Las cuentas Rudraksha son consideradas sagradas para el Señor Shiva y se llevan como un rosario o mala alrededor de cuello para contar los mantras. Los árboles Rudraksha crecen sólo en Bengala, Malaca y las montañas Sahya de la India donde las energías son elevadas. Las cuentas Rudraksha significan la transmutación del yo inferior y del karma negativo.Un ritual recomendado para purificar nuestros cuatro cuerpos inferiores es limpiar las cuentas Rudraksha con un cepillo de dientes mientras hacemos decretos de llama violeta o decretos de pureza.

5. Lucas 10:1–12.
6. Jesús y El Morya, 7 de octubre de 1984, "Order of the Good Samaritan" ("La Orden del Buen Samaritano"), publicado en las *Perlas de Sabiduría,* vol. 27, nº 52, 28 de octubre de 1984.
7. Ídem.
8. Apocalipsis 11:3, 4.
9. *Responsia ad Lutherum* de Tomás Moro, inicialmente publicada en 1523.
10. Henry Kissinger, Consejero de Seguridad Nacional y después Secretario de Estado bajo los presidentes Nixon y Ford, argumentó contra la posibilidad de que los Estados Unidos consiguieran la victoria en Vietnam. Elizabeth Clare Prophet escribe:

    "Kissinger promovió la doctrina de la Serpiente en el Edén: 'La guera limitada... ha de estar basada en la percepción de que con el fin de nuestro monopolio atómico ya no es possible imponer la rendición incondicional a un costo aceptable', escribió en su influyente libro de 1957, *Nuclear Weapons and Foreign Policy (Armas nucleares y política exterior)*. 'El resultado de una guerra limitada no puede depender de consideraciones militares sólamente', continuó. 'Ello refleja una capacidad de armonizar objetivos politicos y militares. El intento de reducir al enemigo a la impotencia destruiría el equilibrio psicológico que hace que los dos bandos se beneficien de mantener la guerra limitada' [pág. 145]. Por tanto, Kissinger dice, el enemigo no debe ser reducido a la impotencia porque podría forzarle a cruzar la línea de lo nuclear. Y así, los Estados Unidos han de aceptar la impotencia por el bien del mundo...

    "Kissinger insistía en que la Unión Soviética, que respaldaba a las fuerzas de Vietnam del Norte, creía que no podía permitirse perder la Guerra de Vietnam. Y él creía que los Estados Unidos sí podían permitirse perderla. Así, dijo que los Estados Unidos no debían ganar la guerra... Debemos perder la guerra en Vietnam para evitar un holocausto nuclear" (Elizabeth Clare Prophet, 4 de enero de 1988, "The Abdication of America's destiny" ("La abdicación del destino de los Estados Unidos"), publicado en *Perlas de Sabiduría,* vol. 31, nº 23).
11. Elizabeth Clare Prophet, 8 de octubre de 1977.
12. Mateo 23:27.
13. "Y aún viene la hora cuando cualquiera que os mate, pensará que rinde

servicio a Dios." (Juan 16:2).

14. La mensajera explica que el karma del aborto se puede transmutar prestando servicio a la vida y rezando por aquellos que han sido abortados. También se puede ofrecer, si es posible, patrocinar a un niño para que entre en la propia familia ya sea por medios naturales o mediante la adopción. Muchas parejas han sido informadas de que después, han dado a luz al mismo niño a quien abortaron. Si esto no es posible, el servicio a la vida puede incluir prestar servicio a niños de cualquier manera posible a través de muchas formas de servicio a la comunidad: cuidando niños, ofreciéndose a dar clases de catequesis, jardín de infancia u otras vías de servicio al niño. Hablar con otras personas sobre el aborto y la santidad de la vida en el vientre también es una forma de saldar karma y de crear buen karma.

    Si usted es una mujer que ha tenido un aborto o si es un hombre que ha animado a que una mujer tenga un aborto, tanto si sabía cómo si no sabía en aquel momento que el aborto es un pecado, ello no le va a impedir ascender en esta vida si usted se ofrece a Dios mediante un servicio que pueda saldar ese karma, como ayudar a niños y trabajar con ellos de alguna manera, rezando y decretando por la juventud o trayendo al mundo a un niño, si es la voluntad de Dios.

    Para obtener más información de las enseñanzas de los maestros ascendidos sobre el aborto, véase *Wanting to be Born: The Cry of the Soul (Queriendo nacer: el grito del alma),* enseñanzas de Elizabeth Clare Prophet reunidas por la Dra. Neroli Duffy.

15. El Arcángel Gabriel, *Mysteries of the Holy Grail (Misterios del Santo Grial)* (Gardiner, Mont.: Summit University Press, 1984), cap. 8.

16. Mark Prophet, citado en Gene Vosseler, *Wind of the Spirit (Viento del Espíritu),* págs. 156–57.

17. Efesios 4:26.

18. Heros y Amora, 20 de mayo de 1984, publicado en el *Perlas de Sabiduría,* vol. 32, nº 11.

19. Juan 12:12.

20. *Julius Caesar,* 4º acto, 3ª escena. Francis Bacon fue el verdadero autor de las obras publicadas bajo el nombre de Shakespeare.

21. Daniel 12:2.

22. Las distintas evoluciones que han pasado por la organización pueden verse incluso en los principios de The Summit Lighthouse. El 7 de agosto de 1958, en la ciudad de Filadelfia, siete maestros ascendidos dieron dictados emitiendo el impulso inicial de luz para la nueva actividad. Los dictados se dieron a través del Mensajero Mark L. Prophet, quien más tarde ascendió, en 1973. Además de Mark, estuvieron presentes dos personas más en esa reunión.

    La primera fue Christel Anderson, que conoció a Mark cuando él sirivó en el Cuerpo del Ejército del Aire en la década de 1940. A principios de la década de 1950, Christel comenzó a ayudarle mecanografiando y enviando por correo las Notas del Ashram, los primeros dictados entregados a través de él. Con la fundación de The Summit Lighthouse ella continuó como su secretaria, mecanografiándo y enviando por correo las primeras *Perlas de Sabiduría.* Madre explicó que Christel no tenía alma ni llama trina. Este hecho era aparente en cierta cualidad mecánica que ella tenía, una ausencia de luz en los ojos y de la llama de la vida impartida por la chispa divina en el interior. Sin embargo, sirvió a Mark y a los maestros ascendidos con gran devoción toda su vida. Unas horas después de su fallecimiento fue recibida en el Templo de la Ascensión, el retiro de Serapis Bey en Lúxor, y por su servicio a la Hermandad en esta y en anteriores encarnaciones, reencarnó pocos años después habiendo recibido el don de la llama trina.

Frances Ekey fue la tercera persona que estuvo presente en aquella reunión. En una encarnación anterior como el apóstol Pedro, había recibido de Jesús el manto como líder externo de la iglesia cristiana. (La Virgen María recibió el manto de líder de la iglesia interna.) Pedro fue el instrumento de los milagros cuando fue facultado por el Espíritu Santo, pero también tuvo defectos en su conciencia que le impidieron entrar plenamente en el sendero de la Cristeidad personal que Jesús enseñó. Estos defectos se reflejan en la historia de la iglesia cristiana desde aquella época. Frances encarnó más adelante como Enrique II de Inglaterra, quien fue el responsible de la muerte de Tomás Becket, una encarnación anterior de El Morya. Regresó como Enrique VIII para encontrarse de nuevo con El Morya, en la persona de Tomás Moro. El resultado fue el mismo y Moro fue decapitado. Enrique VIII también usurpó la autoridad del papa, haciéndose cabeza de la Iglesia de Inglaterra.

En el siglo diecinueve Frances Ekey encarnó como Helena Blavatsky, fundadora de la Sociedad Teosófica. Blavatsky podia llegar a ser cascarrabias algunas veces, pero sirvió fielmente a los maestros y entregó sus enseñanzas al mundo. La mensajera ha revelado que su alma era un ángel de gran logro que había caído hacía mucho tiempo. Se le dio la oportunidad de reorientarse hacia la luz y, debido a la magnitud de su aura y por su anterior lugar en la jerarquía angélica, su victoria podía atraer a muchas almas, que la seguirían.

Sus antecedentes de servicio en vidas anteriores eran una mezcla; y lo mismo volvió a ocurrir con Frances Ekey. Su servicio externo con los maestros comenzó en la década de 1930, cuando conoció a Guy Ballard y se convirtió en un pilar de la actividad YO SOY. A invitación de El Morya se unió a Mark para fundar The Summit Lighthouse, pero al poco tiempo empezó a criticar a Mark como mensajero. En 1959 se marchó por su camino, llevándose a un tercio de los miembros de la nueva organización. Esto supuso un gran contratiempo para la misión, pero Mark y Christel continuaron, estableciendo la base para lo que ahora es un movimiento de nivel mundial.

Frances falleció nueve años despues de que dejara a Mark. Al ver el registro de sus acciones desde el otro lado, sintió remordimientos y pasó muchos años en los retiros de los maestros rezando por un mayor amor y una mayor compasión. Reencarnó a principios de la década de 1990; otra vida y otra oportunidad.

La oportunitdad de emprender el sendero se ofrece a todo el mundo.

23. El Señor Maitreya, 4 de abril de 1983, "Strengthening the Heart Chakra of America" ("Fortalecer el Chakra del corazón de los Estados Unidos"), publicado en *Perlas de Sabiduría,* vol. 26, nº 38, 18 de septiembre de 1983.
24. San Patricio creció como cristiano en la Bretaña romana del siglo IV. A la edad de dieciséis años fue capturado y llevado como esclavo a Irlanda. Sanat Kumara describe la experiencia que tuvo allí: "Vayamos a la montaña de la tierra de Erin, donde un joven esclavizado por paganos está orando todo el día hasta la noche. Tan ferviente es el amor de Dios en él que el fuego de su corazón es una luz en medio de la nieve y el hielo. Vivía en la montaña, solo con Dios, cuidando de los rebaños del patrón. Y en esa montaña llamé a mi hijo Patricio, para que de la condición de servidumbre pudiera producirse el fuego milagroso de la libertad" (Elizabeth Clare Prophet, *The Opening of the Seventh Seal: Sanat Kumara on the Path of the Ruby Ray (La apertura del séptimo sello: Sanat Kumara y el sendero del rayo rubí)* [Gardiner, Mont.: The Summit Lighthouse Library, 2001], pág. 294).
25. El Ritual del Exorcismo del SEÑOR está publicado en *The Opening of the Seventh Seal (La apertura del séptimo sello),* págs. 202–220 y también en el librito *Invocations to the Hierarchy of the Ruby Ray (Invocaciones a la Jerarquía del Rayo Rubí)* (disponible en The Summit Lighthouse). Es importante que antes de hacer este ritual de oraciones y decretos establezcamos una base de protección mediante decretos al Arcángel Miguel así como la invocación del tubo de luz. Para obtener más enseñanza sobre el exorcismo, véase *The Opening of the Seventh Seal (La apertura del séptimo sello),* cap. 25–27; conferencia de Elizabeth Clare Prophet, 8 de octubre de 1984, "The Ritual of Exorcism: Lecture and Practical Application" ("El Ritual del Exorcismo: conferencia aplicación práctica").
26. El Morya, 7 de octubre de 1984, "The Order of the Good Samaritan" ("La orden del Buen Samaritano"), publicado en *Perlas de Sabiduría,* vol. 27, nº 52, 28 de octubre de 1984.
27. Peter Marshall, *Mr. Jones, Meet the Master (Míster Jones, conozca al maestro)* (Grand Rapids, Mich.: Fleming H. Revell, 1982), págs. 31, 32.
28. Leslie D. Weatherhead, *The Christian Agnostic (El cristiano agnóstico)* (Abingdon Press, 1990), págs.293–316.
29. James Ernst, *Roger Williams: New England Firebrand (Roger Williams: la antorcha de Nueva Inglaterra)* (New York: Macmillan, 1932), pág. 82.
30. La libertad de religión fue garantizada finalmente en el estado de Virginia en 1786, con la aprobación de la Ley para el Establecimiento de la Libertad

Religiosa. Esto sucedió 150 años después del establecimiento de Rhode Island.

31. La declaración de Roger Williams rechazando las organizaciones y pretensiones formales sectarias, como se cita en William Cullen Bryant, *Picturesque America (América pintoresca)* (1874), pág. 502.
32. *Perlas de Sabiduría,* vol. 46, nº 8, nota final 5.
33. Lanello, 14 de octubre de 1996, "It Is Time for the Victory" ("Es hora de la victoria"), publicado en *Perlas de Sabiduría,* vol. 33, nº 47, 2 de diciembre de 1990.
34. Mateo 26:52–53.
35. Gautama Buddha, 8 de noviembre de 1981, "The Call of Hierarchy" (" La llamada de la Jerarquía"), publicado en *Perlas de Sabiduría,* vol. 24, nº 51, 20 de diciembre de 1981.
36. La noche del 15 de abril, el Arcángel Zadquiel y Santa Amatista hablaron de la presencia de los ángeles de la llama violeta que estaban en la conferencia: "Ahora vienen ángeles del Séptimo Rayo (son majestuosos, amados), ángeles del ritual, el ritual sagrado de la vida. Vienen vestidos con la belleza de la llama violeta. Os atienden y ahora traen una ampolla de elixir concentrado de llama violeta. Lo recibís ahora en el nivel etérico y vuestras almas se regocijan, se regocijan por el regalo de esta energía purificadora, energía fortalecedora, energía equilibrante. Procurad interiorizarlo. Esto, por tanto, es nuestro regalo de amor para vosotros" (*Perlas de Sabiduría,* vol. 38, nº 24, 4 de junio de 1995).
37. Este dictado de la Elohim Victoria está publicado en *Perlas de Sabiduría,* vol. 38, nº 23, 28 de mayo de 1995.
38. El Morya, 14 de octubre de 1996, "It Is Time for the Victory" ("Es hora de la victoria"), publicado en *Perlas de Sabiduría,* vol. 46, nº 7 y 8, 16 y 23 de febrero de 2003.
39. Saint Germain, 2 de enero de 1997, "There Will Never Be a Greater Opportunity" ("Jamás habrá una oportunidad más grande"), publicado en *Perlas de Sabiduría,* vol. 45, nº 39 y 40, 29 de septiembre y 6 de octubre de 2002. El dictado de Saint Germain continuó: "Podéis ir y recorrer la nación hablando con la gente, amados, y llevar la comprensión de las amenazas en este país a los que son jóvenes, a los que pueden ser mayores, a los estudiantes universitarios y a los que son antiguos patriotas de antaño que han vuelto.

    "Vosotros comprendéis, amados, que nuestro foco principal en este momento debe ser que vosotros, en estos tres años, [os involucréis en] darle la vuelta a la marea de todos los intentos por parte de los gobiernos extranjeros y los establecimientos militares extranjeros de ir contra los Estados Unidos, haciéndolo con armas nucleares, haciéndolo con submarinos nucleares. Todo eso puede llegar a suceder o todo eso puede ser derrotado."
40. La Ley de Defensa Nacional contra Misiles de 1999 fue aprobada en el Congreso con un margen a prueba de veto el 18 de mayo de 1999. La ley

declaraba: "La política de los Estados Unidos es la de desplegar tan pronto como sea tecnológicamente posible un sistema eficaz de Defensa Nacional contra Misiles capaz de defender el territorio de los Estados Unidos contra un ataque de misiles balísticos limitado (ya sea accidental, no autorizado o deliberado)". El presidente Clinton firmó la propuesta convirtiéndola en ley el 22 de julio de 1999.

41. La membresía en la Operación Victoria de Saint Germain está abierta a todos los miembros de la Fraternidad de los Guardianes de la Llama. Para más información, véase el sitio web: www.SaintGermainsOperationVictory.org.
42. Suetonius, *Life of Nero (Vida de Nerón),* 6.16.
43. Tacitus, *Annals (Anales),* 15.44–2–8.
44. Elaine Pagels, *The Gnostic Gospels (Los evangelios gnósticos)* (New York: Vintage Books, 1989), pág. 76.
45. Romanos 8:38–39.
46. Hechos 1:8.
47. Ídem.
48. Hechos 2:14–36.
49. Apocalipsis 3:16.
50. W. H. C. Frend, *Martyrdom and Persecution in the Early Church (Martirio y persecución en la Iglesia primitiva)* (Oxford, 1965; New York, 1967), págs. 5–6.
51. Pagels, *The Gnostic Gospels (Los evangelios gnósticos),* págs. 84–85.
52. Es una creencia cristiana que entre su crucifixión y su resurrección, Jesús descendió al infierno donde predicó y trajo salvación a las almas que estaban prisioneras ahí. La tradición cristiana afirma que eso no era el "infierno" como estado de castigo eterno por el pecado, sino un reino donde todos los muertos habitaban. La tradición del descenso triunfante de Jesús al infierno, también denominada "descenso de Cristo a los infiernos", se convirtió en parte de la teología de la Iglesia como se afirma en el Credo apostólico, la declaración de los principios fundamentales de la creencia cristiana, que en su forma más antigua puede trazarse hasta el siglo II.

    En un dictado dado el domingo de Pascua, 6 de abril de 1969, a través del Mensajero Mark L. Prophet, Jesús dijo que había venido a exhortarnos con el mismo sermón que había predicado a "los espíritus rebeldes que en los días de Noé eran desobedientes con Dios... Prediqué y volví a predicar y volví a hablar una y otra vez a cada alma que pude encontrar que estuviera en las cadenas de la esclavitud y la desesperación. Muchas me miraban con falta de brillo en los ojos, la apatía de la desesperación, los siglos de interés gastado, miedo y dudas. La mismísima luz de Dios parecía [haberse] apagado y yo traté de volver a encenderla entonces igual que hoy quiero volver a encender en vosotros el camino de Dios".
53. Como está delineado en *The Scofield Reference Bible (La Biblia de referencia*

Scofield), los capítulos 21 y 22 del libro del Apocalipsis revelan siete cosas nuevas, o dones, de Dios: 1) el nuevo cielo, 2) la nueva tierra, 3) los nuevos pueblos, 4) la esposa del Cordero, la Nueva Jerusalén, 5) el nuevo templo, 6) la nueva luz, y 7) el nuevo paraíso y su río del agua de la Vida. La mensajera leyó y se extendió sobre Apocalipsis 21; 22:1–7 antes del dictado.

54. Las *Notas del Ashram,* de El Morya, contienen seis Rituales del Ashram diseñados para conectar "los corazones de todo el mundo en un ritual de meditaciones en grupo programadas": El Ritual del Unísono; Ritual del Gran Sol Central: ¡Oh, Cristo Cósmico, Tú, Luz del Mundo!; Ritual Sagrado para la Sintonización con la Santa Voluntad de Dios; Ritual Sagrado para la Purificación del Alma; Ritual Sagrado para el Transporte y la Labor Sagrada; y Ritual Sagrado para la Unidad. Los rituales también están publicados en el librito de 64 páginas, *Rituales del Ashram.*
55. Véase Elizabeth Clare Prophet, 28 de mayo de 1986, "Saint Germain On Alchemy" ("Saint Germain sobre Alquimia"), contiene nueve pasos para la precipitación, dado en Portland (Oregon); Elizabeth Clare Prophet, *Saint Germain: Master Alchemist (Saint Germain: Maestro Alquimista)* (Gardiner, Mont.: The Summit Lighthouse Library, 2004).
56. Juan el Amado, 1 de julio de 1990, "The Great Mystery of the Christos" ("El gran misterio del Christos"), publicado en *Perlas de Sabiduría,* vol. 33, nº 24, 24 de junio de 1990.
57. Efesios 6:12–17.
58. Godfre y Lotus, 8 de julio de 1990, "The Point of the Victory" ("El punto de la Victoria"), publicado en *Perlas de Sabiduría,* vol. 33, nº 30, 5 de agosto de 1990.
59. La Virgen María, 30 de junio de 1990, "You Have Won the Prize!" ("¡Habéis ganado el premio!"), publicado en *Perlas de Sabiduría,* vol. 33, nº 23, 17 de junio de 1990.
60. Juan 16:7.
61. Juan 17:11; El Morya, "The Ascension of the Messenger Mark L. Prophet" ("La Ascensión del Mensajero Mark L. Prophet"), en Elizabeth Clare Prophet, *The Opening of the Temple Doors (La apertura de las puertas del templo)* (Gardiner, Mont.: Summit University Press, 2003), pág. 14.

Si desea saber más sobre Elizabeth Clare Prophet,
su obra y las Enseñanzas de los Maestros Ascendidos,
contacte con:

The Summit Lighthouse
63 Summit Way
Gardiner, MT 59030-9314 EE.UU.
1-800-245-5445 • +1-406-848-9500
www.TSL.org

www.ingramcontent.com/pod-product-compliance
Lightning Source LLC
Chambersburg PA
CBHW031941080426
42735CB00007B/220

* 9 7 8 1 9 3 7 2 1 7 0 4 4 *